TOEIC® L&R テスト 文法問題 はじめの400問

TEX加藤

ask

はじめに

　本書の姉妹本『TOEIC L&Rテスト 文法問題 でる1000問』は、「でる1000^{せん}」の愛称で親しまれ、累計50万部を突破するベストセラーになりました。本書はその入門編です。

　「でる1000」は、多くの学習者に支持された一方で、「私には難し過ぎる」「もっとやさしい本を出してほしい」といった声も寄せられました。私が指導していた専門学校でも、学生と先生の双方から同じことを言われました。

　そこで、「**文法が苦手な方が、TOEICに出題される文法事項を基礎から学び、Part 5の文法問題を確実に解けるようになる**」ことを目指したのが本書です。この本の対象は、以下のような方です。

　　☑文法がすごく苦手
　　☑TOEICを受けたけど、Part 5がボロボロ（リーディングが300点以下）
　　☑中学英文法があやふや
　　☑「でる1000」を買ったけど難しくて挫折した

　TOEICで出題される文法問題の多くは、**中学レベルの基礎**をしっかり固めれば解けます。また、出題される**文法項目は毎回ほぼ同じ**です。そこだけを集中的に勉強すれば、**短期間で効率的にスコアアップ**できます。具体的には、TOEIC公開テストのPart 5（30問）の内訳は、おおよそ次の通りです（TEX加藤個人調べ）。

●Part 5の平均出題数（2022年）

問題タイプ		平均出題数
文法問題	品詞問題	8
	動詞問題	2
	前置詞or接続詞問題	3
	代名詞問題	1
	前置詞問題	3
	その他	2
語彙問題		11
合計		30

　ご覧の通り、〈文法問題〉の出題パターンは限られています。大学受験のように、多岐にわたる文法項目から出題されることはありません。

もちろん、なかには難易度の高い問題もありますが、TOEICの問題の配点はすべて同じです。そうした問題を思い切って「捨てる」のも大切なテスト戦略の1つです。参考までに、Part 5（30問）の目標正解率は、次のようになります。

リーディングスコア（495点満点）	Part 5の正答率（30問中の正答数）
200点を獲得するには	50%（15問）
250点を獲得するには	60%（18問）
300点を獲得するには	70%（21問）

TOEICで出題される文法項目に絞り、集中的に基礎から勉強すれば、どんなに**英文法が苦手な方**でも、短期間でのスコアアップが可能です。

実際、私が指導していた専門学校生のTOEICの平均点は、入学時は300点台ですが、2年後の卒業時には600点を超えます。**1年で300点以上スコアアップ**する学生も珍しくありません。みなさんもやればきっとできます。

問題をただ解くだけでなく、内容をしっかり理解すれば、単語力UPにもつながります。ぜひ以下のステップで、本書に取り組んでください。

- **Step 1** 問題タイプの特徴を知る
- **Step 2** 攻略に必要な文法説明を読んで理解する
- **Step 3** 問題を解いて練習する
- **Step 4** 解説を読んで正解・不正解の理由を理解する
- **Step 5** 語注や和訳を参考にして問題文の意味を理解する
- **Step 6** 音声をくり返し聞く
  （※2〜6を何度も繰り返す）

本書を、最後まで粘り強く読み通せば、きっとTOEICの〈文法問題〉が解けるようになります。「TOEIC無理〜」と思い込んでいるそこのあなた。やれるかどうかは、やってみないとわかりません。まずはこの本から始めましょう。ぜひ**TOEICという強敵と戦うための武器**を手に入れてください。

専門学校で指導した延べ数千名の学生たち。みなさんを現場で指導した経験がなければ、本書を書くことはできませんでした。制作にあたり、そのうち4名から貴重な助言をいただきました。ありがとう。問題作成には、TOEICに精通したDaniel Warriner氏の協力を得ました。最後に、TOEIC講師としてこれまでお世話になった方々、出版にあたりご協力をいただいたみなさま、実家の家族、愛犬TEX、私の著作を支持してくださる読者のみなさまに、感謝申し上げます。

2023年7月吉日
TEX加藤

目次

第1章 品詞問題 15

第2章 動詞問題 169

本書の使い方

　TOEICのPart 5の攻略に必要な文法知識を、問題タイプ別に、じっくり、しっかり学んでいきましょう。

第1章〜第6章

　問題タイプ別に、必要な文法項目を学習します。〈**知る**〉➡〈**理解する**〉➡〈**解いて覚える**〉の3ステップで進んでいきましょう。

まず例題を1問解きましょう。
この問題を解けるようになるために、これから何を学ぶのか。
学習の地図を手に入れるページです。

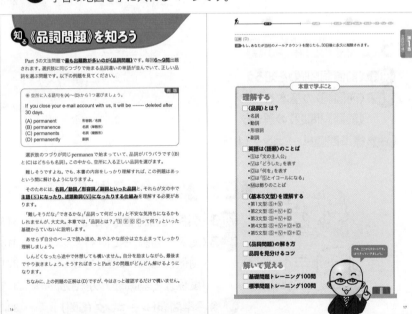

知る《品詞問題》を知ろう

　Part 5の文法問題で最も出題数が多いのが《品詞問題》です。毎回6〜9問出題されます。選択肢に同じつづりで始まる品詞違いの単語が並んでいて、正しい品詞を選ぶ問題です。以下の例題を見てください。

例題

◎ 空所に入る語句を (A)〜(D) から1つ選びましょう。

If you close your e-mail account with us, it will be ------- deleted after 30 days.

(A) permanent 　　　　形容詞／名詞
(B) permanence 　　　名詞（単数形）
(C) permanents 　　　名詞（複数形）
(D) permanently 　　　副詞

　選択肢のつづりが同じ permanen で始まっていて、品詞がバラバラです（(B)と(C)はどちらも名詞）。この中から、空所に入る正しい品詞を選びます。

　難しそうですよね。でも、本書の内容をしっかり理解すれば、この例題はあっという間に解けるようになります。

　そのためには、名詞／動詞／形容詞／副詞といった品詞と、それらが文の中で主語(S)になったり、述語動詞(V)になったりする仕組みを理解する必要があります。

　「難しそうだな」「できるかな」「品詞って何だっけ」と不安な気持ちになるかもしれませんが、大丈夫。本書では、「品詞とは?」「Ｓ Ｖ Ｏ Ｃって何?」といった基礎からていねいに説明します。

　あせらず自分のペースで読み進め、あやふやな部分は立ち止まってしっかり理解しましょう。

　しんどくなったら途中で休憩しても構いません。自分を励ましながら、最後までやり抜きましょう。そうすればきっとPart 5の問題がどんどん解けるようになります。

　ちなみに、上の例題の正解は(D)ですが、今はさっと確認するだけで構いません。

16

🏃 ➡ 　　　　➡　　　➡　　　➡　　　➡　　　➡

正解 (D)
訳 もし、あなたが当社のメールアカウントを閉じたら、30日後に永久に削除されます。

本章で学ぶこと

理解する

☐ **《品詞》とは?**
・名詞
・動詞
・形容詞
・副詞

☐ **英語は《語順》のことば**
・Ｓは「文の主人公」
・Ｖは「どうした」を表す
・Ｏは「何を」を表す
・Ｃは「Ｓとイコールになる」
・Ｍは飾りのことば

☐ **《基本5文型》を理解する**
・第1文型〈Ｓ＋Ｖ〉
・第2文型〈Ｓ＋Ｖ＋Ｃ〉
・第3文型〈Ｓ＋Ｖ＋Ｏ〉
・第4文型〈Ｓ＋Ｖ＋Ｏ＋Ｏ〉
・第5文型〈Ｓ＋Ｖ＋Ｏ＋Ｃ〉

☐ **《品詞問題》の解き方**
☐ **品詞を見分けるコツ**

解いて覚える

☐ 基礎問題トレーニング100問
☐ 標準問題トレーニング100問

ごあ、ここからスタートです。はりきっていきましょう。

17

理解
する

文法を基礎から学んでいきます。
たいへんだなぁ、と感じるかもしれませんが、
学習内容を細かに確認できる〈**チェックポイント**〉と〈**チェック問題**〉を用意しています。
山登りと同じように、一歩ずつ進んでいきましょう。

ときおりシバ犬の**T**くんがお手伝いをします

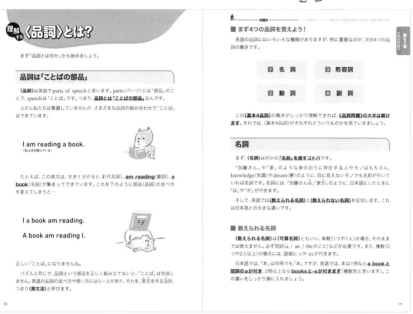

理解
する 〈**品詞**〉とは?

まず「品詞とは何か」から始めましょう。

品詞は「ことばの部品」

〈**品詞**〉は英語で parts of speech と言います。parts(パーツ)とは「部品」のことで、speechは「ことば」です。つまり、**品詞とは「ことばの部品」**なんです。

ふだん私たちは意識していませんが、さまざまな品詞の組み合わせで「ことば」はできています。

I am reading a book.
（私は本を読んでいる）

たとえば、この英文は、大きく分けると、I(代名詞)、am reading(動詞)、a book(名詞)が集まってできています。これを下のように部品(品詞)の並べ方を変えてしまうと…

I a book am reading.

A book am reading I.

正しい「ことば」になりませんね。

パズルと同じで、品詞という部品を正しく組み立てないと、「ことば」は完成しません。英語の品詞の並べ方や使い方にはルールがあり、それを、英文を作る法則で、つまり〈**英文法**〉と呼びます。

18

■ まず4つの品詞を覚えよう！

英語の品詞にはいろいろな種類がありますが、特に重要なのが、次の4つの品詞の働きです。

① 名詞	③ 形容詞
② 動詞	④ 副詞

この〈**基本4品詞**〉の働きがしっかり理解できれば、〈**品詞問題**〉の大半は解けます。それでは、〈基本4品詞〉がそれぞれどういうものかを見ていきましょう。

名詞

まず、〈**名詞**〉は何かの「**名前**」を表すコトバです。

「加藤さん」や「家」のような身の回りに存在する人やモノはもちろん、knowledge(知識)やdream(夢)のように、目に見えないモノでも名前が付いていれば名詞です。つまり「加藤さんは」「家が」のように、日本語にしたときに「は」や「が」が付けられます。

そして、英語では〈**数えられる名詞**〉と〈**数えられない名詞**〉を区別します。これは日本語との大きな違いです。

■ 数えられる名詞

〈**数えられる名詞**〉は〈**可算名詞**〉ともいい、単数(1つや1人)の場合、そのままでは使えません。必ず冠詞(a / an / theのこと)などが必要です。また、複数(2つや2人以上)の場合には、語尾に-s・-esが付きます。

日本語では、「本」は何冊でも「本」ですが、英語では、本は1冊ならa bookと冠詞のaが付き、2冊以上ならbooksと-sが付きます(複数形と言います)。この違いをしっかり頭に入れましょう。

19

チェックポイント

学んだことを細かくチェックしながら進んでいきましょう。付属の赤シートを使ってください。

✓ **チェックポイント**

- □ 英語は、数えられる 名詞と 数えられない 名詞を区別する
- □ 数えられる名詞を単数で使う時は、裸 では使えない(冠詞 などがいる)
- □ 数えられる名詞を複数で使う時は、-sや-es を付ける
- □ 動詞は 動作 や 心の動き を表す
- □ ある語句がほかの語句を詳しく説明することを 修飾 と呼ぶ
- □ 形容詞は、名詞 を修飾する
- □ 副詞は、名詞以外＝動詞／形容詞／副詞／文全体 を修飾する
- □ 副詞は、いろいろな場所 に置くことができる
- □ ただし、名詞の直前 には置けない(そこには形容詞が入る)

チェック問題

さらに練習問題でも、学習内容をチェックできます。

✓ **チェック問題**

◉ 以下の単語を、基本4品詞(名詞／動詞／形容詞／副詞)に分けてみましょう。意味を見なくても構いません。形容詞か副詞かで迷ったら、他の単語にくっつけてみましょう。

- 名詞に付くのが形容詞:beautiful (きれいな) ➡ flower (花)
- 名詞以外に付くのが副詞:really (本当に) ➡ beautiful (きれいな)

		名詞	動詞	形容詞	副詞	✓ 正解
1.	job	(仕事)	□	□	□	□	名詞
2.	new	(新しい)	□	□	□	□	形容詞
3.	work	(働く)	□	□	□	□	動詞
4.	company	(会社)	□	□	□	□	名詞
5.	important	(重要な)	□	□	□	□	形容詞
6.	already	(すでに)	□	□	□	□	副詞
7.	receive	(受け取る)	□	□	□	□	動詞
8.	product	(製品)	□	□	□	□	名詞
9.	easily	(簡単に)	□	□	□	□	副詞
10.	necessary	(必要な)	□	□	□	□	形容詞
11.	employee	(社員)	□	□	□	□	名詞

学んだことを、スコアアップにつなげるには、問題をたくさん解くことが大切です。でも、いきなり難しい問題は解けませんよね。まず、英文をシンプルにした〈基礎問題〉にチャレンジします。
そのあとで、本番レベルにパワーアップされた〈標準問題〉に進みましょう。

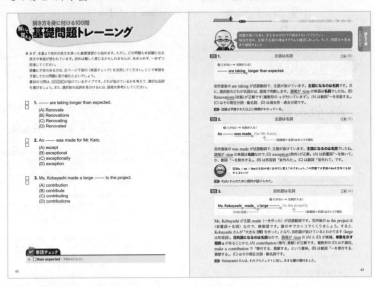

■ 実戦模試（30問×3セット）

実際のPart 5と同じ30問の模試を3回分用意しています。本番の雰囲気を知るためにも、巻末のマークシートを使って、30問を通して解いてみましょう。

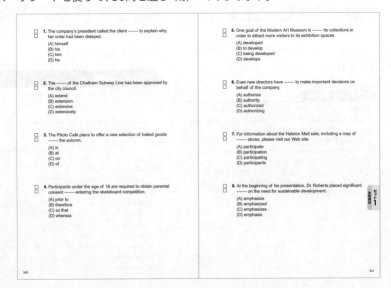

おまけ

　学習をお手伝いする、無料のおまけ素材を用意しています。ご利用いただくには、ウェブブラウザを使って、以下のサイトにアクセスしてください。

https://www.ask-books.com/978-4-86639-601-9/

■ 英文読み上げ音声

　本書に掲載している問題英文（正解を挿入した状態）の音声です。音読やシャドーイングなど、復習にご利用ください。上記のサイトで、ダウンロードや視聴方法をご案内しています。

　音声は問題ごとにファイル（トラック）が別れており、本書の〈問題通し番号〉がファイル名に付いています。

〈問題通し番号〉とは、各問題の解説部分に記載している番号のこと ➡ 123

Hajimeno400_〈問題通し番号〉

例）Hajimeno400_123：《品詞問題》の〈標準問題〉No. 23の音声

■ 文法問題400本ノック

　本書の約400問をランダムに並べ替えたPDFファイルを上記サイトよりダウンロードできます。本書をひと通り学習した後の復習にご利用ください。A4用紙にきれいに印刷できるように作っています。

■ 実戦模試用マークシート

　本書の巻末に〈実戦模試〉用のマークシートを掲載していますが、PDFでも配布しています。

Part 5ってどんな問題?

学習に入る前に、TOEICとPart 5について、簡単に説明しましょう。一般にTOEIC(トイック/トーイック)と言うとき、それは「聞く」と「読む」英語力を測るTOEIC Listening and Readingテストのことを指します。本書でもそうです。

TOEICの基本情報

そのTOEICですが、基本情報は次のようになっています。

問題数	200問
所要時間	約2時間
解答方法	マークシート (3択もしくは4択)
スコア	10〜990点 (リスニング:5〜495点/リーディング:5〜495点)

問題構成

	リスニング				リーディング		
	Part 1	Part 2	Part 3	Part 4	Part 5	Part 6	Part 7
問題タイプ	写真描写問題	応答問題	会話問題	説明文問題	短文穴埋め問題	長文穴埋め問題	読解問題
問題数	6問	25問	39問	30問	30問	16問	54問
所要時間	約45分				75分		

特徴的なのは、**問題数が200問**もあって、**2時間**の間、ずっと集中していないと、すべての問題を解ききれない点です。英語を理解する力だけでなく、**情報を素早く、的確に処理する能力**が問われるテストです。

Part 5とは?

そして、本書で取り扱うPart 5ですが、上の表にあるように〈短文穴埋め問題〉です。1つの英文(平均15語程度)の中に、空所が1カ所あり、そこに当てはまる語句を4つの選択肢の中から選びます。

「百聞は一見にしかず」です。次の例題を解いてみましょう。

◉空所に入る語句を(A)〜(D)から1つ選びましょう。

If you close your e-mail account with us, it will be ------- deleted after 30 days.

(A) permanent
(B) permanence
(C) permanencies
(D) permanently

いかがですか？　「さっぱりわからない」って思いますよね。大丈夫です。この問題がいきなりスラスラ解けるようなら、この本は必要ありません。本書を読み終わるころには、このタイプの問題は**3秒で解ける**ようになりますよ（答えはあとで確認します）。

■ 2つの問題タイプ

ここで、みなさんに覚えていただきたいのは、Part 5の問題には、大きく分けて以下の2種類があるということです。

1 文法問題： 文法的に正しい答えを選ぶ問題

2 語彙問題： 意味的に正しい答えを選ぶ問題

出題される割合はほぼ同じです。つまり、Part 5の30問中、〈文法問題〉と〈語彙問題〉がそれぞれ約15問ずつ出題されることになります（「はじめに」で紹介した表では、語彙問題は11問でしたが、〈文法＋語彙〉のコンビネーション問題などを〈語彙問題〉に含めると約15問です）。

みなさんは、ここで「ふーん。2種類の問題があるのかあ」と軽く読み流してはいけません。実は**〈文法問題〉か〈語彙問題〉かの判断をする**ことが、Part 5で高得点を取るための運命の分かれ道なのです。

正解 (D)

訳 ▶ もし、あなたが当社のメールアカウントを閉じたら、30日後に永久に削除されます。

たとえば、さきほどの例題を解く際、みなさんは最初にどこから読みましたか？「え、そんなの最初のIfからに決まってるよ」と思われたそこのあなた。実は、その解き方は上級者向けなんです。

■ 「よい解き方」と「よくない解き方」

もう一度、例題を見てみましょう。よくない例とよい例の解き方を比べてみます。どこが違うでしょうか？

A子さん

えっと、まず問題文の意味は「もし、あなたが当社のメールのアカウントを閉じたら、それは、30日後に……」あれ、deleteって何だっけ。あ、そうだ、削除する、って意味だ。キーボードにもdelete keyが付いてるよね。よし、これで意味が分かったぞ。

で、選択肢を見ると、うわ、知らない単語ばっかりだ。permanentって何？　うーん。分かんない。髪の毛のパーマと関係あるのかなあ。

(B)も(C)も(D)も知らない単語だよ。どうしよう。もームリ。わかんない。何となく語呂がいいから、(A)にしとこ。

この間

約**60**秒

B子さん

えっと、まず選択肢を見ると……あ！　同じつづりで始まる単語が並んでるから《品詞問題》だ。

空所の前後がbe ------- deletedってことは、「be動詞とed形の間は-ly」だから、正解は(D)だ！

この間

約**3**秒

A子さんはあれこれ1分も考えたのに、結局間違ってしまいました。それに対し、B子さんは3秒で正解できました。この違いはどこにあるでしょう？　それは、問題の解き方です。この問題を2人は以下のように解きました。

最初に問題文から読み、
全文の意味を考えた

最初に選択肢から読み、
空所前後のカタチだけ見た

　実は、この問題は《品詞問題》（第1章で説明）と呼ばれるタイプの問題で、文の「意味」がわからなくても、**「カタチ」を見れば解ける〈文法問題〉**だったんです。

　A子さんのように問題文や選択肢の意味を考えようとすると、解答に時間がかかる上、単語の意味がわからないとお手上げです。それに対し、B子さんは、選択肢を見て《品詞問題》だと判断し、be ------- deleted の部分を読んだだけで効率よく正解できました。

　Part 5は全部で30問あるので、正しいアプローチで解くかどうかで、**最終的なスコアと解答時間に大きな差がついてしまう**んです。

　問題タイプの判断の仕方や、なぜbe動詞とed形の間に -ly（副詞）が入るのかなどは、これから先の各章で説明していきますので、今の時点では以下のポイントだけ押さえておいてください。

☑ Part 5は、まず選択肢をチェックし、〈文法問題〉か〈語彙問題〉かの判断をする

■ 出題される文法項目

　Part 5の問題には〈文法問題〉と〈語彙問題〉の2種類があり、最初に選択肢を見てどちらのタイプなのかを判断することが大切だとおわかりいただけましたか。ここからはさらに具体的な説明に入ります。

TOEICのPart 5（30問）で出題される主な文法項目と出題される平均出題数は次の通りで、それぞれについて、各章で解説していきます。ここではざっと眺めてください。

1 品詞問題（平均8問）

正しい品詞（名詞・動詞・形容詞・副詞等）を空所に選ぶ問題

2 動詞問題（平均2問）

三単現のsや時制、態といったポイントを考えて答える問題

3 前置詞 or 接続詞問題（平均3問）

正しい前置詞や接続詞を空所に選ぶ問題

4 代名詞問題（平均1問）

he、his、him、himselfのような選択肢から、正しい答えを空所に選ぶ問題

5 前置詞問題（平均3問）

in、at、from、onといった前置詞の中から、正しい答えを空所に選ぶ問題

これ以外の〈文法問題〉も毎回1〜2問出題されますが、おおよそ**9割はこの5タイプ**です。つまり、この**5タイプに絞って集中的に勉強すれば、効率よくスコアアップできる**のです。

本書では、この5タイプに加え、苦手な方が多く、定期的に出題される〈関係代名詞〉も取り上げました（第6章）。

TOEICで出題される文法問題の約半分を占めるのが、1の《品詞問題》と呼ばれるタイプの問題です。「**品詞問題を制する者がTOEICを制す**」と言っても過言ではありません。

次ページから、《品詞問題》の説明に入ります。ここが最大の関門です。突破すればスコアアップへの道が開けます。がんばりましょう。

第1章
品詞問題

《品詞問題》は文法問題の約半分を占めます。
しかも、英文法のいちばん土台となる知識が問われます。
そのため、ヒジョ〜に重要です。
長い章になりますが、はりきっていきましょう。
「《品詞問題》を制するものがPart 5を制す!」

問題数
200問

知《品詞問題》を知ろう

Part 5の文法問題で**最も出題数が多いのが《品詞問題》**です。毎回**6〜9問**出題されます。選択肢に同じつづりで始まる品詞違いの単語が並んでいて、正しい品詞を選ぶ問題です。p. 11で見た以下の例題も《品詞問題》です。

例題

◉ 空所に入る語句を(A)〜(D)から1つ選びましょう。

If you close your e-mail account with us, it will be ------- deleted after 30 days.

(A) permanent	形容詞／名詞
(B) permanence	名詞（単数形）
(C) permanents	名詞（複数形）
(D) permanently	副詞

選択肢のつづりが同じpermanenで始まっていて、品詞がバラバラです（(B)と(C)はどちらも名詞）。この中から、空所に入る正しい品詞を選びます。

難しそうですよね。でも、本書の内容をしっかり理解すれば、p. 12に登場したB子さんのように、この例題はあっという間に解けるようになりますよ。

そのためには、**名詞／動詞／形容詞／副詞といった品詞**と、それらが文の中で**主語(Ⓢ)になったり、述語動詞(Ⓥ)になったりする仕組み**を理解する必要があります。

「難しそうだな」「できるかな」「品詞って何だっけ」と不安な気持ちになるかもしれませんが、大丈夫。本章では、「品詞とは？」「Ⓢ Ⓥ Ⓞ Ⓒって何？」といった基礎からていねいに説明します。

あせらず自分のペースで読み進め、あやふやな部分は立ち止まってしっかり理解しましょう。

しんどくなったら途中で休憩しても構いません。自分を励ましながら、最後までやり抜きましょう。そうすればきっとPart 5の問題がどんどん解けるようになります。

ちなみに、上の例題の正解は(D)ですが、今はさっと確認するだけで構いません。

《品詞問題》 第1章

正解 (D)

訳 もし、あなたが当社のメールアカウントを閉じたら、30日後に永久に削除されます。

本章で学ぶこと

理解する

□ **〈品詞〉とは？**
- 名詞
- 動詞
- 形容詞
- 副詞

□ **英語は〈語順〉のことば**
- Sは「文の主人公」
- Vは「どうした」を表す
- Oは「何を」を表す
- Cは「Sとイコールになる」
- Mは飾りのことば

□ **〈基本5文型〉を理解する**
- 第1文型：S＋V
- 第2文型：S＋V＋C
- 第3文型：S＋V＋O
- 第4文型：S＋V＋O＋O
- 第5文型：S＋V＋O＋C

□ **《品詞問題》の解き方**

□ **品詞を見分けるコツ**

解いて覚える

□ **基礎問題トレーニング100問**

□ **標準問題トレーニング100問**

さあ、ここからスタートです。
はりきっていきましょう。

まず「品詞とは何か」から始めましょう。

品詞は「ことばの部品」

〈品詞〉は英語でparts of speechと言います。parts（パーツ）とは「部品」のことで、speechは「ことば」です。つまり、**品詞とは「ことばの部品」**なんです。

ふだん私たちは意識していませんが、さまざまな品詞の組み合わせで「ことば」はできています。

I am reading a book.
（私は本を読んでいる）

たとえば、この英文は、大きく分けると、**I**（代名詞）、**am reading**（動詞）、**a book**（名詞）が集まってできています。これを下のように部品（品詞）の並べ方を変えてしまうと…

I a book am reading.

A book am reading I.

正しい「ことば」になりませんね。

パズルと同じで、品詞という部品を正しく組み立てないと、「ことば」は完成しません。英語の品詞の並べ方や使い方にはルールがあり、それを、英文を作る法則、つまり〈英文法〉と呼びます。

■ まず4つの品詞を覚えよう！

英語の品詞にはいろいろな種類がありますが、特に重要なのが、次の4つの品詞の働きです。

| ① 名 詞 | ③ 形容詞 |
| ② 動 詞 | ④ 副 詞 |

この《基本4品詞》の働きがしっかり理解できれば、《品詞問題》の大半は解けます。それでは、〈基本4品詞〉がそれぞれどういうものかを見ていきましょう。

名詞

まず、〈名詞〉は何かの「名前」を表すコトバです。

「加藤さん」や「家」のような身の回りに存在する人やモノはもちろん、knowledge（知識）やdream（夢）のように、目に見えないモノでも名前が付いていれば名詞です。名詞には、「加藤さんは」「家が」のように、日本語にしたときに「は」や「が」が付きます。

そして、英語では《数えられる名詞》と《数えられない名詞》を区別します。これは日本語との大きな違いです。

■ 数えられる名詞

《数えられる名詞》は《可算名詞》ともいい、単数（1つや1人）の場合、そのままでは使えません。必ず冠詞（a / an / theのこと）などが必要です。また、複数（2つや2人以上）の場合には、語尾に -sや-esが付きます。

日本語では、「本」は何冊でも「本」ですが、英語では、本は1冊なら **a book**と**冠詞のaが付き**、2冊以上なら**booksと -sが付きます**（複数形と言います）。この違いをしっかり頭に入れましょう。

以下の car（車）、book（本）、country（国）は数えられますよね。なので、可算名詞です。

●単数の場合は必ず冠詞や this、my などが必要

冠詞が必要

I have a car.

❌ I have car.

this（この）／ that（あの）／ my（私の）でも OK

This book is interesting.

❌ Book is interesting.

●複数の場合は語尾に -s が付く

「2台の車」と複数なので -s が付く

I have two cars.

❌ I have two car.

最後の y を i に変えて -es を付けるケースもあり

I have traveled to many countries.

❌ I have traveled to many country.

■ 数えられない名詞

一方、〈数えられない名詞〉は〈不可算名詞〉ともいい、「1つ、2つ、3つ…」のように数えられないので、「1つ」を意味するa / anを付けたり、複数形にしたりできません。また、不可算名詞は**単数扱い**です。

特定のモノや人を指す冠詞theは、不可算名詞にも付けられます。注意してください。

【 不可算名詞の例 】

●**冠詞の the は付く**

a / an は付かないが the は付く

I have the information.

❌ I have an information.

●**単数として扱う**

単数扱いなので is

The information is important.

❌ The information are important.

● **「1つの」と言いたければ、a piece of などを付ける**

I have a piece of advice for you.

（あなたに1つアドバイスがあります）

May I have a cup of coffee?

（コーヒーを1杯いただけますか）

● **TOEICに出る主な不可算名詞**

□ **advice**：アドバイス
□ **clothing**：衣類
□ **equipment**：機器
□ **feedback**：感想
□ **furniture**：家具
□ **information**：情報
□ **luggage**：手荷物
□ **merchandise**：商品

動詞

　名詞の次は〈動詞〉です。learn（学ぶ）、think（思う）、come（来る）など、〈動詞〉は、動作や人の心の動き、活動を表すコトバです。

　動詞の多くは日本語にしたときに、/manabu/、/omou/、/kuru/のように、「ウ行」で終わります。英語の動詞は、以下の2種類に分けられることを覚えてください。

> ☑ **be動詞**：be / am / is / are / was / were / been
> ☑ **一般動詞**：be動詞以外の動詞

　一般動詞は「be動詞以外の動詞」なので、上に挙げている learn、think、come は一般動詞です。

　ここまで読んで、「名詞や動詞は知ってるよ」と思っている方も多いでしょう。では〈形容詞〉と〈副詞〉の違いは理解できていますか？　もし、あやふやなら、次でしっかり覚えましょう。

形容詞

〈形容詞〉は、**名詞を詳しく説明するコトバ**です。

たとえば、He has a car. と聞いても、彼がどんな車を持っているのかはわかりません。そこで、car(車)という名詞に red(赤い)、small(小さな)、foreign(外国の)といったコトバを付け加えると…

↓ redがcarを詳しく説明
[名詞]
a red car
(赤い車)

a small car
(小さな車)

a foreign car
(外国の車)

どんな車なのかが具体的にわかります。

こうした、**名詞を詳しく説明するコトバ**が形容詞です。形容詞の多くは、日本語にしたときに「い」「な」「の」で終わります。

また、ある語句がほかの語句を詳しく説明することを、文法用語で**〈修飾する〉**と言います。つまり、**名詞を修飾するのが形容詞**です(名詞に付いた「飾り」のイメージ)。

☑ 形容詞 ➡ 名詞を修飾する

副詞

〈副詞〉は、**名詞以外を詳しく説明するコトバ**です。

A woman is walking. (女性が歩いている)

これだけだと、どんな感じで歩いているのかイメージできません。そこに、slowly(ゆっくり)という単語を動詞の walk に副えると、歩き方のイメージが具

体的になります。

動詞を修飾している

[動詞]
A woman is walking <u>slowly</u>. （女性がゆっくり歩いている）

このように、**名詞以外を修飾するのが副詞**です。日本語では副詞は常に動詞の前に来ますが、英語では、上のslowlyのように後ろにもきます。また、次のように**形容詞や同じ副詞も修飾**します。

[形容詞]
① **You are** <u>really</u> **kind.** （あなたは本当に親切です）

[副詞]
② **You work** <u>very</u> **hard.** （あなたはとても一生懸命働いている）

①の副詞 **really**（本当に）は、形容詞kind（親切な）を修飾し、「どの程度親切なのか」を表しています。②の副詞 **very**（とても）は、副詞hard（一生懸命）を修飾し、「どの程度一生懸命なのか」を表しています。

副詞は、「動詞の前後」や「形容詞の前」、「文頭や文末」など**いろいろな場所に置くことができます**が、原則として**名詞の直前に置くことはできません**。×a very car（とても車）、×a really teacher（本当に先生）って日本語で考えても変ですよね。

even や only といった一部の副詞は、例外的に名詞の直前にも置けます!

☑ 副詞 ➡ 名詞以外を修飾する
☑ 副詞は名詞の直前には置けない

チェック問題

◉ 以下の単語を、基本4品詞（名詞／動詞／形容詞／副詞）に分けてみましょう。
意味を見ながらでも構いません。形容詞か副詞かで迷ったら、他の単語にくっつけてみましょう。

- 名詞に付くのが形容詞：beautiful（きれいな）➡ flower（花）
- 名詞以外に付くのが副詞：really（本当に）➡ beautiful（きれいな）

			名詞	動詞	形容詞	副詞	✔ 正解
1.	job	(仕事)	☐	☐	☐	☐	名詞
2.	new	(新しい)	☐	☐	☐	☐	形容詞
3.	come	(来る)	☐	☐	☐	☐	動詞
4.	company	(会社)	☐	☐	☐	☐	名詞
5.	important	(重要な)	☐	☐	☐	☐	形容詞
6.	already	(すでに)	☐	☐	☐	☐	副詞
7.	receive	(受け取る)	☐	☐	☐	☐	動詞
8.	product	(製品)	☐	☐	☐	☐	名詞
9.	easily	(簡単に)	☐	☐	☐	☐	副詞
10.	necessary	(必要な)	☐	☐	☐	☐	形容詞
11.	employee	(社員)	☐	☐	☐	☐	名詞
12.	arrive	(到着する)	☐	☐	☐	☐	動詞
13.	busy	(忙しい)	☐	☐	☐	☐	形容詞
14.	quickly	(すばやく)	☐	☐	☐	☐	副詞
15.	arrangement	(手配)	☐	☐	☐	☐	名詞
16.	provide	(提供する)	☐	☐	☐	☐	動詞
17.	international	(国際的な)	☐	☐	☐	☐	形容詞
18.	excellent	(素晴らしい)	☐	☐	☐	☐	形容詞
19.	directly	(直接に)	☐	☐	☐	☐	副詞
20.	especially	(特に)	☐	☐	☐	☐	副詞

基本4品詞の違いは理解できましたね。ただ、とても大事な点として、英語では、**多くの単語は複数の品詞で使われます。**

　　　　　　[動詞]　　　[副詞]
① **He works hard.**
　　(彼は一生懸命に働きます)

　　　　　　　　　　　　　　　[形容詞]　[名詞]
② **Thank you for your hard work.**
　　(あなたの一生懸命な仕事に感謝しています)

　①の work（働く）は動詞で、hard（一生懸命に）はそれを修飾する副詞です。一方、②の work（仕事）は名詞で、hard（一生懸命な）はそれを修飾する形容詞です。

　このように work や hard という単語を見ただけでは、品詞はわかりません。単語の品詞を見分け、TOEIC の文法問題を解くためには、**単語の並べ方**を正しく理解する必要があります。

　そのことを次のページから学んでいきましょう。

✔ チェックポイント

- ☐ 英語は、<u>数えられる</u> 名詞と <u>数えられない</u> 名詞を区別する
- ☐ 数えられる名詞を単数で使う時は、<u>裸</u> では使えない(<u>冠詞</u> などがいる)
- ☐ 数えられる名詞を複数で使う時は、<u>-s や -es</u> を付ける
- ☐ 動詞は <u>動作</u> や <u>心の動き</u> を表す
- ☐ ある語句がほかの語句を詳しく説明することを <u>修飾</u> と呼ぶ
- ☐ 形容詞は、<u>名詞</u> を修飾する
- ☐ 副詞は、<u>名詞以外＝動詞／形容詞／副詞／文全体</u> を修飾する
- ☐ 副詞は、<u>いろいろな場所</u> に置くことができる
- ☐ ただし、<u>名詞の直前</u> には置けない(そこには形容詞が入る)

理解する 英語は〈語順〉のことば

日本語と英語には大きな違いがあります。以下の日本語の文を見てください。

Texは、英語を、教えている。

Texというのは、私の
ニックネームです。

この文の単語の順番を入れ替えてみます。

Texは、教えている、英語を。
英語を、教えている、Texは。
教えている、英語を、Texは。

どうですか？　順番を入れ替えても意味はわかりますよね。では、英語だと、どうでしょう。

Tex teaches English.

単語の順番を入れ替えてみます。

Tex English teaches.
English teaches Tex.
Teaches Tex English.

どれも意味不明です。ふだん意識することはありません が、日本語には、「Texは」の「は」や、「英語を」の「を」 のような、〈助詞〉と呼ばれる意味の理解を助ける品詞 があるので、**語順（ことばを並べる順番）が比較的自由**なんです。

日本語の助詞は、「て
にをは」とも呼ばれます。

それに対し、英語に助詞はなく、語順で意味が決まります。つまり、**正しい順番で品詞を並べないと正しいことばにならない**のです。「Tex は英語を教えている」と言いたければ、Tex teaches English. の語順でないといけません。

英語の語順は大きく分けて5パターンあり、それが、みなさんが中学生のときに習った**〈基本5文型〉**です。このたった5つのカタチさえ理解できれば、TOEICの**《品詞問題》**も解けるようになります。

第1文型	$S+V$
第2文型	$S+V+C$
第3文型	$S+V+O$
第4文型	$S+V+O+O$
第5文型	$S+V+O+C$

　これらを見て「S V O Cって何だったっけ」と思った人も多いでしょうから、詳しく説明していきますね。

　英語では、さまざまな品詞がさまざまな働きをして1つの文ができています。**その働きをS V O Cという記号で表します**。ではまず、それぞれの記号の意味を確認していきましょう。

S は「文の主人公」

　S(主語)は、「誰(何)がどうした」の「誰」や「何」にあてはまる、**その文の主人公のこと**です。Subject(主語)の頭文字を取ってSという記号で表されます。

Shugo の S じゃないですよ。

Tex has a car.

　この文なら、**Tex**が主語(**S**)です。TOEICのPart 5では、Read this book.(この本を読みなさい)のような命令文のみ主語がありませんが、**それ以外は必ず主語があります**。

　そして、基本4品詞のうち、**S(主語)になるのは名詞だけ**です。これは非常に重要なポイントなので、必ず覚えてください。

　☑ **S(主語)になる品詞 ➡ 名詞**

28

Ⓥは「どうした」を表す

Ⓥ(述語動詞)は、「何がどうした」の「どうした」に当たる、**主語の様子や動作を述べるコトバ**です。Verb(述語動詞)の頭文字を取ってⓋという記号で表されます。

Tex <u>has</u> a car.
Ⓢ

この例文のⓈは Tex でしたね。では、その Tex が「どうした」を表しているのはどれでしょうか？

そう！「持っている」を表している has がⓋです。この has(have)が動詞であるように、基本4品詞のうち、**Ⓥになるのは動詞だけ**です。

> ☑ Ⓥ(述語動詞)になる品詞　➡　動詞

日本語では「Tex は英語を<u>教えている</u>」のように、述語動詞は文の最後に来ます。一方、英語では、Tex teaches English.のように、**最初に「何がどうした」のⓈ＋Ⓥが来ます**。この語順の違いは大事なので、しっかり頭に入れましょう。

❶ は「何を」を表す

❶（目的語）とは、次の例文で言えば a car です。

Tex has a car.
  <u>S</u>　<u>V</u>

　Tex has.（Tex は持っている）だけでは、「何を？」って思いますよね。そこで、car という名詞を足すと、正しい文が完成します。この**「何を」にあたる名詞のことを〈目的語〉**と呼びます。

　動詞から目的語に向かって動作を表す矢印（➡）が伸びているイメージです。たとえば、I love.（私は愛しています）だけだと、愛情が何に向けられているのかがわかりませんね。そこで…

I love Japan.（私は日本を愛しています）
  <u>S</u>　<u>V</u>　<u>O</u>

のように、Japan という名詞を目的語として置くと、正しい文が完成します。目的語は、Object（目的語）の頭文字を取って ❶ という記号で表されます。

　日本語では「Tex は車を持っている」のように、通常、目的語は動詞の前に来ます。一方、英語では Tex has a car. と、**目的語は動詞の後**に来ます。この語順の違いが重要なので頭に入れてください。

　基本4品詞のうち、**目的語になるのは名詞だけ**です。

　☑ ❶（目的語）は動詞の後に来る
　☑ ❶（目的語）になる品詞　➡　名詞

　また、have のように、**目的語が必要な動詞を〈他動詞〉**と言います。一方、Tex came.（Tex が来た）の動詞 came の後に目的語は不要です。なぜなら come という動作は自分だけでできるからです。こうした**目的語が不要な動詞を〈自動詞〉**と言います。

注意 自動詞と他動詞について

　自動詞・他動詞・目的語といった文法用語が出てきて、急に不安になった人もいるかもしれませんね。そういう方のために、ここで少し詳しく説明します。

　英語の動詞の多くは、**自動詞と他動詞のどちらの使い方もできます**。たとえば、openという動詞は、「開く」という自動詞と、「～を開ける」という他動詞の両方で使われます。

① **The door** opened.（ドアが開いた）
② **I** opened **the door.**（私はドアを開けた）

　①のopenは自動詞で、②のopenは他動詞です。openという動詞を見ただけでは、自動詞か他動詞かはわかりません。そこで、後ろを見て、①は動詞の後に**目的語がないから自動詞**、②はthe doorという**目的語があるから他動詞**、と判断するわけです。

　別の考え方をすると、①の場合、ドアは勝手に開いたので、openという動きは他の何かに影響していません。それに対し、②は、I（私）が行ったopenという動きが、the doorという他のモノに向かっています（動作の➡をイメージ）。

　つまり、動詞の持つ力が、**自分の中にとどまれば自動詞**、**他の何かに直接及べば他動詞**、とも考えられるのです。では、以下のopenはどちらでしょう。

③ **The store** opened **at 7:00** A.M.
（店は午前7時に開いた）

④ **We** opened **the store at 7:00** A.M.
（私たちは店を午前7時に開いた）

　③は自動詞、④は他動詞ですね。③のopenは目的語がなく、お店が他の何かを開いたわけではありません。それに対し、④は、We（私たち）が行ったopenという行動が、the store（店）という目的語に向かっていますね。

　では、以下の動詞meet（会う）の過去形metは、どちらでしょう。

⑤ **We** met **at the station.**
（私たちは駅で会った）

⑥ **We** met **Mr. Kato at the station.**
（私たちはKatoさんに駅で会った）

⑤は自動詞、⑥は他動詞です。⑤はWe（私たち）だけで会ったので目的語がありません。それに対し、⑥では、We（私たち）はKatoさんという他の誰かに会っていますね。**動詞の力が自分に向かえば自動詞、他の何か（目的語）に向かえば他動詞**です。

　では、最後にもう2問出題します。以下の動詞walkとrunは自動詞・他動詞のどちらでしょう。

⑦ **I walk my dog every day.**
（私は毎日犬を散歩させます）

⑧ **He runs a restaurant in Tokyo.**
（彼は東京でレストランを経営している）

　正解は、どちらも他動詞です。⑦では、I（私）が行うwalk（〜を散歩させる）という動きが、目的語my dogに向かっています。ただし、同じwalkでも、I walk to school every day.（私は毎日歩いて通学します）のwalk（歩く）は自動詞です。他の何かを動かしているわけではなく、歩いているのは自分だからです。

　⑧では、He（彼）のrun（〜を経営する）という活動が、目的語a restaurantに向かっています。一方で、I run every morning.（私は毎朝走ります）やThe event runs until Sunday.（そのイベントは日曜まで続きます）のrun（走る、続く）は自動詞です。どちらもrunという動詞が他の何かに働きかけているわけではなく、目的語がありません。

　自動詞・他動詞・目的語のイメージはつかめましたか？　このように、walkやrunのような基本動詞でも、**自動詞か他動詞かによって意味が変わります**。英語では、多くの動詞が、見た目が同じなのに、自動詞と他動詞のどちらでも使われるので、**文の形でどちらなのかを判断しなければならない**のです。

　なお、I like dogs.という英文を日本語に訳すと、「私は犬が好きです」となりますが、この文の主語はIで、dogsは目的語です。「犬が」と訳しても、主語ではありません。dogsはlikeという他動詞の後に来ているので目的語です。日本語の意味ではなく、どの品詞がどの位置にあるかで役割を判断しましょう。

　　☑ **O（目的語）が必要な動詞** ➡ **他動詞**
　　☑ **O（目的語）が不要な動詞** ➡ **自動詞**

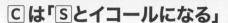

C は「S とイコールになる」

C (補語)とは、下の①の kind や、②の a teacher です。

① **Tex is** kind.
② **Tex is** a teacher.

どちらも Tex is. で終わってしまうと、Tex が何なのかがさっぱりわかりませんね。そこに、形容詞の kind や名詞の a teacher を補うと、正しい文になります。

be 動詞は「イコール」を意味し、その後に、**「主語は何なのか」「主語はどんな状態なのか」** を説明することばが必要です。こうした **主語とイコールになることばを〈補語〉** と言います。

Complement (補語)の頭文字を取って C という記号で表されます。基本4品詞の中で、**C (補語)になるのは形容詞か名詞** です。

ただし、**圧倒的に形容詞が多い** ことも頭に入れておいてください。

たとえば、be 動詞の後に形容詞を続けた Tex is kind. は正しい文ですが、名詞を置いた Tex is kindness. は誤りです。Tex は人間であって、kindness (親切さ)ではないですよね。

この違いを理解できているかどうかを問う問題がよく出題されます。

このように、名詞は主語とイコールにならないことが多いので、**補語になるのは主に形容詞** です。

☑ **C (補語)になる品詞** ➡ **形容詞か名詞**
☑ **ただし、形容詞の方が多い**

注意 目的語と補語の違い

　ここまで見てきたように、名詞は**目的語**にも**補語**にもなります。目的語と補語を見分けるポイントは、主語とイコールかどうかです。

　イコールなら補語、イコールでなければ目的語です。たとえば、Tex became a teacher.（Tex は先生になった）という文では、Tex ＝ a teacher なので、名詞の a teacher は補語です。

　これに対し、Tex has a car. という文では、Tex と a car はイコールではないので、car は目的語です。違いをしっかり頭に入れましょう。

Ⓜ は飾りのことば

　Ⓢ Ⓥ Ⓞ Ⓒ、それぞれの内容は理解できましたか？　ここで「あれ、副詞が出てこなかったよ？」と気づかれた方、その通りです。

　副詞は文に必要な要素であるⓈ Ⓥ Ⓞ Ⓒ にはなりません。基本4品詞の所で説明しましたが、**副詞は名詞以外を修飾する役割**をします。以下の例文を見てください。

Tex has a red car. （Tex は赤い車を持っている）
Ⓢ　Ⓥ　　Ⓞ

Tex came early. （Tex は早く来た）
Ⓢ　Ⓥ

　どちらの文も、形容詞の red と副詞の early がなくても、Tex has a car. / Tex came. という文は成り立っています。つまり、ここでの red と early は、**文を作るのに必要な要素（Ⓢ Ⓥ Ⓞ Ⓒ）**ではありません。

　形容詞の red は名詞の car を、副詞の early は動詞の came を詳しく説明（修飾）しているだけです。こうしたⓈ Ⓥ Ⓞ Ⓒ にならず、**文を詳しく説明することばを**〈修飾語〉と言います。文の飾りですね。〈修飾語〉は、Modifier（修飾語）の頭文字を取ってⓂという記号で表されます。

　英語でⓂ（修飾語）になるのは、形容詞（名詞を修飾）と副詞（名詞以外を修飾）です。形容詞は補語（Ⓒ）にもなりますが、副詞は常に修飾語（Ⓜ）で、名詞以外を修飾します。

☑ Ⓜ(修飾語)になる品詞 ➡ 形容詞か副詞
☑ Ⓜのうち形容詞 ➡ 名詞を修飾
☑ Ⓜのうち副詞 ➡ 名詞以外を修飾

✔ チェックポイント

☐ 英語は、<u>語順</u> で意味が決まる

☐ 品詞の並べ方に <u>5つ</u> のパターンがある＝<u>5文型</u>

☐ Ⓢ(主語)は、文の <u>主人公</u> である

☐ Ⓢになる品詞は、<u>名詞</u>

☐ Ⓥ(述語動詞)は、Ⓢの <u>様子</u> や <u>動作</u> を表す

☐ Ⓥになる品詞は、<u>動詞</u>

☐ Ⓞ(目的語)は「<u>何を</u>」を表す

☐ Ⓞになる品詞は <u>名詞</u>

☐ 動詞には、目的語が必要ない <u>自動詞</u> 、目的語が必要な <u>他動詞</u> がある

☐ Ⓒ(補語)はⓈと <u>イコール</u> になることば

☐ Ⓒになる品詞は <u>形容詞</u> と <u>名詞</u>

☐ ただし、圧倒的に <u>形容詞</u> が多い

☐ 名詞は <u>目的語</u> と <u>補語</u> どちらにもなるが、見分けのポイントは <u>主語</u> とイコールかどうか

☐ Ⓜ(修飾語)になる品詞は <u>形容詞</u> と <u>副詞</u>

☐ 副詞は常に <u>修飾語（Ⓜ）</u> になる（<u>Ⓢ Ⓥ Ⓞ Ⓒにはならない</u>）

チェック問題

◉ここで、基本4品詞とそれぞれの役割を確認しておきましょう。

1. Ⓢ（主語）になる品詞　➡　_____

2. Ⓥ（述語動詞）になる品詞　➡　_____

3. Ⓞ（目的語）になる品詞　➡　_____

4. Ⓒ（補語）になる品詞　➡　_____ か _____

5. Ⓜ（修飾語）になる品詞　➡　_____ か _____

6. 形容詞は _____ を修飾する

7. 副詞は _____ を修飾する

◉以下の品詞がⓈ Ⓥ Ⓞ Ⓒ Ⓜのどれになるかを答えましょう。

8. 名詞　➡　_____ か _____ か _____ になる

9. 動詞　➡　_____ になる

10. 形容詞　➡　_____ か _____ になる

11. 副詞　➡　_____ になる

この質問に迷わず答えられましたか？　スラスラ答えられるようになったら、
次のページから、基本5文型の学習に入りましょう。

理解する 〈基本5文型〉を理解する

ここまで基本4品詞と、それらの文中での働きを示す⑤⑦⑩⑥⑩を学んできました。次はその並べ方です。英語の語順(品詞の並べ方)は基本的に、次の5パターンです。これを〈基本5文型〉と言います。

第1文型 Ⓢ+Ⓥ
第2文型 Ⓢ+Ⓥ+Ⓒ
第3文型 Ⓢ+Ⓥ+Ⓞ
第4文型 Ⓢ+Ⓥ+Ⓞ+Ⓞ
第5文型 Ⓢ+Ⓥ+Ⓞ+Ⓒ

これを見ればわかるように、原則として、**1つの英文に、ⓈとⓋは1つずつ**です。ⓈやⓋを適当に2個にしたり、ゼロにすることはできません。ⓈやⓋを増やすには、接続詞などが必要です。

〈Ⓢ+Ⓒ〉や〈Ⓢ+Ⓞ〉、〈Ⓢ+Ⓥ+Ⓥ+Ⓞ〉といったカタチはありません。これはとても大切なルールなので、最初に覚えておいてください。

〈第1文型〉 Ⓢ+Ⓥ

Tex came. (Tex が来た)
Ⓢ　　Ⓥ

この文は、主語と自動詞だけで文ができています。このように、**文の要素が主語(Ⓢ)と述語動詞(Ⓥ)だけの文が〈第1文型〉**です。

Q. 〈自動詞〉って何?
A. 目的語がいらない動詞のことを自動詞と言うのでしたね。
→p.31

ただし、普通は動詞の後に、副詞や〈前置詞＋名詞〉などの修飾語が付きます。

Tex came early. (Tex は早く来た)
　　　　　　Ⓜ

Tex came <u>to the office</u> <u>early</u>. (Tex はオフィスに早く来た)
      M   M

こうした副詞(early)や〈前置詞＋名詞〉のカタマリ(to the office)は、「いつ来たのか」「どこに来たのか」と、どちらも**動詞cameを詳しく説明する副詞の役割**をしています。これらがなくても Tex came. という文ができていることからわかるように、副詞や〈前置詞＋名詞〉のカタマリは**常に修飾語で、文に必要な要素(S V O C)にはなりません。**

☑〈前置詞＋名詞〉のカタマリは必ず M

文型からちょっと話はそれますが、「**〈前置詞＋名詞〉のカタマリは S V O C にならない**」というのは大切なルールなので、詳しく説明しますね。

注意 〈前置詞＋名詞〉はカッコでくくる

前置詞(atやfor、inやwithなど)は、名詞の「前」に「置」かれる「詞(ことば)」です。

at the station(駅で)、in Japan(日本で)、on Sunday(日曜日に)、with Mr. Kato(Katoさんと)といった形で、前置詞は名詞とセットでカタマリになります。こうした**〈前置詞＋名詞〉のカタマリは、常に修飾語(M)**です。絶対に S V O C にはなりません。次の例文を見てください。

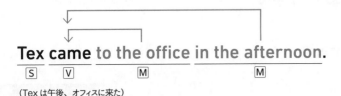

Tex came to the office in the afternoon.
  S   V   M   M

(Tex は午後、オフィスに来た)

to the office(オフィスに)と in the afternoon(午後に)というカタマリは、「来た←オフィスに」「来た←午後に」と、いずれも動詞のcameを修飾する副詞の役割をしています。

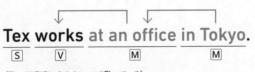

Tex works at an office in Tokyo.
  S   V   M   M

(Tex は東京にあるオフィスで働いている)

　左の例文では at an office は、「働く←オフィスで」と、動詞の work を修飾する副詞の役割をしています。in Tokyo は、「オフィス←東京にある」と、名詞の office を修飾する形容詞の役割をしています。

　このように〈前置詞＋名詞〉のカタマリは、文の中で、**修飾語として形容詞または副詞の役割をします**。

　英文を読む際、この〈前置詞＋名詞〉をカッコでくくると、S V O C がグンとわかりやすくなります。以下の例文でやってみましょう。

Mr. Kato has been working at a school in Tokyo for over ten years.

（Kato さんは東京にある学校で 10 年以上に渡り働いている）

〈前置詞＋名詞〉をカッコでくくると…

Mr. Kato has been working (at a school) (in Tokyo)
S　　　　　　　V

(for over ten years).

　文のカタチがはっきりしますね。

　at a school（学校で）と for over ten years（10年以上に渡り）というカタマリは、has been working（働いている）を修飾する副詞、in Tokyo（東京にある）は school を後ろから修飾する形容詞の役割をしています。

　英文が長くて混乱したときは、**頭の中で〈前置詞＋名詞〉をカッコでくくってみてください**。

　それでは文型に話を戻しましょう。

〈第2文型〉 S+V+C

〈主語＋述語動詞＋補語〉の組み合わせが〈**第2文型**〉です。

Tex is busy. (Tex は忙しいです)
S　V　C

Tex is a teacher. (Tex は先生です)
S　V　　C

　C（補語）は、主語は「何なのか」「どんな状態なのか」を表し、**主語とイコールになります**。上の例文ではどちらも、「Tex ＝ busy」「Tex ＝ a teacher」の関係がありますね。また、**C（補語）になるのは形容詞か名詞**で、**形容詞が圧倒的に多い**のも大切なポイントです（☞ p.33でも解説しましたね）。

☑ S（主語）とC（補語）はイコールになる

　この文型になる動詞は主に be 動詞ですが、**become**（〜になる）、**sound**（〜に聞こえる）、**seem**（〜のように思える）なども主語とイコールになる補語を伴います。

┌─── ●● be 動詞に置き換え可 ───
↓
Tex became a teacher. (Tex は先生になった)
S　　　V　　　　　C

That sounds great. (それは素晴らしいように聞こえます)
S　　　V　　　　C

Tex seems tired. (Tex は疲れているように思えます)
S　　　V　　　C

　動詞の後の a teacher（先生）、great（すばらしい）、tired（疲れている）は、いずれも主語とイコールになる補語で、Tex is a teacher.、That is great.、Tex is tired. のように、be 動詞に置き換えることができます。

〈第3文型〉 S + V + O

〈**主語＋述語動詞＋目的語**〉の組み合わせが〈**第3文型**〉です。英語で最もよく使われる文型です。

Tex has a car. (Tex は車を持っている)

Tex found a job. (Tex は仕事を見つけた)

　動詞hasやfound（findの過去形）は、後ろに名詞（a carやa job）がないと正しい文になりません。こうした動詞を他動詞と呼び、その後に来る名詞を目的語と呼ぶのでしたね。

他動詞と自動詞については以下のページで詳しく解説しています。
➡p.31

　他動詞は、自分以外の「他の人」や「他の何か」に働きかける動詞で、「他動詞➡目的語」のイメージです。「**他動詞は目的語が必要**」「**目的語は名詞**」ということをもう一度確認しておきましょう。

　☑ **第3文型のV（述語動詞）　➡　他動詞**
　☑ **他動詞は後ろに目的語が必要**

〈第4文型〉 S＋V＋O＋O

〈主語＋述語動詞＋目的語＋目的語〉の組み合わせが〈第4文型〉です。

Tex gave me a book. (Tex は私に本をくれた)
S　V　O　O

　この例文では、他動詞 gave（give の過去形）の後に、me と a book という2つの名詞が並んでいます（正確には me は代名詞）。

　me は主語の Tex とイコールではないので目的語ですが、Tex gave me. で終わると、「Tex は私をくれた」となって意味不明です。そこで、もう1つ a book という名詞を足すと……あら不思議！　Tex gave me a book.（Tex は私に本をくれた）と正しい文になります。

　ここでは、me と book はイコールではありませんね。このように、**2つ並んだ名詞の間にイコールの関係がなければ、2つ目の名詞も目的語**です。

　他動詞の後に目的語を2つ、「〜に」「〜を」の順番で並べたのが第4文型です。2つの目的語を区別するため、最初の目的語をO_1、後の目的語をO_2という記号で表すと、「**SはVする、O_1にO_2を**」の順番になります。

■ 動詞は「与える」イメージ

　第4文型になる動詞には、give 以外に、**ask**（〜に〜を尋ねる）、**offer**（〜に〜を提供する）、**send**（〜に〜を送る）、**show**（〜に〜を見せる）などがあります。

第4文型の V は「与える」系の動詞

We offered him a job. (われわれは彼に仕事をオファーした)
O_1　O_2

Tex sent me a letter. (Tex は私に手紙を送った)
O_1　O_2

I'll show you a map. (私があなたに地図をお見せします)
O_1　O_2

　どれも「**SはVする、O_1にO_2を**」の形になっていますね。第4文型になる動詞は、**「はい、どうぞ」と相手に何かを与えるイメージ**です。「与える」系の動詞の後に名詞が2つ並んでいたら、「〜に〜を」の第4文型を意識しましょう。

〈第5文型〉 S + V + O + C

〈主語＋述語動詞＋目的語＋補語〉の組み合わせが〈第5文型〉です。

I found the book interesting. (私はその本を面白いと思った)
S　　V　　　O　　　　C

この例文では、動詞 found（find の過去形）の後に、book という名詞と、**interesting（面白い）という形容詞**が並んでいます。

まず、book は主語の I とイコールではないですね。ということは、目的語です。では、その後の形容詞 interesting の役割は何でしょう？

名詞を修飾する場合は、the interesting book（その面白い本）のように、形容詞は名詞の前に来るはずです。ここで、形容詞のもう1つの役割を思い出しましょう……そう！ **形容詞は補語（C）になる**のでした。

■ 3と2が合体した形

よく見ると、book と interesting の間には、The book is interesting. と、**イコールの関係があります**。つまり、この文は…

I found the book.　　　第3文型〈S + V + O〉

　　　+

The book is interesting.　　第2文型〈S + V + C〉

のように2つの文型が合体した形なのです。このような〈S + V + O + C〉を第5文型と呼びます。「3＋2＝5」のイメージです。

名詞も補語（C）になるので、You can call me Tex.（私を Tex と呼んでいただいて構いません）のように、この文型で、**動詞の後に名詞が2つ並ぶ**こともあります。

第4文型とは違い、ここでは、2つ並んだ名詞の間に、me＝Tex（I am Tex.）と、イコールの関係があります。2つ並んだ名詞の間に**イコールの関係があれば第5文型**、**なければ第4文型**です。

以下でいくつか第5文型の例文を紹介します。どの文にも、「目的語と補語の間に○＝©の関係がある」ことを確認しましょう。

I kept the door open.（私はドアを開けたままにした）
　　　　　○　＝　　©　　※The door is open.

I named the cat Tama.（私はその猫をタマと名付けた）
　　　　　○　＝　　©　　※The cat is Tama.

I painted the wall white.（私はその壁を白に塗った）
　　　　　　○　＝　　©　　※The wall is white.

どの文の目的語（○）と補語（©）の間にも、イコールの関係がありますね。この感覚をつかむことがとても大事です。

なお、第4文型や第5文型は、Part 5での出題頻度は多くありません。Part 5の問題を解く際は、まずは**第1・2・3文型をしっかり理解**し、第4・5文型の問題が出たら、その都度理解して覚えるようにするのが、お勧めの勉強法です。

✔ チェックポイント

☐ 英語の文に必要な要素は 主語（⑤）、述語動詞（Ⓥ）、目的語（○）、補語（©）

☐〈前置詞＋名詞〉は必ず 修飾語（Ⓜ）になる

☐ 第1文型は〈 ⑤＋Ⓥ 〉で、Ⓥになるのは 自動詞

☐ 第2文型は〈 ⑤＋Ⓥ＋© 〉で、⑤と©の間には イコール の関係がある

☐ 第2文型のⓋになるのは主に be 動詞

☐ 第3文型は〈 ⑤＋Ⓥ＋○ 〉で、Ⓥの後ろに 目的語（○）がくる

☐ 第4文型は〈 ⑤＋Ⓥ＋○＋○ 〉で、Ⓥの後ろに 目的語（○）が2つ並ぶ

☐ 第5文型は〈 ⑤＋Ⓥ＋○＋© 〉で、Ⓥの後ろに 目的語（○）と 補語（©）が並ぶ

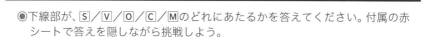

◉下線部が、S／V／O／C／Mのどれにあたるかを答えてください。付属の赤シートで答えを隠しながら挑戦しよう。

1. Mr. Kato has been working at the company for twenty years.
[S]　　[V]　　　　[M]　　　[M]

(Kato さんはその会社で 20 年働いている)

2. The local shop is always busy.
[M]　[S][V]　[M]　[C]

(その地元の店はいつも忙しい)

3. Tex recently visited Osaka for his friend's birthday party.
[S]　[M]　[V]　[O]　　　[M]

(Tex は最近、友達の誕生パーティのために大阪を訪れた)

4. I finally signed an important contract in the office.
[S]　[M]　[V]　　[M]　　[O]　　[M]

(私は最終的にオフィスで重要な契約書にサインした)

5. Tex sent me an e-mail yesterday.
[S][V][O]　[O]　　[M]

(Tex は昨日、私にメールを送った)

6. The company kept the prices very reasonable.
[S]　　[V]　[O]　[M]　[C]

(その会社は価格をとても手ごろに保っていた)

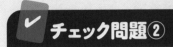

チェック問題②

◉次の文が、どの文型か1〜5の数字を答えてください。付属の赤シートを使って
S V O C を隠しながら挑戦しましょう。

1. Our store was very busy last week.　　　　　　　**文型 [2]**
　　　　S　　　V　　　　　C

（当店は先週とても忙しかった）

2. Ms. Li will attend the meeting.　　　　　　　　　**文型 [3]**
　　　　S　　　V　　　　O

（Li さんは会議に出席する予定だ）

3. Our employees have been working very hard.　　**文型 [1]**
　　　　　S　　　　　　　V

（当社の従業員はとても一生懸命働いてきた）

4. Sally became a teacher last year.　　　　　　　　**文型 [2]**
　　　　S　　V　　　C

（Sally は去年先生になった）

5. George went to the concert last night.　　　　　　**文型 [1]**
　　　　S　　　V

（George は昨晩コンサートに行った）

6. The company is really successful.　　　　　　　　**文型 [2]**
　　　　S　　　　V　　　　C

（その会社はとても成功している）

7. Mr. Alvarez frequently visits New York.　　　　　**文型 [3]**
　　　　S　　　　　　　V　　　O

（Alvarez さんは、頻繁にニューヨークを訪れる）

8. Ms. Kim gave me her e-mail address.　　　　　　**文型 [4]**
　　　　S　　V　O　　O

（Kim さんは、私に彼女のメールアドレスをくれた）

9. Mr. Patel will be doing the product demonstration.　**文型 [3]**
　　　　S　　　V　　　　　O

（Patel さんが製品の実演を行う予定だ）

10. Participants for the seminar found it extremely useful.
　　　　S　　　　　　　V　O　　　　C

（そのセミナーの参加者は、それをきわめて役立つと思った）　　　　**文型 [5]**

これで基本5文型の説明は終わりです。いかがでしたか？　がっかりされるかもしれませんが、必ずしもすべての英文が5パターンにきっちり分けられるわけではありません。

文法学者の間で意見がわかれるカタチもあります。英語は生きたコトバですから、それをたった5つのパターンにあてはめるには限界があるのです。

でも、この5つの基本文型をしっかり理解できれば、TOEICの《品詞問題》が解けるようになりますし、英文を理解する力がグンと伸びます。

次からは、いよいよ《品詞問題》の解き方を学んでいきます。ここまでの内容はしっかり頭に入っていますか？　不安な方は、次に進む前に、ここまでの〈チェックポイント〉にスラスラ答えられるか、確認してみましょう（☞p.26、35、44）。

理解する 《品詞問題》の解き方

《品詞問題》の解き方の基本は、次の2つです。

☑ S V O C が抜けていたら足す
☑ S V O C が抜けていなかったら飾る

以下の問題を解きながら、基本を確認していきましょう。

S V O C が抜けている ➡ 必要な品詞を足す

■ S が抜けている ➡ 名詞を足す

Q The ------- was long.

☐ (A) discuss (動 話し合う)
☐ (B) discussion (名 話し合い)

S(主語)が抜けています。**主語になる品詞は名詞**でしたね。
名詞の(B)が正解です。

■ V が抜けている ➡ 動詞を足す

Q Mr. Kato ------- in Tokyo.

☐ (A) lives (動 住む)
☐ (B) life (名 生活)

V(述語動詞)が抜けています。**述語動詞になるのは動詞**で
す。動詞の(A)が正解です。

■ O が抜けている　➡　名詞を足す

Q I will give a -------.

☐ (A) demonstrate　　　　　　　　　　　　　　　（動 実演する）
☐ (B) demonstration　　　　　　　　　　　　　　（名 実演）

　O (目的語) が抜けています。**目的語になるのは名詞**だけでした。名詞の (B) が正解です。

注意 前置詞の目的語

Q The bridge is under -------.

☐ (A) construct　　　　　　　　　　　　　　　　（動 建設する）
☐ (B) construction　　　　　　　　　　　　　　（名 建設）

　前置詞は必ず名詞とセットで使われます。その名詞を**前置詞の目的語**と言います。この問題では、前置詞 under の後ろに、その目的語が抜けていますね。この場合も**目的語になるのは名詞**なので (B) が正解です。under construction は「建設中、工事中」という意味です。

　このように動詞の目的語だけでなく、**前置詞の目的語を問う問題**も出題されることを覚えておいてください。

■ C が抜けている　➡　形容詞か名詞を足す

Q The company is -------.

☐ (A) successful　　　　　　　　　　　　　　　（形 成功している）
☐ (B) successfully　　　　　　　　　　　　　　（副 うまく）

　be 動詞 is の後に**主語とイコールになる C (補語)** が抜けているので、**形容詞**の (A) が正解です。(B) の副詞は S V O C にならず、常に M (修飾語) です。

⑤ⓥⓄ©が抜けていない ➡ Ⓜが入る

文の要素(⑤ⓥⓄ©)がすでにそろっている場合、空所に入るのはⓂ(修飾語)です。そして、空所が何を修飾しているかによって選ぶ答えが変わります。

■ 空所が名詞を修飾 ➡ 形容詞

Q Mr. Kato bought a ------- computer last month.

☐ (A) new （形 新しい）
☐ (B) newly （副 新しく）

Mr. Katoが主語、boughtが述語動詞、computerが目的語で、空所がなくても、Mr. Kato bought a computer.という文ができています。つまり、⑤ⓥⓄがそろっているので、空所に入るのは修飾語です。

そして、この空所は直後の**名詞computerを修飾している**ので、**形容詞**の(A)が正解です。(B)の副詞は名詞以外を修飾し、名詞の直前に置けません。

■ 空所が名詞以外を修飾 ➡ 副詞を足す

Q Mr. Kato ------- traveled to London.

☐ (A) recent （形 最近の）
☐ (B) recently （副 最近）

Mr. Katoが主語、traveledが述語動詞で、空所がなくてもMr. Kato traveled to London.という文ができています(to Londonは修飾語)。つまり、⑤ⓥがそろっているので、空所に入るのは修飾語です。

そして、空所は直後の**動詞traveledを修飾している**ので、正解は**副詞**の(B)です。(A)の形容詞は名詞を修飾します。

空所に修飾語が入る場合、**名詞の直前なら形容詞、それ以外の場所なら副詞**を選ぶのが、《品詞問題》の鉄則です。例外はありますが、まずは基本を押さえましょう。

✔ チェックポイント

- ☐ Ｓ が抜けている ➡ 名詞 を入れる
- ☐ Ｖ が抜けている ➡ 動詞 を入れる
- ☐ Ｏ が抜けている ➡ 名詞 を入れる
- ☐ Ｃ が抜けている ➡ 形容詞 か 名詞 を入れる (形容詞 の方が多い)
- ☐ Ｍ が入る場合に、名詞の直前が空所なら 形容詞 が入る
- ☐ Ｍ が入る場合に、それ以外の場所が空所なら 副詞 が入る

◉Part 5形式の2択問題です。空所に入るのが文に必要な要素（⑤ Ⓥ Ⓞ Ⓒ）なのか、修飾語（Ⓜ）なのかを見極めて答えを選びましょう。

1. The ------- will start in June.

☐ (A) promote
☐ (B) promotion

(動 促進する)
(名 プロモーション)

2. I ------- with you.

☐ (A) agree
☐ (B) agreement

(動 同意する)
(名 合意)

3. Gas prices have risen -------.

☐ (A) sharp
☐ (B) sharply

(形 急激な)
(副 急激に)

4. The restaurant is -------.

☐ (A) busily
☐ (B) busy

(副 忙しく)
(形 忙しい)

5. I made a ------- to a charity.

☐ (A) donate
☐ (B) donation

(動 寄付する)
(名 寄付)

6. I bought an ------- computer.

☐ (A) expensive
☐ (B) expensively

(形 値段が高い)
(副 高価に)

7. Tex is ------- kind.

☐ (A) real
☐ (B) really

(形 本物の)
(副 本当に)

8. Tex is really -------.

   □ (A) nice   （形）やさしい

   □ (B) nicely   （副）やさしく

9. I ------- enjoyed the show.

   □ (A) true   （形）本当の

   □ (B) truly   （副）本当に

10. Tex answered the question -------.

   □ (A) easy   （形）簡単な

   □ (B) easily   （副）簡単に

答え

1. (B) 主語（S）が抜けている → 名詞
訳 そのプロモーションは6月に始まる予定だ。

2. (A) 述語動詞（V）が抜けている → 動詞
訳 私はあなたに同意だ。

3. (B) 動詞を修飾 → 副詞
訳 ガソリン価格が急激に上がった。

4. (B) 主語とイコールになる補語（C）が抜けている → 形容詞
訳 そのレストランは忙しい。

5. (B) 目的語（O）が抜けている → 名詞
訳 私は慈善団体に寄付をした。

6. (A) 名詞を修飾（名詞の直前が空所）→ 形容詞
訳 私は高価なコンピュータを買った。

7. (B) 形容詞を修飾 → 副詞
訳 Texは本当に親切だ。

8. (A) 主語とイコールになる補語（C）が抜けている → 形容詞
訳 Texは本当にやさしい。

9. (B) 動詞を修飾 → 副詞
訳 私はそのショーを本当に楽しんだ。

10. (B) 動詞を後ろから修飾 → 副詞
訳 Texは簡単に、その質問に答えた。

理解する 品詞を見分けるコツ

本格的な問題演習に入る前に、もう1つだけ重要なことをお伝えします。単語のつづりで品詞を見分ける方法です。まず、以下の問題を見てください。

例 題

◉ 空所に入る語句を(A)〜(D)から1つ選びましょう。

The plan is -------.

(A) feasibility
(B) feasibly
(C) feasible
(D) feasibilities

この文はThe planが主語で、isが述語動詞の第2文型です。be動詞の後ろには主語とイコールになる補語が必要なので、形容詞を選びたいところです。

でも、選択肢が難しすぎて、どれが形容詞かわかりません!

本番では、このように、選択肢にハイレベルな単語が並びます。その場合、どうやってねらった品詞を選べばよいのでしょう?

実は、《品詞問題》の選択肢は、**語尾(つづりの最後の部分)から、品詞を見分けられる**んです。

たとえば、**語尾が -ble の単語は形容詞**です。よって、この問題でも(C) feasible(実行可能な)が正解だと判断できます。(A)のように語尾が-tyの単語は名詞「実現可能性」で、(D)はその複数形です。(B)のように-lyの単語は副詞「実行できるように」です。

このように、各品詞の代表的な語尾を覚えることで、たとえ**知らない単語であっても、品詞を推測できる**ようになります。

☑ 語尾から品詞を見分けられる

次のページから紹介するリストを覚えていきましょう。

なお、名詞も補語©になりますが、主語のThe plan（計画）とfeasibility（実行可能性）はイコールではありません。空所に入れると、「その計画は実行可能性です」となって意味が通りません。

正解 (C)

訳 その計画は実行可能だ。

語尾から品詞がわかる

《品詞問題》の攻略には、単語の語尾を見て、品詞を見分ける力が欠かせません。基本4品詞の主な語尾は次の通り。問題を解きながら、覚えていきましょう。

■ 名詞の語尾

主な名詞の語尾は次の通りです。

-sion	decision（決定）、extension（内線）、permission（許可）
-tion	position（職）、presentation（プレゼンテーション）、information（情報）
-ty	community（共同体）、facility（施設）、opportunity（機会）
-ness	business（会社）、effectiveness（効果）、fitness（健康）
-ment	document（書類）、department（部）、management（経営）
-sis	analysis（分析）、emphasis（強調）、basis（基盤）
-cy	policy（方針）、emergency（緊急事態）、agency（代理店）
-ance	performance（公演）、maintenance（保守点検）、distance（距離）

■ 動詞の語尾

主な動詞の語尾は次の通りです。

-fy	identify（あきらかにする）、notify（知らせる）、modify（変更する）
-ize	realize（気づく）、organize（準備する）、specialize（専門にする）
-en	widen（広げる）、broaden（広げる）、strengthen（強化する）
-ate	appreciate（ありがたく思う）、create（創り出す）、translate（翻訳する）

■ 形容詞の語尾

主な形容詞の語尾は次の通り。

-ous	delicious（おいしい）、serious（本気の）、previous（以前の）
-ble	available（手に入る）、possible（可能な）、reasonable（手ごろな）
-ful	successful（成功している）、careful（慎重な）、useful（役に立つ）
-cal	local（地元の）、historical（歴史的な）、economical（経済的な）
-cial	financial（財政の）、special（特別な）、official（公式の）
-tial	confidential（秘密の）、essential（非常に重要な）、residential（居住の）
-nal	international（国際的な）、additional（追加の）、personal（個人的な）
-ive	expensive（値段が高い）、effective（効果的な）、competitive（競争力のある）

■ 副詞の語尾

副詞を見分ける語尾は1つだけですが、多くの副詞にあてはまります。

-ly	usually（普通は）、recently（最近）、frequently（ひんばんに）

知らない単語の品詞がわかる

《品詞問題》第1章

代表的な語尾に加えて、以下の2つの法則もとても重要です。これを知っていると本番のテストでも必ず役に立ちますから、しっかり頭に入れてください。

1 副詞から-lyを取る　➡　形容詞

このルールを覚えておけば、選択肢にrecentlyがあれば、語尾 -ly から副詞だとわかり、さらにそこから**-lyを取ったrecentは形容詞**だと判断できます。

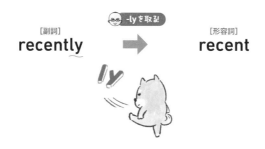

2 単語から-ed/-ingを取る　➡　動詞の原形

単語の語尾から -ed や -ing を取ったら動詞の原形です。

たとえば、learnの品詞がわからなくても、ほかにlearnedやlearningがあれば、そこから**-edや-ingを取ったlearnは動詞の原形**だとわかるのです。

次のページからは、単語の品詞を語尾で見分ける〈チェック問題〉です。わからなければ先ほどの一覧表を参考にしてください。カタチで品詞を見分ける練習なので、意味はわからなくても構いません。

◉語尾を意識して、次の単語の品詞を答えましょう。

	名詞	動詞	形容詞	副詞	✔答え
1. easi<u>ly</u>	☐	☐	☐	☐	副詞
2. informa<u>tion</u>	☐	☐	☐	☐	名詞
3. manag<u>ement</u>	☐	☐	☐	☐	名詞
4. accepta<u>ble</u>	☐	☐	☐	☐	形容詞
5. addition<u>al</u>	☐	☐	☐	☐	形容詞
6. criti<u>cal</u>	☐	☐	☐	☐	形容詞
7. special<u>ize</u>	☐	☐	☐	☐	動詞
8. commenda<u>bly</u>	☐	☐	☐	☐	副詞
9. informa<u>tive</u>	☐	☐	☐	☐	形容詞
10. popular<u>ity</u>	☐	☐	☐	☐	名詞
11. substan<u>tial</u>	☐	☐	☐	☐	形容詞
12. commit<u>ment</u>	☐	☐	☐	☐	名詞
13. correspond<u>ingly</u>	☐	☐	☐	☐	副詞
14. tradition<u>al</u>	☐	☐	☐	☐	形容詞
15. product<u>ivity</u>	☐	☐	☐	☐	名詞
16. perform<u>ance</u>	☐	☐	☐	☐	名詞
17. authoriza<u>tion</u>	☐	☐	☐	☐	名詞
18. identi<u>fy</u>	☐	☐	☐	☐	動詞
19. essen<u>tial</u>	☐	☐	☐	☐	形容詞
20. accura<u>cy</u>	☐	☐	☐	☐	名詞

第1章

第2章 第3章 第4章 第5章 第6章 S1 S2 S3

《品詞問題》 第1章

✔ チェック問題②

◉語尾を意識して、次の単語の品詞を答えましょう。

		名詞	動詞	形容詞	副詞	✔ 答え
1.	opportuni<u>ty</u>	☐	☐	☐	☐	名詞
2.	economi<u>cal</u>	☐	☐	☐	☐	形容詞
3.	temporari<u>ly</u>	☐	☐	☐	☐	副詞
4.	appoint<u>ment</u>	☐	☐	☐	☐	名詞
5.	registra<u>tion</u>	☐	☐	☐	☐	名詞
6.	construc<u>tion</u>	☐	☐	☐	☐	名詞
7.	frequent<u>ly</u>	☐	☐	☐	☐	副詞
8.	frequent	☐	☐	☐	☐	形容詞
9.	delici<u>ous</u>	☐	☐	☐	☐	形容詞
10.	success<u>ful</u>	☐	☐	☐	☐	形容詞
11.	efficient<u>ly</u>	☐	☐	☐	☐	副詞
12.	seri<u>ous</u>	☐	☐	☐	☐	形容詞
13.	substantial<u>ly</u>	☐	☐	☐	☐	副詞
14.	profit<u>able</u>	☐	☐	☐	☐	形容詞
15.	effec<u>tive</u>	☐	☐	☐	☐	形容詞
16.	depend<u>able</u>	☐	☐	☐	☐	形容詞
17.	convenient<u>ly</u>	☐	☐	☐	☐	副詞
18.	convenient	☐	☐	☐	☐	形容詞
19.	reserva<u>tion</u>	☐	☐	☐	☐	名詞
20.	streng<u>then</u>	☐	☐	☐	☐	動詞

----

8. （7から -ly を取ったカタチ ➡ 形容詞）

18. （17から -ly を取ったカタチ ➡ 形容詞）

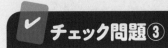

◉語尾を意識して、次の単語の品詞を答えましょう。

		名詞	動詞	形容詞	副詞	✔ 答え
1.	addition	☐	☐	☐	☐	名詞
2.	agreeable	☐	☐	☐	☐	形容詞
3.	prestigious	☐	☐	☐	☐	形容詞
4.	consistent	☐	☐	☐	☐	形容詞
5.	consistently	☐	☐	☐	☐	副詞
6.	contribution	☐	☐	☐	☐	名詞
7.	specifies	☐	☐	☐	☐	動詞
8.	facilities	☐	☐	☐	☐	名詞
9.	helpful	☐	☐	☐	☐	形容詞
10.	impressive	☐	☐	☐	☐	形容詞
11.	improvement	☐	☐	☐	☐	名詞
12.	initially	☐	☐	☐	☐	副詞
13.	inspection	☐	☐	☐	☐	名詞
14.	national	☐	☐	☐	☐	形容詞
15.	qualification	☐	☐	☐	☐	名詞
16.	recent	☐	☐	☐	☐	形容詞
17.	recently	☐	☐	☐	☐	副詞
18.	regularity	☐	☐	☐	☐	名詞
19.	satisfactorily	☐	☐	☐	☐	副詞
20.	urgency	☐	☐	☐	☐	名詞

---

4. （5から-lyを取ったカタチ ➡ 形容詞）

7. （動詞specifyに3単現のsが付いたカタチ）

8. （名詞facilityの複数形）

16. （17から-lyを取ったカタチ ➡ 形容詞）

いかがでしたか。今は品詞の見分けがうまくできない方も、問題演習をこなしていくにしたがって、すばやく見分けられるようになりますから安心してください。

これから問題演習に入りますが、「目的語が抜けているから、名詞が正解だ」「空所がなくても文ができているから、空所に入るのは修飾語だ。名詞の前が空いているから形容詞が正解だ」といったように、**しっかり考えて解きましょう。**

その際、あまり文型にこだわり過ぎないことも大切です。文型の理解は重要ですが、みなさんの目的は、英文を文型に分けることではありません。《品詞問題》を解く際は、**空所が文に必要な要素(S V O C)**なのか、それとも**飾り(M)**なのかを見極めましょう。その上で、「**S V O C が抜けていたら足す、抜けていなかったら飾る(M)**」という基本を守って解いてください。

まずは基礎問題の100問トレーニング、終わったら標準問題の100問トレーニングに進んでください。最初は難しく感じると思いますが、あきらめないで少しずつ前進しましょう。

Good luck!

次のページからはいよいよ本番形式の問題演習です。ここまで学んだことを実践してみましょう。

解いて覚える 基礎問題トレーニング

● まず、本番より短めの英文を使った基礎演習から始めます。ただし、どの問題も本試験に出る英文や単語が使われています。初めは難しく感じるかもしれませんが、あきらめず、一歩ずつ前進してください。

語彙に不安のある方は、左ページ下部の〈単語チェック〉を活用してください。ここで単語を予習してから問題に取り組むとよいでしょう。

最初の10問は、⑤Ⓥ◎◎が抜けているタイプです。どれが抜けているかを考えて、適切な品詞を選びましょう。また、選択肢の品詞を見分けるには、語尾を参考にしてください。

□
□ **1.** ------- are taking longer than expected.

 (A) Renovate
 (B) Renovations
 (C) Renovating
 (D) Renovated

□
□ **2.** An ------- was made for Mr. Kato.

 (A) except
 (B) exceptional
 (C) exceptionally
 (D) exception

□
□ **3.** Ms. Kobayashi made a large ------- to the project.

 (A) contribution
 (B) contribute
 (C) contributing
 (D) contributions

単語チェック

1. □than expected：予想された以上に

問題を解いたあと、答え合わせだけで終わらないでください。
解説を読み、正解・不正解の理由をきちんと確認しましょう。そして、問題文の意味まで理解すること!

001 1. 　　　　　　　　　**主語は名詞**　　　　　　　　　正解 (B)

🖊 S がない ➡ 名詞が入る!

------- are taking [V] longer than expected.

空所直後の are taking が述語動詞で、主語が抜けています。**主語になるのは名詞**です。次に、選択肢のどれが名詞かは、語尾で判断します。語尾が -tion の単語は**名詞**でしたね。(B) Renovations(改装)が正解です(複数形の -s が付いています)。(A) は動詞「～を改装する」、(C) はその現在分詞・動名詞、(D) は過去形・過去分詞です。

訳 ▶ 改装は予想された以上に時間がかかっている。

002 2. 　　　　　　　　　**主語は名詞**　　　　　　　　　正解 (D)

🖊 S がない ➡ 名詞が入る!

An ------- was made [V] (for Mr. Kato).
　　　　　　　　　　　　　↑
　　　　　　　　〈前置詞＋名詞〉はカッコで囲む

空所直後の was made が述語動詞で、主語が抜けています。**主語になるのは名詞**でしたね。語尾が -tion の単語は**名詞**なので、(D) exception(例外)が正解。(A) は前置詞「～を除いて」か、動詞「～を除外する」。(B) は形容詞「並外れた」。(C) は副詞「並外れて」です。

 冠詞 a / an / the は名詞が続く目印だと覚えておきましょう。この問題では冒頭の An も空所に名詞が入るヒント!

訳 ▶ Kato さんのために例外が設けられた。

003 3. 　　　　　　　　　**目的語は名詞**　　　　　　　　　正解 (A)

🖊 O がない ➡ 名詞が入る!

Ms. Kobayashi [S] made [V] a large ------- [O] (to the project).
　　　ココに注目! -----↑　　　　　　　↑
　　　　　　　　　　　　　　　　　　〈前置詞＋名詞〉はカッコで囲む

Ms. Kobayashi が主語、made(～を作った)が述語動詞です。空所後の to the project は〈前置詞＋名詞〉なので、修飾語です。頭の中でカッコでくくりましょう。すると、Kobayashi さんが「大きな ------- を作った」となり、目的語が抜けているとわかります(large は形容詞)。**目的語になるのは名詞**なので、語尾が -tion の (A) と (D) が候補。**単数を示す冠詞 a** があることから、(A) contribution(寄付、貢献)が正解です。複数形の (D) は不適切。make a contribution で「寄付する、貢献する」という意味。(B) は動詞「～を寄付する、貢献する」、(C) はその現在分詞・動名詞です。

訳 ▶ Kobayashi さんは、そのプロジェクトに対し、大きな額の寄付をした。

☐
☐ **4.** Blackstone Railways is making ------- to Nilsen Station.

    (A) improve
    (B) improvements
    (C) improved
    (D) improving

☐
☐ **5.** The manufacturer ------- to hire 3,000 workers.

    (A) intention
    (B) intends
    (C) intentional
    (D) intending

☐
☐ **6.** The event was a big -------.

    (A) succeed
    (B) succeeded
    (C) successfully
    (D) success

《品詞問題》第1章

004 4. 目的語は名詞

正解 (B)

🕐 ○がない ➡ 名詞が入る!

Blackstone Railways[S] is making[V] ------- (to Nilsen Station).

Blackstone Railways のように、大文字で始まる語句は、社名や人名などを表す名詞です。これが主語で、is making（〜を作っている）が述語動詞。to Nilsen Station は〈前置詞＋名詞〉で修飾語です。「**〈何〉**を作っている」のかという**目的語が抜けていますね。**目的語になるのは**名詞**でした。語尾が -ment の単語は名詞なので、(B) improvements（補修、改善）が正解（語尾の -s は複数形を表しています）。(A)「〜を改善する」は動詞、(C) はその過去形・過去分詞、(D) は現在分詞・動名詞です。

 大文字の頭文字は、会社名や施設名など、固有名詞の目印なので覚えておきましょう。それと関連して、**Blackstone Railways**と複数形なのに、述語動詞が**is making**になっている点に気づきましたか？ 会社名は基本的に「単数扱い」であることも頭に入れておいてくださいね。

訳 ▶ Blackstone鉄道は、Nilsen駅の補修を行っている。

005 5. Vは動詞

正解 (B)

🕐 Vがない ➡ 動詞が入る!

The manufacturer[S] ------- to hire 3,000 workers[O].

The manufacturer（製造業者）が主語。空所後の to hire のような〈to+ 動詞の原形〉は不定詞と言い、述語動詞ではありません（第 2 章で解説）。つまり、この文は述語動詞が抜けています。**述語動詞になるのは動詞**です。選択肢のどれが動詞か迷ったら、**「単語の語尾から -ing を取ったら動詞」**という法則で見分けます。(D) から、-ing を取った (B) intends（〜を意図する）が動詞です（最後の -s は三単現の s）。(A)「意図」は名詞、(C)「意図的な」は形容詞、(D) は現在分詞・動名詞です。なお ing 形は、I am reading a book. のように、述語動詞になるには必ず be 動詞が必要です（第 2 章でくわしく解説します）。

訳 ▶ その製造業者は、3000人の作業員を雇うつもりだ。

006 6. 冠詞は名詞の目印

正解 (D)

------- 冠詞の後ろには名詞がくる!

The event[S] was[V] a big -------[C].

The event が主語、was が述語動詞です。補語が必要ですが、was の後に**名詞の目印となる冠詞の a** があるので、空所には**名詞**が必要だとわかります（big は形容詞）。よって、名詞の (D) success（成功）が正解。「**イベント＝成功**」と、be 動詞の後に来て、**主語とイコールの関係を表す補語**になります。(A) は動詞「成功する」で、(B) はその過去形・過去分詞。(C)「うまく」は副詞です。

訳 ▶ そのイベントは大成功だった。

7. Both the manager and assistant manager are -------.

(A) absence
(B) absently
(C) absences
(D) absent

8. The business will become ------- soon.

(A) profit
(B) profitably
(C) profitable
(D) profitability

9. Mr. Balani has been nominated to fill the -------.

(A) vacant
(B) vacancy
(C) vacate
(D) vacantly

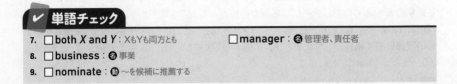

✔ 単語チェック

7. ☐ **both X and Y**：XもYも両方とも　　　　☐ **manager**：② 管理者、責任者
8. ☐ **business**：② 事業
9. ☐ **nominate**：⑩ ～を候補に推薦する

66

007 7. 形容詞は主語とイコールになる 　　正解 (D)

❷ Ｓとイコールになる形容詞が入る！

Both the manager and assistant manager ₛ are ᵥ ------- c.
↑
------ 長い主語に惑わされないように！

空所前の be 動詞 are の後に、**主語とイコールになる補語**が抜けています。主語とイコールになり、その様子を表すのは**形容詞**です。「**副詞から -ly を取ったら形容詞**」という法則に従い、(B) absently（うっかりして）から -ly を取った (D) absent（不在の）を正解と判断します。語尾が -ence の (A) は名詞「不在、いないこと」で、(C) はその複数形。

 名詞も補語になりますが、(A)「いないこと」だと、主語の〈人〉とイコールになりません。「マネージャーと副マネージャーはいないこと」というのは不自然ですよね。

訳 マネージャーと副マネージャーの両方とも不在です。

008 8. becomeはbe動詞と同じ形になる 　　正解 (C)

------ become は〈Ｓ＋Ｖ＋Ｃ〉の文を作る！

The business ₛ will become ᵥ ------- c soon.

The business が主語、will become が述語動詞、空所後の soon は副詞で修飾語です。**動詞 become**（〜になる）には、be 動詞と同様に、**主語とイコールになる補語**が必要です。主語とイコールになり、**その様子を表すのは形容詞**なので、語尾が -ble の (C) profitable（利益になる）が正解。The business will be profitable. と、be 動詞に置き換え可能です。(A)「利益」は名詞、(B)「利益が出るように」は副詞、(D)「利益性」は名詞です。名詞の (A)(D) は、「事業≠利益」、「事業≠利益性」というように、主語とイコールにならず、意味が通らないので不正解です。

訳 その事業はもうすぐ利益が出るようになるだろう。

009 9. 目的語は名詞 　　正解 (B)

Mr. Balani ₛ has been nominated ᵥ to fill the -------.
❷ 不定詞 to fill の目的語 ➡ 名詞が入る！

空所には、目的を表す**不定詞 to fill（〜を埋めるため）の目的語**が必要です。**目的語になるのは名詞**です。選択肢のうち名詞は、語尾が -cy の (B) vacancy（欠員、空き）で、これが正解。冠詞の the があることからも空所には名詞が入るとわかります。policy（規程）や agency（代理店）のように、-cy は名詞に多い語尾。(A)「空いた」は形容詞、(C)「空ける」は動詞、(D)「ぼんやりと」は副詞です。

訳 Balani さんは、欠員を埋めるために、候補者に指名された。

□
□ **10.** ------- to the R&D department is restricted.

    (A) Access
    (B) Accessible
    (C) Accessed
    (D) Accessibly

◉ 次の10問は、⑤⓿⓪ⓒが抜けていないタイプです。文の要素がそろっている場合、空所に入るのは Ⓜ です。「名詞を修飾するのが形容詞、名詞以外を修飾するのが副詞」です。空所が修飾しているのが「名詞かそれ以外か」を考えて解きましょう。

□
□ **11.** Our company recycles ------- goods.

    (A) use
    (B) uses
    (C) usability
    (D) usable

□
□ **12.** The town houses are ------- renovated.

    (A) freshly
    (B) fresh
    (C) freshest
    (D) freshness

✔ **単語チェック**

10. □**R&D**：研究開発 (research and developmentの略)
    □**department**：❷ 部 (門)   □**restrict**：❺ ～を制限する
11. □**recycle**：❺ ～を再利用する
12. □**renovate**：❺ ～を修繕する、改装する

010 10. 　　　　　　　　　　　主語は名詞 　　　　　　　　　　正解 (A)

✐ Ⓢがない ➡ 名詞が入る！

------- (to the R&D department) **is restricted** .
　　　　　　　　　　　　　　　　　　Ⓥ
　↑- - - - - - - - - - - - - - - - - 〈前置詞＋名詞〉をカッコで囲むとわかりやすい！

空所後の to the R&D department は、〈前置詞＋名詞〉で修飾語、is restricted が述語動詞です。**主語**が抜けていますね。空所には**主語になる名詞**が必要です。もし、(A) Access の品詞がわからなければ、保留にして、ほかの選択肢を見ます。語尾が -ble の (B) は形容詞「アクセス可能な」、-ly の (D) は副詞「近づきやすく」。語尾が -ed の単語は動詞の過去形・過去分詞で、名詞ではないので、(C) も消えます。ということは、残った (A) が名詞「アクセス、接近方法」で、正解だと判断できます。access には「アクセスする」という動詞の用法もあります。

訳 ▶ 研究開発部へのアクセスは制限されている。

011 11. 　　　　　　　　名詞を修飾するのは形容詞 　　　　　　　正解 (D)

文の要素がそろっている ➡ Ⓜが必要

Our company **recycles** ------- **goods** .
　　Ⓢ　　　　　Ⓥ　　　　　　　　Ⓞ
　　　　　　　　　　　↑✐ 名詞goodsを修飾 ➡ 形容詞！

Our company が主語、recycles が述語動詞、空所後の名詞 goods（品物）が目的語です。すでに Our company recycles goods. という Ⓢ＋Ⓥ＋Ⓞ の文ができていますね。つまり、空所に入るのは修飾語で、**直後の名詞 goods を修飾**しています。名詞を修飾するのは**形容詞**です。選択肢のうち、形容詞は語尾が -ble の (D) usable（使用可能な）だけなので、これが正解。(A) は動詞「～を使う」か、名詞「使用」で、(B) はその三人称単数現在形か複数形。(C) は名詞「使い易さ」。いずれも修飾語にはなれません。

訳 ▶ 当社は、使用可能な品物をリサイクルします。

012 12. 　　　　　　　〈be動詞＋ed形〉の間は副詞 　　　　　　　正解 (A)

　　　　　　　　　✐ 受動態の間 ➡ 副詞！
　　　　　　　　　　　↓
The town houses **are** ------- **renovated** .
　　　Ⓢ　　　　　　　　　　　　　　Ⓥ
　　　　　　　　└─────────┘
　　　　　　　　　　受動態〈be動詞＋ed形〉

The town houses（その集合住宅）が主語、are renovated（改装される）が受動態の述語動詞です。**受動態の間の空所**には**動詞を修飾する副詞**が入ります。語尾 -ly から**副詞**とわかる (A) freshly（～したばかりで）が正解。(B)「新鮮な」と (C)「最も新鮮な」は形容詞。(D)「新鮮さ」は名詞。

受動態の間が空所となる〈be動詞 ------- 過去分詞〉のカタチは頻出です。
「be動詞とed形の間は-ly（副詞）」と頭に入れておき、すばやく解答しましょう。

訳 ▶ その集合住宅は、改装されたばかりだ。

13. The Web site is ------- inaccessible.

    (A) temporary
    (B) temporarily
    (C) temporality
    (D) temporal

14. Mr. Shimura has ------- experience as a tour guide.

    (A) extend
    (B) extensive
    (C) extension
    (D) extensively

15. The team worked ------- to complete the project.

    (A) industry
    (B) industrious
    (C) industriously
    (D) industries

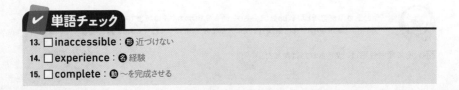

✔ 単語チェック

13. ☐ inaccessible：形 近づけない
14. ☐ experience：名 経験
15. ☐ complete：動 ～を完成させる

013 13.　　　be動詞と形容詞の間は副詞　　　正解 (B)

文の要素がそろっている ➡ M が必要

The Web site is ------- inaccessible.
　　　　　S　　V　　　　　　　　C
　　　　　　　　　❷ 形容詞を修飾 ➡ 副詞！

The Web site が主語、is が述語動詞、形容詞の inaccessible（アクセス不可能な）が補語となる、S+V+C の文がすでにできています。よって、空所に入るのは、後ろの**形容詞を修飾する語**です。**形容詞を修飾するのは副詞**でしたね。語尾 -ly から**副詞**とわかる (B) temporarily（一時的に）が正解です。(A)「一時的な」は形容詞、(C)「一時性」は名詞、(D)「現世の」は形容詞です。**〈be 動詞 ------- 形容詞〉**の形で、副詞を選ばせる問題は頻出です。出題されたらすばやく解答しましょう

訳 そのウェブサイトは、一時的にアクセスできない。

014 14.　　　名詞を修飾するのは形容詞　　　正解 (B)

文の要素がそろっている ➡ M が必要

Mr. Shimura has ------- experience (as a tour guide).
　　　　　S　　　V　　　　　　　　　O
　　　　　　　　　　　❷ 後ろの名詞を修飾 ➡ 形容詞が入る！

Mr. Shimura が主語、has が述語動詞、experience（経験）が目的語です。空所がなくても、Mr. Shimura has experience. という文がすでにできていますね。よって、空所に入るのは、**直後の名詞を修飾する形容詞**です。(B) extensive（広範囲の）が正解。どれが形容詞かわからない場合は**「副詞から -ly を取ったら形容詞」**という法則を思いだしてください。(D) extensively（広範囲に）から -ly を取った、extensive を形容詞と判断できます。(A)「〜を延長する」は動詞、語尾が -tion の (C)「内線、延長」は名詞です。

訳 Shimura さんは、ツアーガイドとして、幅広い経験を持っている。

015 15.　　　自動詞の直後は副詞　　　正解 (C)

　　　　　　　　　　［自動詞］　　------- 自動詞の後ろ ➡ 副詞！
The team worked ------- to complete the project.
　　　S　　　　　V

※第1文型〈S+V〉

The team が主語、worked が述語動詞です。この **work**（働く）は**自動詞**で、直後に目的語（名詞）ではなく、自身を修飾する**副詞**を伴います。よって (C) industriously（勤勉に）が正解です。難しい単語ですが、**「自動詞 work の直後は -ly（副詞）」**と頭に入れておけば、すばやく解答できます。(A)「産業、業界」は名詞で、(D) はその複数形。(B)「勤勉な」は形容詞です。

 目的語を必要としない動詞を〈自動詞〉と言うのでしたね。逆に、目的語を必要とする動詞は〈他動詞〉でした。この違いがよくわからない人は、p. 31を見直してください。

訳 そのチームは、プロジェクトを完了するために、勤勉に働いた。

16. Mr. Preston is one of the most ------- film directors.

    (A) create
    (B) creation
    (C) creatively
    (D) creative

17. The airline reported a ------- increase in profits.

    (A) sharply
    (B) sharp
    (C) sharpen
    (D) sharpness

18. The fisherman tied his boat ------- to the dock.

    (A) secure
    (B) security
    (C) securely
    (D) securities

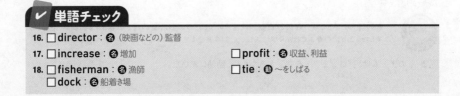

✔ 単語チェック

16. ☐ **director**：名（映画などの）監督
17. ☐ **increase**：名 増加　　　　　☐ **profit**：名 収益、利益
18. ☐ **fisherman**：名 漁師　　　　☐ **tie**：動 〜をしばる
    ☐ **dock**：名 船着き場

016 16. **名詞を修飾するのは形容詞** 正解 (D)

❷ 後ろの名詞を修飾 ➡ 形容詞!

Mr. Preston is one of the most ------- film directors .
　　　　　S　　V　　　　　　　　　　　　　　　　　　　　　C

この名詞のカタマリが補語

空所前が「最も」を表す the most、後ろが film directors（映画監督）という名詞です。空所には、「最も**〈どんな〉**映画監督」なのかを表す**形容詞**が必要です。語尾 -ive から形容詞とわかる (D) creative（創造性のある）が正解。(A)「〜を創造する」は動詞。語尾が -tion の (B)「創造、創作物」は名詞。-ly の (C)「創造的に」は副詞です。

 形容詞の最上級は、たとえば**tall**などの短い単語だと、**the tallest boy**（最も背の高い少年）のように形容詞に**-est**が付きます。一方、**beautiful**などの長い単語だと、**the most beautiful girl**（最も美しい女の子）のように**the most**が付きます。

訳 Preston さんは、最も創造性のある映画監督の1人だ。

017 17. **名詞を修飾するのは形容詞** 正解 (B)

文の要素がそろっている ➡ Ⓜが必要

The airline reported a ------- increase (in profits).
　　　　S　　　V　　　　　　　　　　O

❷ 後ろの名詞を修飾 ➡ 形容詞!

The airline（その航空会社）が主語、reported（〜を報告した）が述語動詞、increase（増加）がここでは名詞で目的語です。空所がなくても Ⓢ＋Ⓥ＋Ⓞ の文ができているので、空所に入るのは、**直後の名詞 increase を修飾する形容詞**です。どれが形容詞かわからなければ、**「副詞から -ly を取ったら形容詞」**の法則に従って、(A) sharply（急激に）から -ly を取った (B) sharp（急激な）を選びましょう。(C)「〜を研ぐ」は動詞、(D)「鋭さ」は名詞です。

訳 その航空会社は、利益の急激な増加を報告した。

018 18. **完成文の後は副詞** 正解 (C)

文の要素がそろっている ➡ Ⓜが必要

The fisherman tied his boat ------- (to the dock).
　　　　S　　　V　　　O

❷ 後ろから動詞を修飾 ➡ 副詞が入る!

The fisherman（その漁師）が主語、tied（〜をくくりつけた）が述語動詞、his boat が目的語です。すでに The fisherman tied his boat. という文ができているので、空所に入るのは修飾語です。**完成文に付け足して、後ろから動詞を修飾するのは副詞**です。(C) securely（しっかりと）が正解。(A) は形容詞「安全な」か、動詞「〜を確保する」。(B)「セキュリティ」は名詞、(D) はその複数形です。

訳 その漁師は、船を船着き場にしっかりとくくり付けた。

19. House prices have risen ------- in Cape Town.

(A) dramatically
(B) drama
(C) dramatic
(D) dramatize

20. Attendance was ------- high at the event.

(A) surprise
(B) surprises
(C) surprising
(D) surprisingly

 単語チェック

19. ☐ rise：**動** 上がる
20. ☐ attendance：**名** 参加者数

019 **19.** 　　　　　　　　　　　**自動詞の直後は副詞** 　　　　　　　　正解 (A)

第1文型（Ｓ＋Ｖ）ができている ➡ Ｍが必要

【自動詞】
<u>House prices</u>　<u>have risen</u> ------- (in Cape Town).
　　Ｓ　　　　　　Ｖ　　↑
　　　　　　　　　　　　`------`❹自動詞を後ろから修飾 ➡ 副詞！

House prices が主語、have risen が述語動詞（rise の現在完了形）、空所後の in Cape Town は〈前置詞＋名詞〉の修飾語です。**動詞 rise**（上がる）は**自動詞**なので、後ろに目的語は不要です。**自動詞を後ろから修飾するのは副詞**なので、語尾が -ly の (A) dramatically（劇的に）が正解。(B)「ドラマ」は名詞、(C)「劇的な」は形容詞、(D)「〜をドラマ化する」は動詞です。

 自動詞の**rise**や**work**の後に副詞を選ばせる《品詞問題》は定期的に出題されます。
　　　　「自動詞の後は**-ly**（副詞）」と覚えてください。

訳 ケープタウンでは、住宅価格が劇的に上昇した。

020 **20.** 　　　　　　　　　**be動詞と形容詞の間は副詞** 　　　　　　　　正解 (D)

文の要素がそろっている ➡ Ｍが必要

<u>Attendance</u>　<u>was</u> ------- <u>high</u> (at the event).
　　Ｓ　　　　 Ｖ 〜〜〜〜 Ｃ
　　　　　　　　　　　❹後ろの形容詞を修飾 ➡ 副詞が入る！

空所がなくても、Attendance was high.（参加者数が多かった）という Ｓ＋Ｖ＋Ｃ の文がすでにできているので、空所に入るのは修飾語です。**直後の形容詞 high を修飾するのは副詞**なので、(D) surprisingly（驚くほど）が正解です。(A) は名詞「驚き」か、動詞「〜を驚かせる」。(B) はその複数形か三人称単数現在形。(C)「驚くべき」は形容詞です。

 be動詞と形容詞の間の空所に副詞を選ぶ問題は定期的に出題されます。
　　　　「〈**be**動詞 ------- 形容詞〉に入るのは副詞 (**-ly**)」と、覚えておきましょう。

訳 そのイベントでは、参加者数が驚くほど多かった。

● ここからは、さまざまなタイプの《品詞問題》を解きます。「SVOC」が抜けていたら適切な品詞を選ぶ」、「SVOC」が抜けていなかったら修飾語を選ぶ」、「修飾語の場合、名詞の前には形容詞、それ以外の場所には副詞を選ぶ」のが《品詞問題》の基本です。しっかり考えながら解いていきましょう。

21. We ------- update our Web site.

    (A) regular
    (B) regularly
    (C) regulate
    (D) regularity

22. We offer ------- benefits to our employees.

    (A) generate
    (B) generously
    (C) generosity
    (D) generous

23. Electric cars are becoming ------- popular.

    (A) increase
    (B) increasingly
    (C) increasing
    (D) increased

24. ------- from 43 countries participated in the contest.

    (A) Representatives
    (B) Represents
    (C) Represent
    (D) Represented

✔ **単語チェック**

21. □ **update**：動 〜を更新する
22. □ **offer**：動 〜を提供する   □ **benefits**：名 福利厚生、諸手当
23. □ **electric car**：電気自動車
24. □ **participate**：動 参加する

《品詞問題》第1章

021 **21.**　　　　　　　**SVの間は副詞**　　　　　　　正解 (B)

すでに We_S update_V our Web site_O. という文ができている（文の要素がそろっている）ので、空所に入るのは修飾語です。主語 We と述語動詞 update の間に入るのは、**述語動詞を修飾する副詞**です。よって、(B) regularly（定期的に）が正解。**〈主語 ------- 述語動詞〉**の形で**副詞**を選ばせる問題は頻出なので、**「SVの間は -ly（副詞）」**と覚えましょう。(A)「定期的な」は形容詞、(C)「～を規制する」は動詞、(D)「規則性」は名詞です。

訳▶ 私たちは定期的にウェブサイトを更新する。

022 **22.**　　　　　　　**名詞を修飾するのは形容詞**　　　　　　　正解 (D)

すでに We_S offer_V benefits_O to ... という文ができている（文の要素がそろっている）ので、空所に入るのは修飾語です。空所後の**名詞 benefits（福利厚生）を修飾するのは形容詞**なので、(D) generous（手厚い、気前のよい）が正解。-ous は典型的な形容詞の語尾です。(A)「～を生み出す」は動詞、(B)「気前よく」は副詞、(C)「気前のよさ」は名詞。

訳▶ 私たちは、従業員に手厚い福利厚生を提供している。

023 **23.**　　　　　　　**形容詞を修飾するのは副詞**　　　　　　　正解 (B)

すでに Electric cars_S are becoming_V popular_C. という文ができている（文の要素がそろっている）ので、空所に入るのは修飾語です。**直後の形容詞 popular を修飾するのは副詞**なので、(B) increasingly（ますます）が正解。(A) は名詞「増加」か、動詞「増える、～を増やす」。(C) は動詞 increase の現在分詞・動名詞で、(D) は過去形・過去分詞です。

 この問題文はS+V+Cの第2文型です。becomeはbe動詞と同じように第2文型のVになることを覚えておきましょう。ほかにもseem（～のように見える）やremain（～のままである）などが、第2文型のVとして出題例があります。

訳▶ 電気自動車はますます人気になりつつある。

024 **24.**　　　　　　　**主語は名詞**　　　　　　　正解 (A)

⚠ Sがない ➡ 名詞が入る！

------- (from 43 countries) **participated**_V (in the contest).

問題文は主語が抜けていますね。**主語になるのは名詞なので**、(A) Representatives（担当者、代表者）が正解。(C)「～を代表する、表す」は動詞、(B) はその三人称単数現在形、(D) は過去形・過去分詞です。

 (A)の語尾に惑わされた人が多いかもしれませんね。-iveの単語は形容詞が多いのですが、representativeは形容詞「典型的な」としてよりも、名詞としてTOEICに頻出です。同様にinitiative（新たな試み、自主性）と、alternative（代替案）も出題例があるので、覚えておいてください。

訳▶ 43カ国の代表者が、そのコンテストに参加した。

□
□ **25.** The winners will be contacted ------- by phone.

   (A) individual
   (B) individually
   (C) individualize
   (D) individuals

□
□ **26.** We are ------- appreciative of your feedback.

   (A) great
   (B) greater
   (C) greatest
   (D) greatly

□
□ **27.** Mr. Thompson made a ------- donation.

   (A) substantially
   (B) substance
   (C) substantial
   (D) substances

□
□ **28.** Mr. Krauss can think -------.

   (A) strategically
   (B) strategy
   (C) strategize
   (D) strategic

単語チェック

25. □ **contact**：動 ～と連絡をとる
26. □ **appreciative**：形 感謝して
　　 □ **feedback**：名 (製品・サービス・仕事などへの) 感想、意見
27. □ **donation**：名 寄付 (金)

78

025 **25.** 　　　　　　　　**〈be動詞＋ed形〉の後は副詞**　　　　　　　正解 (B)

すでに The winners_S will be contacted_V (by phone). という文ができている（文の要素がそろっている）ので、空所には修飾語が必要です。直前にある**述語動詞 will be contacted（受動態）を修飾するのは副詞**です。よって、(B) individually（個別に）が正解。**〈be 動詞＋過去分詞〉の直後の空所**に副詞を選ぶ《品詞問題》は頻出です。(A) は形容詞「個別の」か、名詞「個人」で、(D) はその複数形です。(C) は動詞「〜を個人に合わせる」。

訳▶ 受賞者は電話で個別に連絡を受ける予定だ。

026 **26.** 　　　　　　　　**be動詞と形容詞の間は副詞**　　　　　　　正解 (D)

文の要素がそろっている ➡ Ⓜが必要

We_S are_V ------- appreciative_C (of your feedback).

🔼 後ろの形容詞を修飾 ➡ 副詞が入る！

We が主語、are が述語動詞、語尾が -ive の appreciative（感謝して）は形容詞で、主語とイコールになる補語です。つまり We_S are_V appreciative_C ... という文がすでにできている（文の要素がそろっている）ので、空所に入るのは修飾語です。**形容詞 appreciative を修飾するのは副詞**。よって (D) greatly（とても）が正解です。**〈be 動詞 ------- 形容詞〉**に副詞を選ぶ《品詞問題》は定番です。(A)「すごい」、(B)「よりすごい」、(C)「最もすごい」は、いずれも形容詞。

訳▶ 私たちは、みなさまからのご感想をとてもありがたく思います。

027 **27.** 　　　　　　　　**名詞を修飾するのは形容詞**　　　　　　　正解 (C)

空所がなくても、Mr. Thompson_S made_V a donation_O. という文がすでにできている（文の要素がそろっている）ので、空所に入るのは修飾語です。**直後の名詞 donation を修飾するのは形容詞**なので、(C) substantial（かなりの）が正解。**語尾が -tial の単語は形容詞**が多いことを頭に入れましょう。副詞の (A) substantially（かなり）から -ly を取った形なので形容詞と判断することもできます。語尾 -ance の (B) は名詞「物質」で、(D) はその複数形です。

訳▶ Thompson さんは、かなりの寄付をした。

028 **28.** 　　　　　　　　**自動詞の直後は副詞**　　　　　　　正解 (A)

Mr. Krauss が主語、can think が述語動詞です。動詞 think（思う）は、think that Ⓢ Ⓥ（Ⓢ が Ⓥ だと思う）のカタチ以外では**自動詞**です。つまり第 1 文型Ⓢ＋Ⓥの文が、すでにできている（文の要素がそろっている）ので、空所は修飾語です。**自動詞を後ろから修飾するのは副詞**なので、(A) strategically（戦略的に）が正解。(B) は名詞「戦略」、(C) は動詞「戦略化する」、(D) は形容詞「戦略的な」。

 think を他動詞と考え、目的語となる名詞の (B)「戦略」を選んだ人も多いでしょう。しかし、「X について考える、思う」と言いたければ、think about[of] X のように、前置詞 about や of が必要です。「《品詞問題》では think の直後は -ly（副詞）」と頭に入れましょう。

訳▶ Krauss さんは、戦略的に考えることができる。

□□ **29.** We received several ------- about the noise.

    (A) complain
    (B) complained
    (C) complains
    (D) complaints

□□ **30.** All personnel are ------- encouraged to attend the seminar.

    (A) strong
    (B) strength
    (C) strongly
    (D) strengthen

□□ **31.** Some residents rated the ------- of streets in their neighborhood.

    (A) clean
    (B) cleanly
    (C) cleaned
    (D) cleanliness

□□ **32.** We have received a ------- number of complaints.

    (A) substantiate
    (B) substantially
    (C) substance
    (D) substantial

29. □ **receive**：動 ～を受け取る

30. □ **personnel**：名 従業員、スタッフ   □ **encourage**：動 ～を勧める
     □ **attend**：動 ～に出席する

31. □ **resident**：名 住民   □ **rate**：動 ～を評価する
     □ **neighborhood**：名 地域

32. □ **a number of X**：いくつかのX

029 29.　　　　　　　　　目的語は名詞　　　　　　　　正解 (D)

We が主語、received（〜を受け取る）が述語動詞、several（いくつかの）は形容詞で、空所後の about the noise は〈前置詞＋名詞〉で修飾語です。「いくつかの**〈何〉**を受け取った」のか、という**目的語**が抜けています。**目的語になるのは名詞**なので、(D) complaints（苦情〔複数形〕）が正解。この単語を知らなくても、語尾が -ed の (B) は動詞の過去形・過去分詞で、-ed を取った (A) は動詞「文句を言う」です。それに三単現の s が付いた (C) も動詞。つまり (A)(B)(C) が名詞ではないので、消去法で (D) が正解（名詞）だと判断できます。

訳 ▶ 私たちは騒音についていくつかの苦情を受け取った。

030 30.　　　　　　〈be動詞＋ed形〉の間は副詞　　　　　　正解 (C)

All personnel が主語で、are encouraged という受動態の述語動詞の間に空所があります。この空所に入るのは、**動詞を修飾する副詞**です。(C) strongly（強く）が正解。受動態の間が空所になる〈**be 動詞 ------- 過去分詞**〉の《品詞問題》は頻出です。「**be 動詞と ed 形の間は -ly（副詞）**」と覚えてください。(A) は形容詞「強い」、(B) は名詞「強さ」。語尾が -en の (D) は動詞「〜を強化する」です。

訳 ▶ 全従業員は、そのセミナーに参加することを強く勧められている。

031 31.　　　　　　　　　目的語は名詞　　　　　　　　正解 (D)

❷ 目的語がない ➡ 名詞が入る！

Some residents rated the ------- (of streets) (in their neighborhood).
　　　　　　S　　　V　　O
「〈何〉を評価した」のか？

Some residents（数名の住民）が主語、rated（〜を評価した）が述語動詞で、**目的語**が抜けています。**目的語になるのは名詞**なので、名詞の語尾 -ness の (D) cleanliness（清潔さ）が正解。(A) は形容詞「きれいな」か、動詞「〜を掃除する」で主に用いられます。「掃除」という名詞用法もありますが、ここでは文意が通りません。(B) は副詞「きれいに」、(C) は動詞の過去形・過去分詞です。

訳 ▶ 数名の住民が、彼らの近所の通りの清潔さを評価した。

032 32.　　　　　　　名詞を修飾するのは形容詞　　　　　　正解 (D)

空所がなくても We have received a number of complaints.（私たちはいくつか
　　　　　　　　　S　　　V　　　　　　O
の苦情を受けた）という文ができているので、空所には修飾語が入ります。直後の**名詞 number（数）を修飾するのは形容詞**です。よって (D) substantial（かなりの）が正解。語尾が -ly の副詞 (B) substantially（かなり）から -ly を取った (D) が形容詞だと、つづりで見分けることもできます。(A) は動詞「〜を立証する」、(C) は名詞「物質」です。

訳 ▶ 私たちは、かなりの数の苦情を受け取っている。

81

☐
☐ **33.** Some newspapers are struggling to make the ------- to the digital age.

    (A) transitional
    (B) transition
    (C) transitionally
    (D) transitioned

☐
☐ **34.** The receptionist ------- welcomed the guests.

    (A) warmly
    (B) warmness
    (C) warmed
    (D) warm

☐
☐ **35.** The brand image of our company has ------- improved.

    (A) notice
    (B) noticeable
    (C) noticeably
    (D) notices

☐
☐ **36.** All of the events will be held ------- at the Elegancia Hotel.

    (A) exclusively
    (B) exclusion
    (C) exclusive
    (D) exclusives

✔ 単語チェック

33. ☐ **struggle**：動 悪戦苦闘する、奮闘する
34. ☐ **receptionist**：名 受付係
35. ☐ **improve**：動 よくなる、改善する
36. ☐ **hold**：動 (会・式) を催す (※hold—held—held)

033 33.　目的語は名詞　　　　　正解 (B)

「〜するために」という副詞のカタマリ

Some newspapers_s are struggling_v to make the ------- to the digital age.

❷ 不定詞 to make の目的語が入る

空所には、**不定詞 to make の目的語**が必要です。**目的語になるのは名詞**なので、語尾が -tion の (B) transition（移行）が正解。make a transition で「移行する」という意味です。(A) は形容詞「移行の」、(C) は副詞「暫定的に」。transition には動詞「移行する」の用法もあり、(D) はその過去形・過去分詞です。

　この問題の空所前後を見ると〈冠詞 ------- 前置詞〉になっています。この形の空所に入るのは名詞だということも覚えておきましょう。

訳 いくつかの新聞は、デジタル時代への移行に悪戦苦闘している。

034 34.　S V の間は副詞　　　　　正解 (A)

空所がなくても、The receptionist_s welcomed_v the guests_o. という文ができているので、空所に入るのは修飾語です。**直後の動詞を修飾するのは副詞**なので、(A) warmly（温かく）が正解。主語と述語動詞の間の空所に副詞を選ぶ《品詞問題》は頻出です。「**S V の間は -ly（副詞）**」と頭に入れましょう。(B) は名詞「温かさ」。(C) は形容詞「温かい」か、動詞「〜を温める」で、(C) はその過去形・過去分詞。

訳 その受付係は、客を温かく歓迎した。

035 35.　〈have[has]＋ed形〉の間は副詞　　　　　正解 (C)

The brand image が主語、空所前後の has improved（改善した）が現在完了形の述語動詞です（ここでは improve は自動詞）。完了形の間の空所は動詞を修飾します。**動詞を修飾するのは副詞**なので、(C) noticeably（はっきりと）が正解。《品詞問題》では、「**have[has] と ed 形の間は -ly（副詞）**」と頭に入れましょう。(A) は名詞「お知らせ」か、動詞「〜に気づく」、(D) はその複数形か三人称単数現在形です。(B) は形容詞「はっきりした」。

訳 私たちの会社のブランドイメージは、はっきりと改善した。

036 36.　〈be動詞＋ed形〉の後は副詞　　　　　正解 (A)

All of the events_s will be held_v (at the Elegancia Hotel). という受動態の文が、すでにできているので、空所に入るのは修飾語です。前後に名詞がないので、**名詞以外を修飾する副詞が適切**です。正解は (A) exclusively（限定で）。exclusively は only の意味で、直後の at the Elegancia Hotel という副詞のカタマリを修飾しています。名詞以外を修飾するのは、すべて副詞なので、**副詞を修飾するのも副詞**です。語尾が -sion の (B) は名詞「除外」、-ive の (C) は形容詞「限定の、高級な」か、名詞「独占記事」。(D) はその複数形。

訳 すべてのイベントは、Elegancia ホテルだけで開催される予定だ。

☐
☐ **37.** We converted a ------- shopping center into a plant.

    (A) vacant
    (B) vacancy
    (C) vacantly
    (D) vacate

☐
☐ **38.** Construction of the building has been postponed -------.

    (A) repeatedly
    (B) repeat
    (C) repeated
    (D) repetition

☐
☐ **39.** We ------- need to secure additional funding.

    (A) urgent
    (B) urgently
    (C) urgency
    (D) urgencies

☐
☐ **40.** The band has ------- announced the release date of the new album.

    (A) final
    (B) finals
    (C) finally
    (D) finalized

✔ **単語チェック**

37. ☐ **convert**：働 ～を転換する、改造する   ☐ **plant**：名 工場
38. ☐ **construction**：名 建設、工事   ☐ **postpone**：働 ～を延期する
39. ☐ **secure**：働 ～を確保する   ☐ **additional**：形 追加の
    ☐ **funding**：名 資金
40. ☐ **announce**：働 ～を発表する

037 37. 名詞を修飾するのは形容詞 正解 (A)

空所がなくても We_S converted_V a shopping center_O ... という S+V+O の文がすでにできているので、空所に入るのは修飾語です。直後の shopping center という**名詞を修飾するのは形容詞**。よって (A) vacant（空いている、使われていない）が正解です。vacant を知らなくても、副詞の (C) vacantly（ぼんやりと）から -ly を取った形が形容詞だと、つづりで判断できます。(B) は名詞「欠員、空き」、(D) は動詞「〜を空ける」。

訳 私たちは、使われていないショッピングセンターを工場に改築した。

038 38. 〈be動詞＋ed形〉の後は副詞 正解 (A)

空所前で、Construction_S (of the building) has been postponed_V.（ビルの建設は延期された）という受動態の文がすでに完成しているので、空所に入るのは修飾語です。**述語動詞** has been postponed を**後ろから修飾するのは副詞**なので、(A) repeatedly（たびたび、繰り返し）が正解です。(B) は動詞「〜を繰り返す」、(C) はその過去形・過去分詞、(D) は名詞「繰り返し」。

訳 そのビルの建設はたびたび延期されてきた。

039 39. S V の間は副詞 正解 (B)

❷ S と V の間 ➡ 副詞が入る！

We_S ------- need_V to secure additional funding_O.

↑------- 不定詞が名詞のカタマリを作っている

主語 We と述語動詞 need の間が空所です。この位置には、**動詞を修飾する副詞**が入ります。(B) urgently（緊急に）が正解です。(A) は形容詞「緊急の」、(C) は名詞「緊急性」、(D) はその複数形です。主語と述語動詞の間の空所に副詞を選ぶ《品詞問題》は定番です。**「品詞問題では S V の間は -ly（副詞）」**と頭に入れましょう。

訳 私たちは、追加の資金を確保することが緊急に必要だ。

040 40. 〈have[has]＋ed形〉の間は副詞 正解 (C)

❷ 完了形の間 ➡ 副詞が入る！

The band_S has ------- announced_V the release date_O (of the new album).

The band が主語、空所前後の has announced が現在完了形の述語動詞です。**完了形の間の空所**には、**動詞を修飾する副詞**が入ります。(C) finally（ついに）が正解。(A) は形容詞「最終的な」か、名詞「決勝戦」で、(B) はその複数形。(D) は動詞 finalize（〜を終わらせる）の過去形・過去分詞です。《品詞問題》では**「have[has] と ed 形の間は -ly（副詞）」**と頭に入れましょう。

訳 そのバンドは、ニューアルバムの発売日をついに発表した。

☐☐ **41.** The hotel provides comfortable accommodations at ------- rates.

    (A) reason
    (B) reasonable
    (C) reasonably
    (D) reasoning

☐☐ **42.** I was impressed with the microphone's ------- of sound.

    (A) clear
    (B) clearly
    (C) clarity
    (D) clearest

☐☐ **43.** We are a ------- supplier of fabric dyes.

    (A) rely
    (B) relying
    (C) reliable
    (D) reliability

☐☐ **44.** -------, our employees have been working overtime.

    (A) Late
    (B) Lateness
    (C) Later
    (D) Lately

✔ **単語チェック**

41. ☐ **provide**：動 ～を提供する   ☐ **comfortable**：形 快適な
    ☐ **accommodations**：名 宿泊施設

42. ☐ **impress**：動 ～に感銘を与える

43. ☐ **supplier**：名 供給業者   ☐ **fabric**：名 生地、布
    ☐ **dye**：名 染料

44. ☐ **overtime**：副 時間外に、残業して

041 41. 　　　　名詞を修飾するのは形容詞　　　　正解 (B)

空所前が前置詞 at で、後ろにその目的語になる名詞 rates（料金）があります。この空所には**直後の名詞 rates を修飾する形容詞**が入ります。語尾が -ble の (B) reasonable（妥当な、手ごろな）が正解。reasonable rates（手ごろな料金）という名詞のカタマリを作って、前置詞 at の目的語になります。(A) は名詞「理由」か、動詞「～と推論する」で、(D) はその現在分詞・動名詞か、名詞「推論」。(C) は副詞「手ごろに、妥当に」です。

動詞だけでなく、前置詞の後ろにも目的語（名詞）が続くという考え方をするのでしたね（☞p. 49参照）

訳 そのホテルは、快適な宿泊施設を、手ごろな料金で提供している。

042 42. 　　　　所有格の 's の後は名詞　　　　正解 (C)

空所直前の microphone's の 's は、「～の」という意味を表す所有格で、**後ろに必ず名詞が来ます**。よって、名詞の語尾 -ty の (C) clarity（鮮やかさ）を入れると、**「マイクロフォンの鮮明さ」**となり、前置詞 with の目的語として機能します。(A) は形容詞「はっきりした、わかりやすい」、動詞「～を片づける」、副詞「離れて」。さらに in the clear（無罪で）という決まり文句の名詞もありますが、ここでは文意が通りません。(B) は副詞「はっきりと」、(D)「最もはっきりした」は形容詞の最上級です。

He's reading a book. のように、's は is の短縮形でもあります。しかし、Part 5では、この短縮形は出ません。必ず「～の」という意味で出ます。

訳 私は、そのマイクロフォンの音の鮮やかさに感心した。

043 43. 　　　　名詞を修飾するのは形容詞　　　　正解 (C)

空所がなくても、We(S) are(V) a supplier(C) of ... という文が成立しているので、空所には**直後の名詞 supplier を修飾する形容詞**が必要です。語尾が -ble の (C) reliable（信頼できる）が正解。(A) は動詞「頼る」で、(B) はその現在分詞・動名詞。語尾が -ty の (D) は名詞「信頼性」です。

訳 私たちは、生地の染料の信頼できる供給業者です。

044 44. 　　　　文全体を修飾するのは副詞　　　　正解 (D)

冒頭の空所の直後にカンマがあり、その後ろには our employees(S) have been working(V) という完成文があります。この形では、空所には**文全体を修飾する副詞**が入ります。語尾が -ly の (D) Lately（この頃、最近）が正解です。**「副詞は文全体も修飾する」**と頭に入れましょう。(A) は形容詞「遅い」か、副詞「遅く」です。late は副詞の場合、He arrived late.（彼は遅く到着した）のように動詞の後に来ます。文頭では用いないので、ここでは不正解。(B) は名詞「遅さ」、(C) は late の比較級です。

訳 この頃、当社の社員はずっと残業している。

45. Make sure the wire is ------- attached.

    (A) firmly
    (B) firm
    (C) firms
    (D) firmed

46. Ms. Lewis is a ------- photographer.

    (A) profession
    (B) professional
    (C) professionalism
    (D) professionally

47. The program will promote the good ------- of all employees.

    (A) healthful
    (B) healthfully
    (C) health
    (D) healthier

48. The number of people who buy audiobooks has risen -------.

    (A) marginally
    (B) marginal
    (C) margin
    (D) margins

 単語チェック

45. ☐ **attach**：動 ～を取り付ける
47. ☐ **promote**：動 ～を促進する
48. ☐ **rise**：動 上がる、増す

88

045 45.　　　　　　　　〈be動詞＋ed形〉の間は副詞　　　　　正解 (A)

Make sure (that) the wire[S] is ------- attached[V].

・・・・・・・・・・・・・・・・・・・・・・・・・・・・・・・・・・・・・接続詞のthatが省略されている

・・・・・・・🔧受動態の間 ➡ 副詞が入る！

空所前後が、is attached という**受動態の述語動詞**です。この間に入るのは**動詞を修飾する副詞**なので、(A) firmly（しっかりと）が正解です。(B) は名詞「会社」、形容詞「堅い」、または動詞「〜を固める」で、(C) はその複数形か、三人称単数現在形です。(D) は過去形・過去分詞。なお、この問題文は動詞の原形で始まる命令文で、主語がありません。また、Make sure の後に、接続詞の that が省略されています。

訳 ワイヤーがしっかり取り付けられていることを確かめてください。

046 46.　　　　　　　　名詞を修飾するのは形容詞　　　　　正解 (B)

空所がなくても Ms. Lewis[S] is[V] a photographer[C]. という文がすでにできているので、空所に入るのは修飾語です。**直後の名詞 photographer を修飾するのは形容詞**です。(B) professional（プロの）が正解。(A)「職業」と (C)「プロらしさ、プロとしての仕事」は名詞。(D)「プロの手で」は副詞です。

訳 Lewisさんはプロの写真家だ。

047 47.　　　　　　　　目的語は名詞　　　　　正解 (C)

The program が主語、will promote（〜を促進する）が述語動詞、the good ------- のカタマリが目的語です。「良い《何》を促進する」のか、**目的語になる名詞が必要**です。(C) health（健康、健康状態）が正解。「よい《健康状態》を促進する」となります。語尾が -ful の (A) は形容詞「健康に良い」。-ly の (B) は副詞「健康的に」です。(D) は形容詞 healthy（ヘルシーな、健康に良い）の比較級で「よりヘルシーな」という意味。

訳 そのプログラムは、社員全員の良い健康状態を促進するだろう。

048 48.　　　　　　　　自動詞の直後は副詞　　　　　正解 (A)

🔧 rise は自動詞 ➡ 目的語ではなく副詞が入る！・・・・・・・

The number[S] (of people who buy audiobooks) has risen[V] -------.

※第1文型〈S＋V〉

The number（その数）が主語で、自動詞 rise の現在完了形 has risen（上がった）が述語動詞です。自動詞なので後ろに目的語は不要です。すでに S＋V の文が成立しているので、空所には修飾語が入ります。**自動詞を後ろから修飾するのは副詞**なので、(A) marginally（わずかに）が正解。難しい単語ですが、**「自動詞の直後は -ly（副詞）」**と覚えていれば、解けます。(B) は形容詞「わずかな」、(C) は名詞「余白、差」、(D) はその複数形です。

訳 オーディオブックを買う人の数はわずかに増えた。

☐
☐ **49.** The roof repairs should be done -------.

    (A) quicken
    (B) quickness
    (C) quickened
    (D) quickly

☐
☐ **50.** The library is busy with ------- scheduled programs.

    (A) regularity
    (B) regulate
    (C) regularly
    (D) regulates

☐
☐ **51.** Mr. Kato has limited work -------.

    (A) experience
    (B) experienced
    (C) experiencing
    (D) to experience

☐
☐ **52.** The founder delivered a highly ------- speech.

    (A) motivational
    (B) motivate
    (C) motivationally
    (D) motivation

✔ **単語チェック**

49. ☐ **repair**：名 修理
50. ☐ **scheduled**：形 予定された
51. ☐ **limited**：形 限られた
52. ☐ **founder**：名 創業者
    ☐ **deliver**：動 (スピーチやプレゼンなど) を行う   ☐ **highly**：副 非常に

049 49.　　　　　〈be動詞＋ed形〉の後は副詞　　　　正解 (D)

The roof repairs_S should be done_V. という受動態の文がすでにできているので、空所に入るのは修飾語。**動詞 should be done を後ろから修飾するのは副詞**なので、(D) quickly（すぐに）が正解です。完成した文の直後の空所に副詞を選ぶ《品詞問題》は頻出します。(A) は動詞「〜を速める」で、(C) はその過去形・過去分詞。(B) は名詞「すばやさ」。

訳▶ その屋根の修理はすぐに行われるべきだ。

050 50.　　　　　　形容詞を修飾するのは副詞　　　　正解 (C)

空所前が**前置詞 with** で、その目的語の名詞 programs が文末にあります。よって、空所に入るのは修飾語です。programs の前の scheduled は「予定された」という意味の**形容詞**です。空所は、その scheduled を修飾しているので、**副詞**の (C) regularly（定期的に）が正解です。「定期的に➡予定された➡プログラム」となります。(A) は名詞「規則性」。(B) は動詞「〜を規制する」で、(D) はその三人称単数現在形です。

訳▶ その図書館は、定期的に予定されているプログラムで忙しい。

051 51.　　　　頭に入れたい〈名詞＋名詞〉の形　　　　正解 (A)

「限られた仕事」という目的語になりえるが…

Mr. Kato_S has_V limited work -------.

選択肢に副詞がない ➡ 別の可能性を考える

Mr. Kato が主語、has が述語動詞、名詞 work（仕事）を目的語と考えると、ここで文が完成します。そして空所には文を修飾する副詞が入るはずです。が、選択肢に -ly がありません。そこで、前の名詞が後ろの名詞を形容詞のように修飾する〈**名詞＋名詞**〉の可能性を考えます。(A) experience（経験）を入れると、**work experience（職務経験）という名詞のカタマリ**ができて、has の**目的語**になります。(A) が正解。experience には動詞用法「〜を経験する」もあり、(B) はその過去形・過去分詞か、形容詞「経験豊富な」。(C) は現在分詞・動名詞、(D) は不定詞です。不定詞は後ろから名詞を修飾できますが、「経験するための限られた職務」となり、意味が通りません。

完成文の文末の空所に副詞が入れられない場合、前の名詞が後ろの名詞を形容詞のように修飾する〈名詞＋名詞〉の可能性を考えましょう。

訳▶ Kato さんには限られた職務経験しかない。

052 52.　　　　　名詞を修飾するのは形容詞　　　　正解 (A)

空所なしでも The founder_S delivered_V a speech_O. という文ができているので、空所に入るのは修飾語です。直前の副詞 highly が空所を修飾し、空所は直後の名詞 speech を修飾しています。**副詞の修飾を受けて、名詞を修飾するのは形容詞**です。(A) motivational（やる気を起こさせる）が正解。(C) の副詞「やる気において」から -ly を取って、(A) が形容詞だと判断することも可能。(B) は動詞「〜のやる気を上げる」、(D) は名詞「やる気」。

訳▶ その創業者は、とてもやる気を起こさせるスピーチを行った。

53. The camera was too ------- to carry in my suitcase.

    (A) large
    (B) largest
    (C) largely
    (D) largeness

54. Dr. Windsor's study is ------- flawed.

    (A) methods
    (B) methodology
    (C) methodological
    (D) methodologically

55. Our construction projects ------- with all regulations.

    (A) compliance
    (B) compliant
    (C) complying
    (D) comply

56. The paintings were ------- displayed.

    (A) simple
    (B) simply
    (C) simpler
    (D) simplify

✔ **単語チェック**

54. □ study：❸研究、調査   □ flaw：❺〜を損なう
55. □ construction：❸建設   □ regulation：❸規則
56. □ display：❺〜を展示する

92

053 **53.** 　　　　　　　**主語とイコールになるのは形容詞** 　　　　　　正解 (A)

```
                    ┌------ ＳとイコールになるＣが必要
                    ↓
The camera  was  too -------- to carry (in my suitcase).
    Ｓ       Ｖ    ↑
          └------- 副詞tooが空所を修飾 ➡ ○形容詞　×名詞
```

The camera が主語、was が述語動詞、too は副詞です。空所には、主語とイコールにな
る名詞か形容詞が必要ですが、直前の**副詞 too の修飾を受ける形容詞**が適切です。よって
(A) large（大きい）が正解。too は空所後の不定詞とセットになり、too X to do の形で
「〜するにはXすぎる」という意味を表します。(B) は形容詞 large の最上級「最も大きな」
ですが、the largest と the が必要ですし、too と一緒に使うこともできません。(C) は副詞
「主に」、(D) は名詞「大きさ」です。

訳 　そのカメラは、私のスーツケースで持ち運ぶには大きすぎた。

054 **54.** 　　　　　　　**〈be動詞＋ed形〉の間は副詞** 　　　　　　正解 (D)

Dr. Windsor's study が主語で、空所前後の is flawed が述語動詞（受動態）。すでに受動
態の文が成立しているので、空所に入るのは修飾語です。**受動態の間の位置**は、動詞を修
飾するので、**副詞**の (D) methodologically（方法論的に）が正解。flaw も (D) もハイレ
ベルな単語ですが、「**be 動詞と ed 形の間は -ly（副詞）**」を覚えていれば、すばやく解け
ます。(A) は名詞「方法」の複数形、(B) も名詞「方法論」、(C) は形容詞「方法論の」です。

訳 　Windsor 博士の研究は、方法論に不備がある。

055 **55.** 　　　　　　　　　　**Ｖは動詞** 　　　　　　　　　　正解 (D)

```
                    ┌------⚡Ｖがない ➡ 動詞が入る！
                    ↓
Our construction projects ------- (with all regulations).
             Ｓ
```

Our construction projects が主語で、with all regulations は〈前置詞＋名詞〉の修飾語
です。つまり、**述語動詞**が抜けています。Ｖになるのは動詞です。「**単語から -ing を取っ
たら動詞**」なので、(C) から -ing を取った (D) comply（順守する）を動詞と判断します。
comply with X で「X を順守する」という意味です。(C) は comply の現在分詞・動名詞、
語尾が -ance の (A) は名詞「法令順守」、(B) は形容詞「従って、順守して」です。

訳 　私たちの建設プロジェクトは、すべての規則に従っている。

056 **56.** 　　　　　　　**〈be動詞＋ed形〉の間は副詞** 　　　　　　正解 (B)

The paintings が主語、空所前後の were displayed が受動態の述語動詞で、すでに受動
態の文が成立しています。空所に入るのは修飾語で、この **be 動詞と過去分詞（受動態）
の間の位置**は、動詞を修飾します。**動詞を修飾するのは副詞**なので、(B) simply（シンプ
ルに、単に）が正解です。(A) は形容詞「シンプルな、単純な」で、(C) はその比較級。語
尾が -fy の (D) は動詞「〜を単純化する」です。

訳 　それらの絵画はシンプルに展示されていた。

☐
☐ **57.** They ------- on the location of the new fire station.

    (A) differ
    (B) difference
    (C) different
    (D) differently

☐
☐ **58.** Mobile phones cause ------- in the classroom.

    (A) distraction
    (B) distract
    (C) distracted
    (D) distractedly

☐
☐ **59.** The story captured the ------- of children all over the world.

    (A) imagine
    (B) imagined
    (C) imaginative
    (D) imagination

☐
☐ **60.** We are seeking ------- for our board of directors.

    (A) nominations
    (B) nominate
    (C) nominates
    (D) nominating

✔ **単語チェック**

57. ☐ **location**：❷場所、位置　　　　☐ **fire station**：消防署
58. ☐ **cause**：⑩〜を引き起こす
59. ☐ **capture**：⑩〜をとらえる、捕まえる
60. ☐ **seek**：⑩〜を探し求める　　　　☐ **board of directors**：取締役（会）

057 **57.** 　　　　　　　　　　　　　　Ⅴは動詞　　　　　　　　　　正解 (A)

They が主語で、空所後の on the location と of the new fire station はどちらも〈前置詞＋名詞〉の修飾語です。つまり、**述語動詞が抜けています**。選択肢のどれが動詞か迷ったら、消去法です。語尾が -ence の (B) は名詞「違い」、-ly の (D) は副詞「違って」、そこから -ly を取った (C) は形容詞「違った」です。いずれも動詞ではないので、残った (A) が動詞だと判断できます。differ は「意見が異なる、違う」という意味の自動詞です。

訳 彼らは、新しい消防署の場所に関して、意見が異なっている。

058 **58.** 　　　　　　　　　　　　　目的語は名詞　　　　　　　　　　正解 (A)

Mobile phones が主語で、cause（〜を引き起こす）が述語動詞です。in the classroom は〈前置詞＋名詞〉の修飾語なので、**cause の目的語**が抜けています。**目的語になるのは名詞**なので、語尾が -tion の (A) distraction が正解。勉強中に携帯電話が鳴ると、気を取られますね。distraction は、そうした「集中の妨げになるモノやコト」です。(B) は動詞「〜の気をそらす」で、(C) はその過去形・過去分詞。(D) は副詞「気もそぞろに」です。

訳 携帯電話は教室で集中の妨げを引き起こす。

059 **59.** 　　　　　　　　　　　　　目的語は名詞　　　　　　　　　　正解 (D)

　　　　　　　　　　　　　┌‐‐‐‐‐‐ 🖊 ◯がない ⇒ 名詞が入る！
　　　　　　　　　　　　　└‐‐‐‐ ↓
The story　captured　the ‐‐‐‐‐‐‐ (of children) all over the world.
　　　S　　　　　V

The story が主語、captured（〜をとらえた）が述語動詞で、**目的語**が抜けています。**目的語になるのは名詞**なので、語尾が -tion の (D) imagination（想像力）が正解。(A) は動詞「〜を想像する」で、(B) はその過去形・過去分詞。(C) は形容詞「想像力のある」です。

 the ‐‐‐‐‐‐‐ of のような、〈冠詞 ‐‐‐‐‐‐‐ 前置詞〉には名詞が入ることも覚えておくといいですよ。そうすれば、空所前後だけを見て解くこともできます。

訳 そのストーリーは、世界中の子供たちの想像力をとらえた。

060 **60.** 　　　　　　　　　　　　　目的語は名詞　　　　　　　　　　正解 (A)

We が主語、are seeking（〜を募集している）が述語動詞で、for our board of directors は〈前置詞＋名詞〉なので修飾語です。空所には **seek の目的語**が必要です。**目的語になるのは名詞**なので、語尾が -tion(s) の (A) nominations（候補者〔複数形〕）が正解。seek が自動詞か他動詞かわからなくても、自動詞なら空所に副詞が入るはずです。しかし、選択肢に語尾が -ly の単語はありません。したがって、この動詞は他動詞だな、と判断できます。(B) は動詞「〜を候補に挙げる」で、(C) はその三人称単数現在形、(D) は現在分詞・動名詞です。

訳 私たちは、当社の取締役の候補者を募集中だ。

☐
☐ **61.** Zoticos Apparel is renowned for its ------- clothes.

    (A) afford
    (B) affordably
    (C) affordability
    (D) affordable

☐
☐ **62.** The library has a large ------- for holding workshops.

    (A) spacious
    (B) space
    (C) spaciously
    (D) spaces

☐
☐ **63.** Japan has ------- land and resources available for development.

    (A) limit
    (B) limiting
    (C) limits
    (D) limited

☐
☐ **64.** We will relocate our headquarters to a more accessible -------.

    (A) location
    (B) located
    (C) locate
    (D) locations

✔ 単語チェック

61. ☐ **renowned**：形 有名な
62. ☐ **hold**：動 (会・式) を催す
63. ☐ **resources**：名 資源   ☐ **available**：形 利用できる
    ☐ **development**：名 開発
64. ☐ **relocate**：動 ～を移転させる   ☐ **headquarters**：名 本社
    ☐ **accessible**：形 アクセスしやすい

061 **61.** 名詞を修飾するのは形容詞　　　正解 (D)

空所前に**前置詞の for** があるので、後ろに**その目的語が必要**です。目的語になるのは名詞ですが、すでに clothes（服）があります。なので、its ------ clothes のカタマリが目的語になると考えます。そうすると、空所には**名詞 clothes を修飾する形容詞**が入るとわかります。語尾が -ble の (D) affordable（手ごろな価格の）が正解です。(A) は動詞「〜を買う余裕がある」。語尾が -ly の (B) は副詞「手ごろな価格で」、-ty の (C) は名詞「値ごろ感」。

訳 ▶ Zoticos アパレルは、手ごろな価格の服で有名だ。

062 **62.** 目的語は名詞　　　正解 (B)

The library が主語、has（〜を持っている）が述語動詞、前置詞 for から先は修飾語です。has の**目的語となる名詞**が抜けているので、(B) space（スペース）が正解。a large space（大きなスペース）という名詞のカタマリができます。(D) も名詞ですが、語尾に複数形の -s があるので、**単数を示す冠詞 a** の後には置けません。(A) は形容詞「広い」、(C) は副詞「広々と」。

訳 ▶ その図書館は、ワークショップを開くための大きなスペースを持っている。

063 **63.** 分詞は形容詞の機能を持つ　　　正解 (D)

空所がなくても Japan(S) has(V) land and resources(O). という文があるので、空所に入るのは修飾語です。直後の**名詞 land and resources（土地や資源）を修飾するのは形容詞**ですが、選択肢に形容詞がありません。そこで、次の候補が、**形容詞の働きをする分詞**の (B) と (D) です。修飾する名詞との間に**能動関係「〜する」**があれば現在分詞 (-ing)、**受動関係「〜される」**があれば過去分詞 (-ed) を選びます。「土地や資源」は「limit（制限）される」側なので、**過去分詞**の (D) limited が正解です。(A) は動詞「〜を制限する」か、名詞「制限」で、(C) はその三人称単数現在形か複数形。

分詞とは、動詞の原形に -ing が付いた〈現在分詞〉と、-ed が付いた〈過去分詞〉をまとめた言い方です。分詞は、形容詞になったり、副詞になったり、動詞以外の働きをします。詳しくは第2章で解説するので、ここでは「形容詞として機能する」ということを頭に入れましょう。

訳 ▶ 日本は、開発のために利用できる土地や資源が限られている。

064 **64.** 前置詞の目的語は名詞　　　正解 (A)

　　　　　　　　　　　　　　　　　　　　　　　　　　　　冠詞 a に注目
　　　　　　　　　　　　　　　　　[副詞] [形容詞]
We(S) will relocate(V) our headquarters(O) to a more accessible -------.
　　　　　❷ 前置詞 to の目的語が必要 ➡ 名詞が入る!

空所前の**前置詞 to** の後ろを見ると、冠詞 a 以降に目的語になる名詞がありません（more は副詞、accessible は形容詞）。つまり、空所には**名詞が必要**なので、語尾が -tion の (A) location（場所）が正解です。(D) も名詞ですが、複数形なので、**単数を示す a** の後には置けません。(B) は形容詞「〜の場所にある」、(C) は動詞「〜を見つける」。

訳 ▶ 私たちは、本社を、もっとアクセスしやすい場所に移転する予定だ。

☐ **65.** The technologies are used to measure temperature -------.
☐

     (A) precise
     (B) precisely
     (C) precision
     (D) preciseness

☐ **66.** Green Grounds has been ------- in promoting sustainability.
☐

     (A) activate
     (B) actively
     (C) activates
     (D) active

☐ **67.** Mr. Kato is knowledgeable, creative, and -------.
☐

     (A) resource
     (B) resources
     (C) resourcefully
     (D) resourceful

☐ **68.** I received the supervisors' ------- to change my shift.
☐

     (A) approval
     (B) approve
     (C) approved
     (D) approves

✔ 単語チェック

65. ☐ **measure**：動 ～を測定する	☐ **temperature**：名 気温
66. ☐ **promote**：動 ～を促進する	☐ **sustainability**：名 持続可能性
67. ☐ **knowledgeable**：形 知識が豊富な	
68. ☐ **receive**：動 ～を受け取る	☐ **supervisor**：名 上司、監督者

065 **65.** 　　　　　完成文に、文末で情報を付け加えるのは副詞　　　正解 (B)

すでに The technologies_S are used_V to measure temperature_M. という受動態の文ができています。このように**文の要素がそろった形の文末**に付け加える修飾語は**副詞**です。よって、語尾が -ly の (B) precisely（正確に）が正解。ここでは「測定するために←正確に」と、不定詞の to measure を後ろから修飾しています。(A) は形容詞「正確な」、(C)(D) はどちらも名詞で「正確さ」という意味。

 副詞は「名詞以外を修飾する」のでしたね。ですから、当然、不定詞や動名詞を修飾するのも副詞です。覚えておきましょう。

訳　その技術は、気温を正確に測定するために使われている。

066 **66.** 　　　　　主語とイコールになるのは形容詞　　　正解 (D)

Green Grounds が主語、be 動詞の現在完了形 has been が述語動詞です。前置詞 in 以降は修飾語なので、空所には**主語とイコールになる補語**が必要です。補語になるのは名詞か形容詞ですが、**圧倒的に形容詞の場合が多い**です。形容詞の語尾 -ive の (D) active（積極的な）を入れると、「Green Grounds 社＝積極的な」となり文意が通ります。(D) が正解。(A) は動詞「～を使えるようにする」で、(C) はその三人称単数現在形。(B) は副詞「積極的に」。

訳　Green Grounds社は、持続可能性を推進することに積極的だ。

067 **67.** 　　　　　andは同じ形をつなぐ　　　正解 (D)

❷接続詞andは同じ働きの語句をつなぐ！
　　　　　　　　　　　　　[形容詞]　　　[形容詞]
Mr. Kato is knowledgeable , creative , and ------- .
　　　S　V　　　　　　C　　　　　　C　　　　　　　C……形容詞が入る

Mr. Kato が主語、is が述語動詞、語尾が -ble の knowledgeable（知識が豊富な）と、-ive の creative（創造性のある）はどちらも主語とイコールになる**形容詞**です。空所前の**接続詞 and** は、X and Y や X, Y, and Z の形で、**同じ働きを持つ語句**をつなぎます。つまり、この問題は S is X, Y, and Z. の形で、Z（空所）には X (knowledgeable) と Y (creative) と同じ**形容詞**が入ります。語尾が -ful の (D) resourceful（機転が利く）が正解。(A) は名詞「資源」で、(B) はその複数形。(C) は副詞「機転を利かせて」です。

訳　Katoさんは、知識が豊富で、創造性があり、機転が利く。

068 **68.** 　　　　　'sの後は名詞　　　正解 (A)

空所前の supervisors' の最後の s' は、所有を表す「～の」という意味。通常は Tex's house（Tex の家）のように 's ですが、名詞が複数形の場合、my parents' house のように s' の形になります。覚えておきましょう。そして、この **'s の後には名詞が必要**です。(A) approval（承認）が正解。どれが名詞か迷ったら消去法です。語尾が -ed の (C) は動詞の過去形・過去分詞。「単語から -ed を取ったら動詞」なので、(B) は動詞「～を承認する」の原形、それに三単現の s が付いた (D) も動詞。残った (A) が名詞だと判断できます。《品詞問題》では**「's の後は名詞」**と頭に入れましょう。

訳　私は、シフトを変えるため、上司の承認をもらった。

69. Paula Ciccone is an ------- senior executive.

    (A) accomplish
    (B) accomplishes
    (C) accomplished
    (D) accomplishment

70. Pembleton University students responded ------- to the proposal.

    (A) enthusiastically
    (B) enthusiasm
    (C) enthusiastic
    (D) enthusiasts

71. The new contract is worded -------.

    (A) differently
    (B) differ
    (C) different
    (D) difference

72. Laundry detergents contain chemicals that can be -------.

    (A) hazard
    (B) hazarding
    (C) hazardous
    (D) hazardously

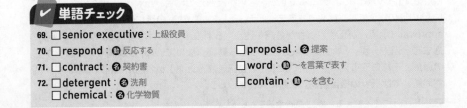

✔ 単語チェック

69. ☐ senior executive：上級役員
70. ☐ respond：⑩ 反応する   ☐ proposal：② 提案
71. ☐ contract：② 契約書   ☐ word：⑩ ～を言葉で表す
72. ☐ detergent：② 洗剤   ☐ contain：⑩ ～を含む
    ☐ chemical：② 化学物質

069 69. 名詞を修飾するのは形容詞　　　　正解 (C)

空所がなくても <u>Paula Ciccone</u>[S] <u>is</u>[V] <u>a senior executive</u>[C]. という文ができているので、空所に入るのは修飾語です。空所後の senior executive（上級役員）は名詞のカタマリです。**名詞を修飾するのは形容詞**なので、(C) accomplished（熟練した）が正解。(C) から -ed を取った (A) は動詞「〜を達成する」で、(B) はその三人称単数現在形。語尾が -ment の (D) は名詞「業績」です。いずれも形容詞ではないので、消去法で (C) が形容詞だと判断することも可能。

訳 ▶ Paula Ciccone は、スキルの高い上級役員だ。

070 70. 自動詞の直後は副詞　　　　正解 (A)

respond（反応する）は**自動詞**なので、後ろに目的語が不要です。つまり、<u>Pembleton University students</u>[S] <u>responded</u>[V] (to the proposal). という文がすでにできていて、空所には修飾語が入ります。**動詞 responded を後ろから修飾するのは副詞**です。語尾が -ly の (A) enthusiastically（熱狂的に、熱心に）が正解。(B) は名詞「熱心さ」、(C) は形容詞「熱心な」、(D) は名詞「熱心な人、ファン」の複数形です。

訳 ▶ Pembleton 大学の学生たちは、その提案に熱狂的に反応した。

071 71. 完成文に、文末で情報を付け加えるのは副詞　　　　正解 (A)

<u>The new contract</u>[S] <u>is worded</u>[V]. という受動態の文がすでにできています。完成した文の文末に付け加えて、**後ろから動詞を修飾するのは副詞**です。語尾が -ly の (A) differently（違って）が正解。(B) は動詞「意見が異なる、違う」。(C) は形容詞「違った」。(D) は名詞「違い」。受動態の動詞の直後の空所に副詞を選ぶ《品詞問題》は頻出です。

訳 ▶ その新しい契約書は違った文言で書かれている。

072 72. 主語とイコールになるのは形容詞　　　　正解 (C)

形容詞のカタマリが修飾

Laundry detergents[S] contain[V] chemicals[O] that can be -------.

└→ C になる形容詞が入る！

空所前の be 動詞の原形 be の後には、**主語とイコールになる形容詞**が必要なので、語尾が -ous の (C) hazardous（危険な）が正解。that が関係代名詞で、that can be hazardous（危険性のある）は、chemicals（化学物質）を後ろから説明する形容詞のカタマリです。(A) は名詞「危険」か、動詞「〜を賭ける」で、(B) はその現在分詞・動名詞。(D) は副詞「危うく」です。なお、空所部分を現在進行形と考え、(B) を空所に入れてはいけません。hazard は他動詞で目的語が必要ですし、「化学物質は賭けています」では意味不明です。

〈関係代名詞〉については第6章で解説しますね。ここでは関係代名詞に続くカタマリが形容詞として機能することを頭に入れておいてください。

訳 ▶ 洗濯用洗剤は、危険性のある化学物質を含んでいる。

□
□ **73.** The position requires ------- proficiency in programming.

    (A) strong
    (B) strengthen
    (C) strength
    (D) strongly

□
□ **74.** The app identifies ------- phrases in business correspondence.

    (A) repeats
    (B) repetitively
    (C) repetition
    (D) repetitive

□
□ **75.** Our customer service staff will address your concerns -------.

    (A) personally
    (B) personalize
    (C) personal
    (D) personality

□
□ **76.** Sign up for a free ------- session with one of our personal trainers today.

    (A) inform
    (B) informs
    (C) informational
    (D) informationally

✔ **単語チェック**

73. □ **position**：❷職、地位   □ **require**：⬛ ～を必要とする
    □ **proficiency**：❷高い技量
74. □ **identify**：⬛ ～を見つける、特定する
    □ **business correspondence**：ビジネス文書
75. □ **address**：⬛ ～に対処する   □ **concern**：❷心配 (事)、関心事
76. □ **sign up for X**：Xに申し込む、登録する

073 **73.** 　　　　　　　　名詞を修飾するのは形容詞　　　　　　　正解 (A)

空所なしでも The position_S requires_V proficiency_O (in programming). という文ができているので、空所に入るのは修飾語です。**proficiency**（高い技量）は難しい単語ですが、語尾 -cy から名詞で目的語だと判断できます。その**名詞 proficiency を修飾するのは形容詞**なので、(A) strong（すぐれた、強い）が正解。(B) は動詞「〜を強化する」、(C) は名詞「強さ」、(D) は副詞「強く」。副詞の (D) から -ly を取った (A) が形容詞だと、つづりで判断することもできます。

訳 その職は、プログラミングのすぐれた高い技量を必要としている。

074 **74.** 　　　　　　　　名詞を修飾するのは形容詞　　　　　　　正解 (D)

The app（そのアプリ）が主語、語尾が -fy の動詞 identify（〜を見つける）に三単現の s（y を i に変えて es）が付いた identifies が述語動詞です。すでに The app_S identifies_V phrases_O (in ...). という文ができているので、空所に入るのは修飾語です。直後の**名詞 phrases を修飾するのは形容詞**なので、語尾が -ive の (D) repetitive（繰り返しが多くて単調な）が正解。(A) は動詞 repeat（〜を繰り返す）の三人称単数現在形。(B) は副詞「たびたび、何度も」。(C) は名詞「繰り返し、反復」です。

訳 そのアプリは、ビジネス文書の中の、繰り返しが多くて単調な言い回しを見つける。

075 **75.** 　　　　完成文に、文末で情報を付け加えるのは副詞　　　　正解 (A)

Our customer service staff が主語、will address（〜に対処する）が述語動詞、your concerns（みなさまの心配事）が目的語です。空所がなくても文ができているので、空所に入るのは修飾語です。完成した文の文末に付け加えて、**動詞を後ろから修飾するのは副詞**です。(A) personally（個人的に）が正解。「対処する←個人的に」となります。(B) は動詞「〜を個人に合わせる」。(C) は形容詞「個人的な」。(D) は名詞「性格、個性」。

 addressは名詞「住所」の印象が強いかもしれませんが、**TOEIC**では、動詞としても頻出です。ここでの「〜に対処する」のほか、**address an audience**（聴衆に演説する）のように「〜に演説する」という意味でも出題されます。覚えておいてくださいね。

訳 私たちのお客さまサービススタッフが、みなさまの心配事に個人的に対処します。

076 **76.** 　　　　　　　　名詞を修飾するのは形容詞　　　　　　　正解 (C)

空所がなくても Sign up_V (for a free session) (with ...). という命令文ができているので、空所に入るのは修飾語です。直後の**名詞 session（会）を修飾するのは形容詞**なので、語尾が -nal の (C) informational（説明の）が正解です。informational session は「説明会」という意味。副詞の (D)「情報に関して」から -ly を取った (C) が形容詞だと、つづりでも判別できます。(A) は動詞「(人) に知らせる」で、(B) はその三人称単数現在形です。

訳 私たちのパーソナルトレーナーとの無料の説明会に今日お申し込みください。

77. Mr. Kato is very ------- to the needs of his employees.

    (A) responsive
    (B) respond
    (C) response
    (D) responsively

78. Ben Herbert's first play is ------- a success.

    (A) clear
    (B) clearly
    (C) cleared
    (D) clearness

79. Ms. Bryant is the ------- for the event.

    (A) coordinate
    (B) coordination
    (C) coordinated
    (D) coordinator

80. The program is entertaining and ------- to children.

    (A) benefits
    (B) beneficially
    (C) beneficial
    (D) beneficiary

✔ 単語チェック

77. ☐ **needs**：名 ニーズ、必要性   ☐ **employee**：名 社員
78. ☐ **play**：名 劇
80. ☐ **entertaining**：形 面白い

077 77.　　　　主語とイコールになるのは形容詞　　　正解 (A)

副詞 very が空所を修飾

Mr. Kato is very ------- (to the needs) (of his employees).
　　　Ⓢ　Ⓥ　　　　　Ⓒ

------- Ⓢとイコールになる形容詞が入る!

Mr. Kato が主語、is が述語動詞です。空所後は〈前置詞＋名詞〉なので、修飾語です。空所には、副詞 very の修飾を受けながら、**主語とイコールになる形容詞**が必要です（補語になる）。よって、語尾が -ive の (A) responsive（反応が早い）が正解です。(B) は動詞「反応する、返事をする」。(C) は名詞「反応、返事」。(D) は副詞「敏感に」です。名詞も補語になりますが、(C) の「反応」は主語の〈人〉とイコールにならないので不適切。

訳　Kato さんは、自社の社員のニーズに対し、反応がとても早い。

078 78.　　　　形容詞と副詞の位置の違いに注意　　　正解 (B)

空所がなくても Ben Herbert's first play is a success. という文ができているので、
　　　　　　　　　　　　　　　　　Ⓢ　　Ⓥ　Ⓒ
空所に入るのは修飾語です。is ------- a success となっていますが、形容詞は、冠詞 a を越えて後ろの名詞を修飾することはできません。よって、空所には**前の動詞 is を修飾する副詞**が入ります。語尾が -ly の (B) clearly（明らかに）が正解。(C) は動詞 clear（～を片づける）の過去形・過去分詞。語尾が -ness の (D) は名詞「鮮やかさ」です。

形容詞の(A)「明らかな」は、a clear success（明らかな成功）のように冠詞の後に来ます。形容詞と副詞の位置の違いに注意です。

訳　Ben Herbert の最初の劇は、明らかに成功だ。

079 79.　　　　選択肢に名詞が2つあれば意味に注意　　　正解 (D)

Ms. Bryant が主語、is が述語動詞で、直前に**冠詞の the** があるので、空所には**主語とイコールになる名詞が必要**です（補語になる）。しかし、名詞は 2 つあります。語尾が -tion の (B) coordination（調整）だと、主語の Ms. Bryant とイコールになりません。一方、(D) coordinator（調整役）だと、**「Bryant さん＝調整役」**となり、文意が通ります。(D) が正解です。名詞を選ぶ《品詞問題》では、パッと目についた選択肢を選ばず、他に名詞がないかを必ず確認しましょう。(A) は動詞「～を調整する」で、(C) はその過去形・過去分詞です。

訳　Bryant さんは、そのイベントの調整役だ。

080 80.　　　　and は同じ形をつなぐ　　　正解 (C)

空所前の**接続詞 and** は、X and Y や X, Y, and Z の形で、**同じ働きを持つ語句**をつなぎます。この問題文では、The program が主語、is が述語動詞、形容詞の **entertaining**（面白い）が主語とイコールになる補語です。Ⓢ is X and Y. の Y には、**X（entertaining）と同じ形容詞**が必要なので、(C) beneficial（有益な、役立つ）が正解です。(A) は名詞「手当、福利厚生」。(B) は副詞「有益に」。(D) は名詞「受益者」。

訳　そのプログラムは、子供たちにとって、面白くて役に立つ。

□ **81.** Every essay should be ------- eight pages in length.
□

    (A) rough
    (B) roughs
    (C) roughness
    (D) roughly

□ **82.** We provide timely ------- to customer inquiries.
□

    (A) respond
    (B) responded
    (C) responding
    (D) responses

□ **83.** The orchestra performed ------- on Sunday.
□

    (A) impressively
    (B) impressive
    (C) impressed
    (D) impression

□ **84.** The airline ------- complies with all government safety rules.
□

    (A) full
    (B) fully
    (C) fullest
    (D) fullness

✔ **単語チェック**

81. □ **length**：❷長さ
82. □ **provide**：⓿〜を提供する   □ **timely**：⓭タイミングの良い
    □ **inquiry**：❷問い合わせ
83. □ **perform**：⓿演奏する、演じる
84. □ **comply**：⓿従う   □ **government**：❷政府

081 81. 　　　　　　　　数詞を修飾するのは副詞　　　　　　　　正解 (D)

空所がなくても Every essay_S should be_V eight pages_C (in length). という文ができているので、空所に入るのは修飾語です。eight pages の eight のような単位を表す数字は**数詞**と呼ばれ、**形容詞の役割**をします。よって、空所に**形容詞を修飾する副詞**の (D) roughly（おおよそ）を入れると、roughly eight pages（おおよそ 8 ページ）となり、文意が通ります。(A) は形容詞「おおよその、ラフな」、名詞「（ゴルフコースの）ラフ」、または動詞「～をラフに扱う」で、(B) はその複数形か三人称単数現在形。(C) は名詞「粗さ」です。

訳 すべてのエッセイは、長さをおおよそ8ページにすべきだ。

---

082 82. 　　　　　　　　目的語は名詞　　　　　　　　正解 (D)

We が主語、provide（～を提供する）が述語動詞。**timely**（タイミングが良い）は、語尾が副詞に多い -ly ですが、**形容詞**です。また、空所後は〈前置詞＋名詞〉の修飾語なので、provide の目的語が抜けています。**目的語になるのは名詞**なので、(D) responses（返答、反応〔複数形〕）が正解。timely の修飾を受けて「タイミングの良い反応」という名詞のカタマリになります。(A) は動詞「返答する、反応する」で、(B) はその過去形・過去分詞、(C) は現在分詞・動名詞です。

 語尾が-lyの単語の多くは副詞ですが、ここでの**timely**のように形容詞の場合もあるんです。ほかに**TOEIC**に出るものとしては、**friendly**（親切な）や**costly**（費用のかかる）などがあります。

訳 私たちは、お客さまの問い合わせに対し、適切なタイミングで返事をします。

---

083 83. 　　　　　　　　自動詞の直後は副詞　　　　　　　　正解 (A)

　　　　　　　　　┌------ 自動詞と他動詞、両方の可能性アリ
　　　　　　　　　↓
The orchestra_S performed_V ------- (on Sunday).
　　　　　　　　　↑
　　　　　　　　　└------ ⚠ 自動詞なら副詞、他動詞なら名詞が入る!

The orchestra が主語、performed が述語動詞、空所後は修飾語です。動詞 perform は、自動詞と他動詞の両方の用法があります。まず、**自動詞「演奏した」**と考え、空所に**副詞**の (A) impressively（印象的に、見事に）を入れると、**「見事に演奏した」**と述語動詞を修飾し、文意が通ります。他動詞「～を行う」と考え、目的語になる名詞の (D)「印象」を入れると、「印象を行った」となり意味が通りません。よって (A) が正解です。(B) は形容詞「印象的な」。(C) は動詞 impress（～を感心させる）の過去形・過去分詞です。

訳 そのオーケストラは日曜日に、見事に演奏した。

---

084 84. 　　　　　　　　S V の間は副詞　　　　　　　　正解 (B)

The airline が主語、空所後の complies（従う）が述語動詞です。**主語と述語動詞の間**に入るのは、**動詞を修飾する副詞**です。よって、(B) fully（完全に）が正解。fully comply with X で「X に完全に従う、X を完全に順守する」という意味です。(A) は名詞「全部」か、形容詞「全部の、1 杯の、完全な」で、(C) は形容詞の最上級。(D) は名詞「充満」。

訳 その航空会社は、政府のすべての安全規則に完全に従っている。

☐ **85.** The tower is one of the most ------- landmarks in the city.
☐
    (A) recognizable
    (B) recognition
    (C) recognizably
    (D) recognizing

☐ **86.** The key to a profitable ------- is research.
☐
    (A) investments
    (B) investing
    (C) invest
    (D) investment

☐ **87.** The marketing campaign generated considerable -------.
☐
    (A) publicity
    (B) publicize
    (C) public
    (D) publicizing

☐ **88.** The housekeeping staff is ------- when cleaning the rooms.
☐
    (A) thoroughly
    (B) thorough
    (C) thoroughness
    (D) more thoroughly

✔ **単語チェック**

85. ☐ **landmark**：❷目印となる建物
86. ☐ **profitable**：⑱利益になる　　　　☐ **research**：❷調査
87. ☐ **generate**：⑩〜を生み出す　　　　☐ **considerable**：⑱かなりの
88. ☐ **housekeeping staff**：客室係

085 85.　　　　　　名詞を修飾するのは形容詞　　　　　正解 (A)

名詞landmarksを修飾 ➡ 形容詞が入る！

The tower is one of the most ------- landmarks (in the city).
　　　　S　V　　　　　　　　　　　　　　　　　　　C

空所前が「最も」を表す the most、後ろが名詞 landmarks（名所）なので、「最も**〈どんな〉**名詞」なのかを表す**形容詞**が空所に必要です。よって、語尾が -ble の (A) recognizable（特徴的な、目立つ）が正解です。one of the most recognizable landmarks で「最も目立つ名所の1つ」という名詞のカタマリになり、補語として機能します。(B) は名詞「認知」。(C) は副詞「目立って、明らかに」。(D) は動詞 recognize（～を認める、気付く）の現在分詞・動名詞です。

訳　そのタワーは、市内で最も目立つ名所の1つだ。

086 86.　　　　　　前置詞の目的語は名詞　　　　　　正解 (D)

The key が主語、is が述語動詞で、research が補語（名詞）です。前置詞から始まる to a profitable ------- 部分ですが、前置詞の後ろには**目的語**が来ます。しかし profitable は形容詞なので、目的語ではありません。ということは、空所に**目的語になる名詞**が必要です。語尾が -ment(s) の (A) と (D) が名詞ですが、**冠詞 a** があるので、**単数形**の (D) investment（投資）の方が正解です。to から investment までが主語を説明する形容詞のカタマリになります。(C) は動詞「～を投資する」で、(B) はその現在分詞・動名詞。

訳　利益になる投資への鍵は、調査です。

087 87.　　　　　　　目的語は名詞　　　　　　　　正解 (A)

The marketing campaign が主語、generated（～を生み出した）が述語動詞です。語尾が -ble の considerable（かなりの）は形容詞なので、**目的語**ではありません。ということは、空所には**目的語になる名詞**が必要です。語尾が -ty の名詞 (A) publicity（注目）が正解。considerable の修飾を受けて「かなりの注目」という名詞のカタマリを作ります。(B) は動詞「～を告知する」で、(D) はその現在分詞・動名詞。(C) は形容詞「公共の、一般の」。

訳　そのマーケティングキャンペーンは、かなりの注目を生み出した。

088 88.　　　主語とイコールになるのは形容詞　　　　正解 (B)

The housekeeping staff が主語、is が述語動詞で、**主語とイコールになる形容詞**が空所に必要です。接続詞 when 以降は「部屋を掃除するときに」という副詞のカタマリ。選択肢のうち、**形容詞**は (B) thorough（徹底的な）です。どれが形容詞か知らなくても、(A) の副詞「徹底的に」から -ly を取った thorough が形容詞だとつづりで判別できます。(C) は名詞「徹底ぶり」。(D) は (A) の比較級。名詞の「徹底ぶり」は、主語とイコールにならず意味が通りません。

訳　その客室係は、部屋を掃除するとき、徹底的だ。

89. Their growth surpassed even the most ------- forecasts.

    (A) optimism
    (B) optimistically
    (C) optimistic
    (D) optimist

90. Our online store is functioning -------.

    (A) rely
    (B) reliable
    (C) reliability
    (D) reliably

91. Ms. Chapman found the cake ------- sweet.

    (A) excess
    (B) excessive
    (C) excessively
    (D) exceed

92. Few professional tennis ------- can play as skillfully as Rafael Rodriguez.

    (A) player
    (B) play
    (C) playing
    (D) players

✔ 単語チェック

89. ☐ **growth**：❷成長　　　　　　☐ **surpass**：❶～を上回る
   ☐ **forecast**：❷予測
90. ☐ **function**：❶機能する
91. ☐ **find O C**：❶OがCであると気づく
92. ☐ **skillfully**：❶うまく、巧みに

110

089 89. 名詞を修飾するのは形容詞 　　　　　　　正解 (C)

空所前が「最も」を表す最上級の the most、後ろが名詞の forecasts（予測）です。空所には「最も〈どんな〉予測」なのかを表す**形容詞**が必要です。よって、語尾が -tic の (C) optimistic（楽観的な）が正解です。automatic（自動的な）や domestic（国内の）のように、-tic は形容詞に多い語尾です。覚えておいてください。(A) は名詞「楽観主義」。(B) は副詞「楽観的に」。(D) は名詞「楽観主義者」。

訳 彼らの成長は、最も楽観的な予測さえも上回った。

090 90. 完成文に、文末で情報を付け加えるのは副詞 　　　正解 (D)

空所前の **function** は「機能する」という意味の**自動詞**です。つまり、Our online store(S) is functioning(V). という現在進行形の文がすでにできています。よって、空所に入るのは、**後ろから動詞を修飾する副詞**です。(D) reliably（しっかりと）が正解。(A) は語尾が -ly ですが、動詞「頼る」。(B) は形容詞「信頼できる、頼りになる」。(C) は名詞「信頼性」です。

訳 私たちのオンラインストアは、しっかり機能している。

091 91. findの第5文型に注意 　　　　　　　　　正解 (C)

文の要素がそろっている ➡ Mが必要　　　　　⚑ 形容詞sweetを修飾 ➡ 副詞が入る！

Ms. Chapman(S) found(V) the cake(O) ------- sweet(C).

※動詞findは第5文型になる

空所後の**形容詞 sweet** に注目です。形容詞は、名詞を修飾するか、補語になるかどちらかです。名詞を修飾する場合、sweet cake（甘いケーキ）のように名詞の前に来ますが、ここでは後ろがピリオドです。ということは、この sweet は**補語**です。**動詞 find**（過去形 found）は「思う、わかる」の意味では、第5文型S＋V＋O＋Cになるので、空所がなくても「Chapman さんはそのケーキを甘いと思った」という文ができています。よって、空所に入るのは**後ろの形容詞sweet を修飾する副詞**です。(C) excessively（過度に）が正解。(A) は名詞「余り」。(B) は形容詞「過度の」。(D) は動詞「〜を超える」です。find の第5文型の用法は、《品詞問題》でときどき出題されます。第5文型についてよく理解できていない人は、復習しておきましょう（☞ p. 43）。

訳 Chapman さんは、そのケーキを甘すぎると思った。

092 92. fewは複数名詞を修飾する 　　　　　　　正解 (D)

述語動詞 can play（プレーできる）の主語が Few professional tennis だとすると「テニスがプレーする」ことになり不自然です。そこで、空所までのカタマリが主語だと考えます。**主語は名詞**なので、(A) player と (D) players が正解候補。形容詞 **Few**（少数の）は、名詞を修飾する場合、**必ず複数形を修飾する**ので、(D) players が正解です。(B) は動詞「プレーする、演じる」のほか、名詞「劇」の用法もありますが、ここでは意味が通じない上に、単数形なので不適切。(C) は動詞の現在分詞・動名詞。

訳 Rafael Rodriguezほどうまくプレーできるプロのテニス選手はほとんどいない。

☐
☐ **93.** All city buses undergo a monthly -------.

    (A) inspect
    (B) inspection
    (C) inspector
    (D) inspected

☐
☐ **94.** Catherine Walsh's latest novel is ------- a sequel to her first book.

    (A) essence
    (B) essential
    (C) essentially
    (D) essentiality

☐
☐ **95.** The road became ------- steeper.

    (A) progress
    (B) progressive
    (C) progressively
    (D) progressed

☐
☐ **96.** Mr. Turner sent the new contract to the vice president for final
    -------.

    (A) approve
    (B) approves
    (C) approval
    (D) approved

✔ **単語チェック**

93. ☐**undergo**：動 (検査や改装等必要なこと)を受ける
94. ☐**latest**：形 最新の   ☐**novel**：名 小説
    ☐**sequel**：名 続編
95. ☐**steep**：形 (坂などが) 急な、険しい
96. ☐**contract**：名 契約 (書)   ☐**vice president**：副社長

093 **93.** 　　　　　　　　　　**目的語は名詞**　　　　　　　　　正解 (B)

All city buses が主語で、undergo（〜を受ける）が述語動詞。その後ろの monthly は「毎月の」という意味の形容詞で、目的語ではありません。空所には**目的語になる名詞**が必要です。名詞は (B) inspection と (C) inspector。どちらも単数形なので、カタチでは判断できず、意味を考えます。「毎月の〈検査〉を受ける」となる (B) inspection が正解。(C) だと「〈検査官〉を受ける」となり不自然です。(A) は動詞「〜を検査する」で、(D) はその過去形・過去分詞。

 このように行為を表す名詞（inspection）と行為者を表す名詞（inspector）を選択肢に混在させる問題もよく出題されます。品詞だけでなく、意味を考慮して解答しましょう。

訳 すべての市バスは、毎月検査を受ける。

094 **94.** 　　　　　**形容詞と副詞の位置の違いに注意**　　　　　正解 (C)

空所がなくても Catherine Walsh's latest novel(S) is(V) a sequel(C) to ... という文ができているので、空所に入るのは修飾語。be 動詞と冠詞の間に入るのは、**動詞を修飾する副詞**です。形容詞は冠詞を越えて名詞を修飾することはできません。(C) essentially（基本的に）が正解。(B)「非常に重要な」などの形容詞は、an essential skill のように冠詞の後に来ます。副詞と形容詞の位置の違いに注意しましょう。(A)「本質」と (D)「必要性」は名詞。

訳 Catherine Walsh の最新小説は、基本的に、彼女の最初の本の続編だ。

095 **95.** 　　　　　　　**形容詞を修飾するのは副詞**　　　　　　正解 (C)

空所後の steeper は、形容詞 steep（〔坂などが〕急な）の比較級です。空所がなくても、The road(S) became(V) steeper(C). という文ができています。空所に入るのは修飾語で、**形容詞 steeper を修飾する副詞**が必要です。(C) progressively（次第に）が正解。(A) は名詞「進歩」か、動詞「進む」で、(D) はその過去形・過去分詞。(B) は形容詞「進歩的な」。

訳 その道路は次第に、より急になった。

096 **96.** 　　　　　　　　　　**目的語は名詞**　　　　　　　　　正解 (C)

Mr. Turner(S) sent(V) the new contract(O) (to the vice president) for final -------.
前置詞 for の O がない ➡ 名詞が入る！

空所前の**前置詞 for** に注目します。前置詞の後ろには目的語（名詞）が来ますが、final は形容詞です。つまり、空所には**目的語になる名詞**が必要です。(C) approval（承認）が正解。この単語を知らなければ、消去法で考えます。まず、「単語から -ed を取ったら動詞」なので、(D) approved（過去形・過去分詞）から -ed を取った (A) は動詞「〜を承認する」で、(B) はその三人称単数現在形。(A)(B)(D) がいずれも名詞ではないので、残った (C) を名詞と判断できます。

訳 Turner さんは、その新しい契約書を、最終承認のため副社長に送った。

□ **97.** The ------- process of a magazine involves numerous steps.
□

    (A) produce
    (B) production
    (C) produced
    (D) produces

□ **98.** Parker Apartments provides ------- with luxurious spaces in a
□   convenient location.

    (A) residents
    (B) residential
    (C) reside
    (D) resided

□ **99.** The new receptionist welcomes every customer in a -------
□   manner.

    (A) courteous
    (B) courtesy
    (C) courteously
    (D) courtesies

□**100.** They believe that ------- assembly lines will result in job losses.
□

    (A) automate
    (B) automated
    (C) automates
    (D) automatically

✔ 単語チェック

97. □ involve：動 ～を含む   □ numerous：形 数多くの

98. □ provide X with Y：XにYを提供する
    □ luxurious：形 豪華な   □ convenient：形 便利な

99. □ receptionist：名 受付係   □ manner：名 方法、やり方

100. □ assembly line：組み立てライン   □ result in：～の結果になる
    □ job loss：仕事の喪失

097 97. 頭に入れたい〈名詞＋名詞〉の形 正解 (B)

空所後の名詞 process（工程）が主語で、空所には名詞を修飾する単語が入ります。ところが、選択肢に形容詞がありません。(C) を produce（～を制作する）の過去分詞と考え空所に入れたとしても、「制作された工程」となり、文意が通りません。そこで、前の名詞が後ろの名詞を修飾する〈名詞＋名詞〉の可能性を考えます。(B) production（制作）を入れると、「**制作工程**」となり、全体の意味が通ります。これが正解。(A) は名詞「農産物」か、動詞「～を生産する」で、(D) はその三人称単数現在形。

 《品詞問題》では、名詞を修飾する品詞の優先順位は「①形容詞➡②分詞➡③名詞」の順です。①と②がだめな場合に、名詞を検討しましょう。

訳 雑誌の制作工程には、数多くの段階が含まれる。

098 98. 目的語は名詞 正解 (A)

Parker Apartments が主語、provides（～に提供する）が述語動詞で、空所後の with luxurious spaces と in a convenient location は、どちらも〈前置詞＋名詞〉の修飾語です。つまり、**目的語**が抜けています。空所には**目的語になる名詞**が必要なので、(A) residents（住人）が正解。student や president（社長）のように、**-ent は名詞の語尾**の１つです。(B) は形容詞「住民の、住宅の」。(C) は動詞「住む」で、(D) はその過去形・過去分詞です。

訳 Parker アパートは、住人に、便利な立地にある豪華な空間を提供する。

099 99. 名詞を修飾するのは形容詞 正解 (A)

冠詞 a と**名詞 manner（方法）**の間に入るのは、**名詞 manner を修飾する形容詞**です。よって、語尾が -ous の (A) courteous（礼儀正しい）が正解です。(B) は名詞「礼儀正しさ」で、(D) はその複数形。(C) は副詞「礼儀正しく」。

訳 その新しい受付係は、すべてのお客さまを、礼儀正しい方法で歓迎する。

100 100. 分詞は形容詞の機能を持つ 正解 (B)

that 節が名詞のカタマリになっている

They believe that ------- assembly lines will result in job losses.
(S)(V) (S) (V)

接続詞 that 以降の節（S V）が、believe の目的語です。その that 節の中は、assembly lines が主語、will result が述語動詞。**assembly**（組み立て）は、語尾が -ly ですが名詞なので、空所には**名詞を修飾する形容詞**が必要です。(B) automated（自動化された）が正解。この単語が形容詞だと知らなければ消去法で解けます。「単語の語尾から -ed を取ったら動詞」なので、(A) は動詞「自動化する」で、(C) はその三人称単数現在形。語尾が -ly の (D) は副詞「自動的に」です。残った (B) が形容詞だと判断できます。ちなみに〈節〉とは、ここでの that 以降のように、文の中にあるS＋Vを含むカタマリのことを言います（詳しくは第３章で解説）。

訳 彼らは、自動化された組み立てラインが、仕事の喪失という結果になると信じている。

本番に臨むための100問
解いて覚える 標準問題トレーニング

● ここからは、本番レベルの《品詞問題》です。〈基礎問題〉と出題ポイントと問題番号は同じです。問題文の長さや使われている単語、選択肢が本試験と同じレベルになっています。ここまで勉強してきた基本を大切にすれば解けるはずです。解けない場合は、〈基礎問題〉に戻って確認する、もしくはQRコードからヒントを見てもよいので、とにかく自分で答えを出してみましょう。

□
□ **1.** ------- at Wakeford International Airport are taking longer than originally anticipated.

    (A) Renovate
    (B) Renovating
    (C) Renovations
    (D) Renovated

□
□ **2.** Vehicles are not permitted on Rexdale Lane, but a special ------- was made for the day of the parade.

    (A) exception
    (B) exceptional
    (C) except
    (D) exceptionally

□
□ **3.** Blake and Janie Mori made a generous ------- to Southwestern Surabaya University.

    (A) contributing
    (B) contribution
    (C) contribute
    (D) contributions

Hint!

✔ 単語チェック

1. □ **originally**：副 元々   □ **than anticipated**：予想された以上に
2. □ **vehicle**：名 乗り物   □ **permit**：動 ～を許可する
3. □ **generous**：形 寛大な、気前の良い
    □ **make a contribution**：寄付する、貢献する

次の基本をもう一度、確認してください。
・ S V O C が抜けている ➡ 必要な品詞を足す
・ S V O C が抜けていない ➡ M を足す
・ M の場合、名詞の前には形容詞、それ以外の場所には副詞を選ぶ

---

101 1. 　　　　　　　　　　**主語は名詞**　　　　　　　　　正解 (C)

⚡ S がない ➡ 名詞が入る！

------- (at Wakeford International Airport) <u>are taking</u>_V longer than originally
anticipated.

空所後の at Wakeford International Airport が〈前置詞＋名詞〉で修飾語であることに
気づけるかがポイント。そうすれば、続く are taking が述語動詞で、前に**主語がない**こと
がわかります。**主語になるのは名詞**なので、(C) Renovations（改装〔複数形〕）が正解です。
(A) は動詞「〜を改装する」で、(B) はその現在分詞・動名詞、(D) は過去形・過去分詞。

実は動名詞も主語になりえますが、(B) は不正解。というのも動名詞は数えられないので、単数扱い
だからです。述語動詞の**are taking**と形が合いませんね。詳しくは第2章で解説します（☞ p. 176）。

訳 ▶ Wakeford国際空港の改装は、元々予想された以上に時間がかかっている。

---

102 2. 　　　　　　　　　　**主語は名詞**　　　　　　　　　正解 (A)

　　　　　　　　⚡ S がない ➡ 名詞が入る！---------------┐
　　　　　　　　　　　　　　　　　　　　　　　　　　　↓
<u>Vehicles</u>_S <u>are not permitted</u>_V (on Rexdale Lane), but a special ------- <u>was made</u>_V
(for the day of the parade).

文全体は、S V , but S V . と、接続詞の but が 2 つの節（S V）をつなぐ形です。空所
のある but 以降の節を見ると、述語動詞（受動態）の was made はありますが、**主語が抜**
けています（special は形容詞で空所を修飾）。**主語になるのは名詞**なので、(A) exception（例
外）が正解です。(B) は形容詞「並外れた、とても素晴らしい」。(C) は前置詞「〜を除いて」
か、動詞「〜を除外する」。(D) は副詞「並外れて」です。

訳 ▶ Rexdale通りでは乗り物は許可されていないが、パレードの日は特別な例外が設けられた。

---

103 3. 　　　　　　　　　　**目的語は名詞**　　　　　　　　　正解 (B)

Blake and Janie Mori が主語、made（〜を行う）が述語動詞で、**目的語になる名詞**
が抜けています（generous は「寛大な」という意味の形容詞）。選択肢のうち、名詞は
(B) contribution と (D) contributions。空所の前に**冠詞 a** があるので、**単数形**の (B)
contribution（寄付、貢献）が正解です。(D) は複数形なので、単数形を示す冠詞 a と形
が合いません。(C) は動詞「寄付する、〜に貢献する」で、(A) はその現在分詞・動名詞です。

訳 ▶ Blake Mori と Janie Mori は、Southwestern Surabaya大学に寛大な寄付をした。

4. Blackstone Railways is making ------- to Nilsen Station so that it can accommodate more passengers.

(A) improvements
(B) improved
(C) improve
(D) improving

5. The automobile manufacturer ------- to hire 3,000 workers for its new plant in Dublin.

(A) intending
(B) intention
(C) intentional
(D) intends

6. Alex Sullivan was a huge ------- as a result of the popularity of his debut novel, *Feel the Wind*.

(A) successful
(B) succeed
(C) success
(D) successfully

7. In the event that the restaurant manager and assistant manager are both -------, Diane will be in charge.

(A) absences
(B) absent
(C) absently
(D) absence

Hint!

✔ 単語チェック

4. ☐ **accommodate**：動 ～を収容する   ☐ **passenger**：名 乗客
5. ☐ **automobile**：名 自動車   ☐ **manufacturer**：名 製造業者
   ☐ **hire**：動 ～を雇う   ☐ **plant**：名 工場
6. ☐ **huge**：形 とても大きな   ☐ **as a result of X**：Xの結果として
   ☐ **popularity**：名 人気   ☐ **novel**：名 小説
7. ☐ **in the event that～**：～する場合には   ☐ **in charge**：責任者である

104 4. 目的語は名詞　　　　　正解 (A)

Blackstone Railways が主語、is making（〜を行っている）が述語動詞で、空所後の to Nilsen Station は〈前置詞＋名詞〉の修飾語です。is making の**目的語**が抜けています。**目的語になるのは名詞**なので、(A) improvements（改善〔複数形〕）が正解。**make improvements**（改善する）は重要表現です。(C) は動詞「〜を改善する」で、(B) はその過去形・過去分詞、(D) は現在分詞・動名詞。文全体は S V so that S V . の形で、接続 so that（〜するために）が 2 つの節をつないでいます。

> 訳 ▶ Blackstone鉄道は、より多くの乗客に対応できるよう、Nilsen駅の改良を行っている。

105 5. V は動詞　　　　　正解 (D)

The automobile manufacturer が主語、空所後の to hire のような〈to ＋動詞の原形〉は不定詞で、述語動詞ではありません。よって、空所には**述語動詞になる動詞が必要**です。「単語の語尾から -ing を取ったら動詞」なので、(A) から -ing を取った (D) intends（〜を意図する）が動詞。語尾の -s は三単現の s です。intend to *do*（〜するつもりだ）は重要表現です。(B)「意図」は名詞。(C)「意図的な」は形容詞。(A) は (D) の現在分詞・動名詞。

なお、動詞の ing 形は、I am reading a book. のように、述語動詞になるには絶対に be 動詞が必要です。「ing 形は述語動詞ではない」と頭に入れましょう。(☞ p. 173)。

> 訳 ▶ その自動車メーカーは、Dublin の新工場のために 3,000 人の作業員を雇うつもりだ。

106 6. 冠詞は名詞の目印　　　　　正解 (C)

Alex Sullivan が主語、was が述語動詞です。was の後に**冠詞 a** がありますが、その後ろに来るはずの名詞がありません（huge は形容詞で空所を修飾）。**名詞**の (C) success には「成功」だけでなく**「成功者」**という〈人〉を表す意味もあります。**「Alex Sullivan ＝ success（成功者）」**のように、**主語とイコールの補語になる**ので、(C) が正解。(A)「成功した」は形容詞。(B)「成功する」は動詞。(D)「うまく」は副詞です。

> 訳 ▶ Alex Sullivan は、デビュー小説『Feel the Wind』の人気の結果、とても大きな成功を収めた。

107 7. 形容詞は主語とイコールになる　　　　　正解 (B)

> 🔦 S とイコールになる形容詞が入る！- - - - - - - - - - - - - - - -

In the event that the … manager and … manager are both ------- ,
　　　　　　　　　　　　　　　S　　　　　　　 V　　　 C

Diane will be (in charge).
　 S　　 V

接続詞 In the event that（〜した場合）が 2 つの節（ S V ）をつなぐ形です。空所のある前半の節を見ると、the restaurant manager and assistant manager are both ------- となっています。both（どちらも）は副詞なので、空所には**主語とイコールになる形容詞**が必要です。「副詞から -ly を取ったら形容詞」の法則に従って、(C) から -ly を取った (B) absent（不在の）を正解と判断します。(D)「不在、いないこと」は名詞で、(A) はその複数形。名詞「いないこと」は主語の〈人〉とイコールになりません。

> 訳 ▶ レストランのマネージャーと副マネージャーの両方とも不在の場合、Diane が責任者になる。

☐
☐ **8.** In his TV interview, Mr. Vega remarked that his Blurgo ride-sharing business will become ------- in three years.

    (A) profitably
    (B) profitable
    (C) profitability
    (D) profit

☐
☐ **9.** Mr. Balani has been nominated to fill the ------- created by the mandatory retirement of a board member.

    (A) vacancy
    (B) vacant
    (C) vacantly
    (D) vacate

☐
☐ **10.** Because the company is always developing new technologies, ------- to the R&D department is restricted.

    (A) accessed
    (B) accessible
    (C) accessibly
    (D) access

☐
☐ **11.** We recycle ------- goods donated from the community and offer them for sale at a fraction of their value.

    (A) use
    (B) usefully
    (C) usable
    (D) using

Hint!

✔ 単語チェック

8. ☐**remark**：動 ~だと述べる	☐**ride-sharing**：形 相乗りの
9. ☐**nominate**：動 ~を任命する	☐**mandatory**：形 義務の
☐**retirement**：名 退職	☐**board member**：役員
10. ☐**R&D**：研究開発 (research and developmentの略)	
☐**department**：名 部 (門)	☐**restrict**：動 ~を制限する
11. ☐**donate**：動 ~を寄付する	☐**for sale**：販売用に
☐**at a fraction of X**：ほんのわずかなXで	

《品詞問題》第1章

108 8. becomeはbe動詞と同じ形になる 正解 (B)

that 節が remarked の目的語

(In his TV interview), Mr. Vega _S remarked _V that his Blurgo ride-sharing business _S will become _V ------- _C (in three years).
_Sとイコールになる補語が入る！

文全体は S remarked that S V . の形です。空所がある that 節の中を見ると、空所前の動詞 **become**（〜になる）は、be 動詞と同様に、主語とイコールになる補語を伴います。空所には**主語の様子を表す形容詞**が必要なので、語尾が -ble の (B) profitable（利益になる）が正解。(A)「利益が出るように」は副詞。(C)「利益性」と (D)「利益」は名詞です。名詞の「利益性」と「利益」は主語の「ビジネス」とイコールになりません。

訳 テレビインタビューの中で、Vega さんは、彼の Blurgo 相乗りビジネスは、3年後に利益が出るようになるだろうと述べた。

109 9. 目的語は名詞 正解 (A)

空所前後を見ると、**不定詞 to fill**（〜を埋めるため）の**目的語**が抜けています。**目的語になるのは名詞**なので、語尾が -cy の (A) vacancy（欠員）が正解。空所後の created は、過去分詞で「欠員←役員の退任によって作られた」と、vacancy を後ろから修飾する形容詞のカタマリを作っています。(B)「空いた」は形容詞。(C)「ぼんやりと」は副詞。(D)「〜を空ける」は動詞です。

 過去分詞が形容詞として機能することについては、第2章で詳しく解説します。ここでは、とりあえず、「過去分詞は形容詞になる」ということを頭に入れておきましょう。

訳 Balani さんは、役員の退任によってできた欠員を埋めるため、指名された。

110 10. 主語は名詞 正解 (D)

文全体は Because S V , S V . と、接続詞 because が 2 つの節（S V）をつなぐ形です。カンマ以降の後半の節を見ると、to the R&D department が〈前置詞＋名詞〉の修飾語で、is restricted が述語動詞（受動態）です。**主語**が抜けているので、空所には**主語になる名詞**が必要です。(D) access（アクセス）が正解。-ed の (A) は動詞の過去形・過去分詞です。(B)「アクセス可能な」は形容詞。(C)「近づきやすく」は副詞。

訳 その会社は常に新技術を開発しているので、研究開発部へのアクセスは制限されている。

111 11. 名詞を修飾するのは形容詞 正解 (C)

空所がなくても We _S recycle _V goods _O ... という文ができているので、空所に入るのは修飾語です。直後の**名詞 goods を修飾するのは形容詞**です。よって、語尾が -ble の (C) usable（使用可能な）が正解。(A) は動詞「〜を使う」か、名詞「使用」で、(D) はその現在分詞・動名詞。(B) は副詞「有効に」。goods の後ろの donated（寄付された）は過去分詞で、「物←地域から寄付された」と goods を後ろから修飾する形容詞のカタマリを作っています。

訳 当社は、地域から寄付された使用可能な物品を再利用し、元の価値のほんの一部の価格で販売する。

☐ **12.** The townhouses are ------- renovated, with charming brick
☐   exteriors and modern interiors.

   (A) fresh
   (B) freshness
   (C) freshest
   (D) freshly

☐ **13.** The Web Site is ------- inaccessible due to routine maintenance.
☐
   (A) temporal
   (B) temporality
   (C) temporary
   (D) temporarily

☐ **14.** Mr. Sato has ------- experience as a tour guide, having led tours in
☐   eight countries over a period of 19 years.

   (A) extensive
   (B) extend
   (C) extensively
   (D) extension

☐ **15.** The product development team worked ------- to complete the
☐   drone prototype ahead of schedule.

   (A) industry
   (B) industriously
   (C) industrious
   (D) industries

Hint!

✔ **単語チェック**

12. ☐ **charming**：形 魅力的な	☐ **exterior**：名 外装
☐ **modern**：形 現代的な	☐ **interior**：名 内装
13. ☐ **due to** *X*：X が理由で	☐ **routine**：形 定期的な
14. ☐ **lead**：動 〜を引率する、率いる（※lead—led—led）	
☐ **over**：前 〜にわたって	☐ **period**：名 期間
15. ☐ **complete**：動 〜を完成させる	☐ **prototype**：名 試作品
☐ **ahead of schedule**：予定より早く	

112 **12.** 　　　　　　〈be動詞＋ed形〉の間は副詞 　　　　　正解 (D)

The townhouses が主語、空所前後が are renovated で受動態の述語動詞です。**受動態の間の空所**は、**動詞を修飾**します。よって、**副詞**の (D) freshly（〜したばかりで）が正解。**〈be 動詞 ------- 過去分詞〉**の空所に副詞を選ぶ《品詞問題》は頻出です。(A)「新鮮な」と (C)「最も新鮮な」は形容詞。(B)「新鮮さ」は名詞です。

訳 ▶ その集合住宅は最近改装されたばかりで、魅力的なレンガの外装と近代的な内装を備えている。

113 **13.** 　　　　　　be動詞と形容詞の間は副詞 　　　　　正解 (D)

空所後の inaccessible（アクセスできない）は、語尾が -ble の形容詞で、主語とイコールになる補語です。つまり、The Web site(S) is(V) inaccessible(C) という文ができているので、空所に入るのは修飾語です。**直後の形容詞 inaccessible を修飾するのは副詞**なので、(D) temporarily（一時的に）が正解。**〈be 動詞 ------- 形容詞〉**に副詞を選ぶ《品詞問題》は頻出です。(A)「現世の」は形容詞。(B)「一時性」は名詞。(C)「一時的な」は形容詞。due to 以降は「定期メンテナンスのために」という理由を表す修飾語です。

訳 ▶ そのウェブサイトは、定期メンテナンスのため、一時的にアクセスできない。

114 **14.** 　　　　　　名詞を修飾するのは形容詞 　　　　　正解 (A)

┌──── ❷ 直後の名詞を修飾 ➡ 形容詞が入る！

Mr. Sato(S) has(V) ------- experience(O) (as a tour guide),

having led tours in eight countries over a period of 19 years.
　　　　　副詞のカタマリ（分詞構文）

空所がなくても、Mr. Sato(S) has(V) experience(O) ... という文ができているので、空所に入るのは修飾語です。**直後の名詞 experience を修飾するのは形容詞**なので、語尾が -ive の (A) extensive（広範囲の）が正解。副詞の (C)「広範囲に」から -ly を取った (A) が形容詞だと、つづりでも品詞を判別できます。(B)「〜を延長する」は動詞。(D)「内線、延長」は名詞。having led tours 以下は分詞構文と言われる副詞のカタマリで、前半の文に補足情報を加えています（第 2 章で解説します）。

訳 ▶ Sato さんは、ツアーガイドとしての幅広い経験を持ち、19年に渡り8カ国のツアーを引率してきた。

115 **15.** 　　　　　　自動詞の直後は副詞 　　　　　正解 (B)

The product development team（製品開発チーム）が主語、worked（働いた）が述語動詞で、空所後の不定詞 to complete 以降は「〜するために」と目的を表す修飾語です。ここでの **work は自動詞**なので、後ろに目的語は不要です。空所に入るのは、work を**後ろから修飾する副詞**です。(B) industriously（勤勉に）が正解。(A)「産業、業界」は名詞で、(D) はその複数形。(C)「勤勉な」は形容詞。正解がハイレベルな単語ですが、「自動詞 work の後は -ly（副詞）」と覚えておけば、すばやく解答できます。

訳 ▶ 製品開発チームは、ドローンの試作品を予定より早く完成させるため、勤勉に働いた。

□
□ **16.** Steven Preston is regarded as one of the most ------- film directors of the modern film era.

    (A) creative
    (B) creation
    (C) create
    (D) creatively

□
□ **17.** Japan World Airways reported on Wednesday a ------- increase in revenue in the fourth quarter.

    (A) sharpen
    (B) sharply
    (C) sharpness
    (D) sharp

□
□ **18.** Before the storm, the fisherman tied his boat ------- to the dock to keep it from drifting away.

    (A) security
    (B) secure
    (C) securely
    (D) securities

□
□ **19.** House prices have risen ------- in Cape Town over the past few years.

    (A) drama
    (B) dramatically
    (C) dramatize
    (D) dramatic

Hint!

✔ **単語チェック**

16. □ *be* regarded as *X*：Xとしてみなされる   □ **modern**：形 現代の
    □ **era**：名 時代

17. □ **report**：動 ～を報告する   □ **revenue**：名 収入
    □ **quarter**：名 四半期（1年を4分割したうちの1つの期のこと）

18. □ **storm**：名 嵐   □ **dock**：名 船着き場
    □ **drift away**：遠くに流される

19. □ **rise**：動 上昇する

116 **16.** 　　　　　　名詞を修飾するのは形容詞　　　　　　正解 (A)

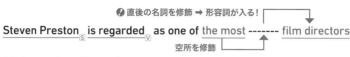

🕐 直後の名詞を修飾 ➡ 形容詞が入る！

Steven Preston is regarded as one of the most ------- film directors
　　　　S　　　　　V
空所を修飾

(of the modern film era).

空所前が「最も」を表す the most、後ろが film directors（映画監督）という名詞です。この空所には後ろの名詞を修飾して、「最も〈どんな〉映画監督」なのかを表す**形容詞**が必要です。語尾が -ive の (A) creative（創造性のある）が正解。(B)「創造、創作物」は名詞。(C)「〜を創造する」は動詞。(D)「創造的に」は副詞です。**〈the most ------- 名詞〉の空所には形容詞を選ぶ**と覚えてください。

📘 訳 ▶ Steven Preston は、近代映画時代で最も創造性のある映画監督の1人だとみなされている。

117 **17.** 　　　　　　名詞を修飾するのは形容詞　　　　　　正解 (D)

🕐 直後の名詞を修飾 ➡ 形容詞が入る！

Japan World Airways reported (on Wednesday) a ------- increase
　　　　　S　　　　　　V　　　　　　　　　　　　　　　　O

(in revenue) (in the fourth quarter).

空所の前が**冠詞 a**、後ろが**名詞 increase**（増加）なので、**名詞を修飾する形容詞**が必要です。よって、(D) sharp（急激な）が正解。この単語を知らなくても、副詞の (B)「急激に」から -ly を取った (D) が形容詞だと、つづりで品詞を判別できます。(A) は動詞「〜を研ぐ」。(C) は名詞「鋭さ」です。

📘 訳 ▶ Japan World 航空は、水曜日に第4四半期の急激な増収を報告した。

118 **18.** 　　　　　　　　完成文の後は副詞　　　　　　　　正解 (C)

Before the storm は〈前置詞＋名詞〉なので修飾語です。空所がなくても、The fisherman tied his boat (to ...) という文ができているので、空所に入るのは修飾語です。
　　　S　　　V　　　O
完成した文の後ろから説明を付け加えるのは副詞なので、(C) securely（しっかりと、安全に）が正解です。(A) は名詞「セキュリティ、安全性」で、(D) はその複数形です。(B) は形容詞「安全な」か、動詞「〜を確保する」。

📘 訳 ▶ 嵐の前に、その漁師は、遠くに流されないよう、自分の船を船着き場にしっかりくくり付けた。

119 **19.** 　　　　　　　自動詞の直後は副詞　　　　　　　正解 (B)

House prices が主語、have risen（上昇した）が述語動詞（rise の現在完了形）です。動詞 **rise は自動詞**で、目的語を必要としません。**直後には動詞を修飾する副詞**が入ります。よって、(B) dramatically（劇的に）が正解。自動詞 rise の後に副詞を選ぶ《品詞問題》は定期的に出題されます。**「自動詞 rise の後は -ly（副詞）」**と頭に入れましょう。(A)「ドラマ」は名詞。(C)「ドラマ化する」は動詞です。(D)「劇的な」は形容詞。

📘 訳 ▶ Cape Town では、この数年間で住宅価格が劇的に上昇した。

20. Despite the inclement weather, attendance was ------- high at the annual town fair.

(A) surprisingly
(B) surprising
(C) surprises
(D) surprise

21. Our real estate agents ------- update the agency's Web site showing properties for sale and rent.

(A) regularity
(B) regular
(C) regularly
(D) regulate

22. Puplex Industries offers ------- benefits and a supportive working environment to its employees.

(A) generously
(B) generosity
(C) generous
(D) generate

23. Recent research shows that electric cars are becoming ------- popular among drivers around the world.

(A) increase
(B) increased
(C) increasing
(D) increasingly

Hint!

✔ 単語チェック

20. ☐ **despite**：前 〜にもかかわらず　☐ **inclement weather**：悪天候
　　 ☐ **attendance**：名 出席者 (数)　☐ **annual**：形 年に1度の

21. ☐ **real estate**：不動産　☐ **agent**：名 代理人
　　 ☐ **property**：名 不動産、資産　☐ **sale and rent**：販売と賃貸

22. ☐ **benefits**：名 福利厚生　☐ **supportive**：形 協力的な
　　 ☐ **working environment**：労働環境　☐ **employee**：名 従業員

23. ☐ **recent**：形 最近の　☐ **research**：名 調査
　　 ☐ **electric car**：電気自動車　☐ **among**：前 〜の間で

120 20. be動詞と形容詞の間は副詞 正解 (A)

文の要素がそろっている ➡ Mが必要

(Despite the inclement weather), attendance[S] was[V] ------- high[C]

❷ 形容詞を修飾 ➡ 副詞が入る！

(at the annual town fair).

Despite the inclement weather は〈前置詞＋名詞〉なので修飾語です。それ以降を見ると、空所がなくても attendance[S] was[V] high[C] という文ができているので、空所に入るのは修飾語です。直後の**形容詞 high を修飾するのは副詞**なので、(A) surprisingly（驚くほど）が正解。be 動詞と形容詞の間の空所に副詞を選ぶ問題は定期的に出題されます。**「〈be 動詞 ------- 形容詞〉は -ly（副詞）」**と覚えましょう。(B) は形容詞「驚くべき」。(D) は名詞「驚き」か、動詞「～を驚かせる」で、(C) はその複数形か三人称単数現在形。

訳▶ 悪天候にもかかわらず、年に1度のタウンフェアは、参加者数が驚くほど多かった。

121 21. ⑤Ⅴの間は副詞 正解 (C)

Our real estate agents[S] update[V] the agency's Web site[O] となっています。空所がなくても文の要素がそろっているので、空所に入るのは修飾語です。直後の**動詞 update を修飾するのは副詞**なので、(C) regularly（定期的に）が正解。⑤Ⅴの間の空所に副詞を選ぶ《品詞問題》は頻出です。**「⑤Ⅴの間は -ly（副詞）」**と頭に入れましょう。(A)「規則性」は名詞。(B)「定期的な」は形容詞。(D)「～を規制する」は動詞。現在分詞 showing 以降は、Web site を後ろから修飾する形容詞のカタマリです。

訳▶ 当社の不動産代理人は、販売用と賃貸用の不動産を示すウェブサイトを定期的に更新する。

122 22. 名詞を修飾するのは形容詞 正解 (C)

Puplex Industries[S] offers[V] benefits and a supportive working environment[O] となっています。空所がなくても文の要素がそろっているので、空所に入るのは修飾語です。直後の**名詞 benefits を修飾するのは形容詞**なので、語尾が -ous の (C) generous（手厚い）が正解。(A)「気前よく」は副詞。(B)「気前のよさ」は名詞です。(D)「～を生み出す」は動詞。

訳▶ Puplex Industries 社は、手厚い福利厚生と協力的な労働環境を、自社の従業員に提供している。

123 23. 形容詞を修飾するのは副詞 正解 (D)

文全体は Recent research[S] shows[V] that ⑤ Ⅴ。と、that 節（⑤Ⅴ）が述語動詞 shows の目的語です。空所のある that 節の中にも、electric cars[S] are becoming[V] popular[C] という文がすでにあるので、空所に入るのは修飾語です。直後の**形容詞 popular を修飾する副詞**の (D) increasingly（ますます）が正解。(A) は名詞「増加」か、動詞「増える、～を増やす」で、(B) はその過去形・過去分詞、(C) は現在分詞・動名詞です。

訳▶ 最近の調査は、世界中のドライバーの間で、電気自動車がますます人気になりつつあることを示している。

24. ------- from more than 40 countries participated in the culinary contest in New Zealand.

(A) Representing
(B) Representatives
(C) Represented
(D) Represent

25. After a panel of experts judges the photographs, the winners will be contacted ------- by phone in November.

(A) individually
(B) individualize
(C) individuals
(D) individual

26. Thank you for choosing the Persimmon Hotel in Sri Lanka, and we are ------- appreciative of your feedback.

(A) greatly
(B) greatest
(C) great
(D) greater

27. The newspaper reported that Clive Thomson had made a ------- donation to the Community Arts Center.

(A) substantially
(B) substantial
(C) substances
(D) substance

Hint!

✔ **単語チェック**

24. ☐ **participate in X** : Xに参加する   ☐ **culinary** : 形 料理の

25. ☐ **a panel of experts** : 専門家グループ   ☐ **judge** : 動 ～を審査する、判断する
☐ **contact** : 動 ～と連絡をとる

26. ☐ **appreciative** : 形 感謝して
☐ **feedback** : 名 (製品やサービスに関する) 感想、意見、評価

27. ☐ **make a donation** : 寄付をする

124 24. 主語は名詞　正解 (B)

空所後の from more than 40 countries は〈前置詞＋名詞〉の修飾語なのでカッコで囲みます。すると、述語動詞 participated の前に**主語**がありません。空所には**主語になる名詞**が必要です。(B) Representatives（担当者、代表者）が正解。(D)「～を代表する」は動詞の原形で、(A) はその現在分詞・動名詞、(C) は過去形・過去分詞。

 -tiveは形容詞に多い語尾ですが、representativeは名詞として、sales representative（営業担当者）やcustomer service representative（顧客サービス担当者）といった形で頻出です。

訳 40以上の国の代表が、ニュージーランドの料理コンテストに参加した。

125 25. 〈be動詞＋ed形〉の後は副詞　正解 (A)

文全体は After [S][V], [S][V]. の形で、接続詞 After が 2 つの節（[S][V]）をつないでいます。カンマ以降の後半の節は、the winners[S] will be contacted[V] by phone.（入賞者は電話で連絡を受ける予定です）という受動態の文ができているので、空所に入るのは修飾語です。**受動態の動詞を後ろから修飾するのは副詞**なので、(A) individually（個別に）が正解。受動態の〈be 動詞＋ ed 形〉の直後に副詞を選ぶ《品詞問題》は頻出です。(B)「個人に合わせる」は動詞。(D) は形容詞「個別の」か、名詞「個人」で、(C) はその複数形。

訳 専門家グループが写真を審査した後、11月に、受賞者は電話で個別に連絡を受ける。

126 26. be動詞と形容詞の間は副詞　正解 (A)

文全体は、接続詞 and が 2 つの節（[S][V]）をつなぐ形です。and 以降の後半の節を見ると、空所なしでも we[S] are[V] appreciative[C]（of ...）という文ができているので、空所に入るのは修飾語です。直後の**形容詞 appreciative を修飾するのは副詞**なので、(A) greatly（とても）が正解。「〈be 動詞 ------- 形容詞〉に入るのは -ly（副詞）」と頭に入れましょう。(C) は形容詞で、(B) はその最上級、(D) は比較級。

訳 スリランカのPersimmonホテルをお選びくださりありがとうございます。われわれは、みなさまのご感想をとてもありがたく思います。

127 27. 名詞を修飾するのは形容詞　正解 (B)

文の要素がそろっている ➡ Mが必要

The newspaper[S] reported[V] that Clive Thomson had made a ------- donation[O]
❷ 直後の名詞を修飾 ➡ 形容詞が入る！

(to the Community Arts Center).

冠詞 a と名詞 donation（寄付）の間の空所には、**名詞を修飾する形容詞**が入ります。語尾が -tial の (B) substantial（かなりの）が正解です。副詞の (A)「かなり」から -ly を取った (B) が形容詞だと、つづりでも品詞を判別できます。(D)「物質」は名詞で、(C) はその複数形です。文全体は、The newspaper[S] reported[V] that [S][V][O]. の形で、that 節が動詞 report の目的語になっています。

訳 その新聞は、Clive Thomson さんが、コミュニティアーツセンターに多額の寄付をしたと報道した。

28. Mr. Krauss is best suited for the logistics management position because of his ability to think -------.

(A) strategy
(B) strategic
(C) strategically
(D) strategize

29. The organizers received several ------- about the noise from the performances at the festival.

(A) complained
(B) complain
(C) complaints
(D) complains

30. All laboratory personnel are ------- encouraged to attend next week's workplace safety seminar.

(A) strengthen
(B) strongly
(C) strength
(D) strong

31. The reporter asked some residents to rate the ------- of streets in their neighborhood on a scale of 1 to 10.

(A) cleanliness
(B) cleanly
(C) cleaned
(D) clean

✔ **単語チェック**

28. ☐ **best suited for** *X*：Xに最適の
    ☐ **position**：名 職、地位
29. ☐ **organizer**：名 主催者
30. ☐ **laboratory**：名 研究所
    ☐ **attend**：動 ～に出席する
31. ☐ **resident**：名 住民
    ☐ **neighborhood**：名 近所、地域

☐ **logistics management**：物流管理
☐ **ability**：名 能力
☐ **performance**：名 公演
☐ **personnel**：名 従業員
☐ **workplace**：名 職場
☐ **rate**：動 ～を評価する
☐ **on a scale of 1 to 10**：10段階で

128 28.　　　　　　　　　自動詞の直後は副詞　　　　　　　　正解 (C)

Mr. Krauss is best suited (for the logistics management position)
〔S〕〔V〕　〔C〕

🔋 この think は自動詞 ➡ 副詞が入る!

because of his ability to think ------- .

不定詞が修飾

空所前の**自動詞 think** を**後ろから修飾するのは副詞**なので、(C) strategically（戦略的に）が正解です。前の his ability を「彼の能力←戦略的に考える」と不定詞が修飾します。think は、think that 〔S〕〔V〕の形では他動詞ですが、単独では自動詞です。そのため、直接目的語を伴いません。「Xについて考える、思う」と言いたければ、think about[of] X のように、前置詞の about や of が必要です。**「品詞問題では think の直後は -ly（副詞）」**と頭に入れましょう。(A)「戦略」は名詞、(B)「戦略的な」は形容詞、(D)「戦略化する」は動詞。

訳▶ Krauss さんは、戦略的に考える能力があるので、その物流管理の職に最適だ。

129 29.　　　　　　　　　目的語は名詞　　　　　　　　　　正解 (C)

The organizers（主催者）が主語、received（～を受け取った）が述語動詞。その後ろの several（いくつかの）は形容詞なので、「いくつかの**〈何〉**を受け取った」のかを表す**目的語**が抜けています。**目的語になるのは名詞**なので、(C) complaints（苦情〔複数形〕）が正解。(B)「文句を言う」は動詞で、(A) はその過去形・過去分詞、(D) は三人称単数現在形です。

訳▶ 主催者は、フェスティバルでの公演の騒音について、いくつかの苦情を受け取った。

130 30.　　　　　〈be動詞＋ed形〉の間は副詞　　　　　正解 (B)

空所前後が are encouraged という**受動態の述語動詞**です。この間の空所に入るのは、**動詞を修飾する副詞**です。(B) strongly（強く）が正解。(A)「～を強化する」は動詞。(C)「強さ」は名詞、(D)「強い」は形容詞です。受動態の動詞の間の空所に副詞を選ぶ問題は頻出です。**「be 動詞と ed 形の間は -ly（副詞）」**と頭に入れましょう。

訳▶ 研究所員は全員、来週の職場安全セミナーに参加することを強く勧められている。

131 31.　　　　　　　　　目的語は名詞　　　　　　　　　　正解 (A)

空所前後を見ると、to rate the ------- of ... と、不定詞のカタマリになっています。不定詞 to rate（～を評価するため）の後ろに**目的語がない**ので、空所には**名詞**が入ります。語尾が -ness の (A) cleanliness（清潔さ）が正解です。(B) は副詞「きれいに」。(D) は形容詞「きれいな」か、動詞「～をきれいにする」で、(C) はその過去形・過去分詞です。

不定詞は〈to+動詞の原形〉の形で、文の中で名詞／形容詞／副詞の働きをします。詳しくは第2章で解説するので、ここでは他動詞が不定詞になる場合には目的語が必要ということを覚えておきましょう。

訳▶ その記者は、数名の住民に近所の通りの清潔さを10段階で評価するよう求めた。

131

□ **32.** Since the bridge was closed for repairs, city officials have received
□ a ------- number of complaints from locals.

(A) substance
(B) substantially
(C) substantiate
(D) substantial

□ **33.** Some newspapers suffered from a downturn in advertising and
□ struggled to make the ------- to the digital age.

(A) transitional
(B) transitionally
(C) transitioned
(D) transition

□ **34.** When Ms. Vargas arrived at the hotel with her client, the
□ concierge ------- welcomed them.

(A) warmness
(B) warmed
(C) warm
(D) warmly

□ **35.** Under Ms. Holden's leadership, the reputation and brand image
□ of the firm have ------- improved.

(A) notice
(B) notices
(C) noticeably
(D) noticeable

Hint!

単語チェック

32. □ **since**：援 ～して以来
□ **city official**：市幹部

□ **repair**：名 補修
□ **local**：名 地元の人

33. □ **suffer**：動 悪影響を受ける、苦しむ
□ **advertising**：名 広告
□ **digital age**：デジタル時代

□ **downturn**：名 悪化、下降
□ **struggle**：動 悪戦苦闘する、奮闘する

34. □ **client**：名 顧客

□ **concierge**：名 コンシェルジュ

35. □ **reputation**：名 評判
□ **improve**：動 改善する

□ **firm**：名 会社

132

《品詞問題》 第1章

132 32. 名詞を修飾するのは形容詞 正解 (D)

空所前が**冠詞 a**、後ろが**名詞 number** です。この **〈冠詞 ------- 名詞〉**の空所に入るのは、**後ろの名詞 number を修飾する形容詞**です。よって、語尾が -tial の (D) substantial（かなりの）が正解。a substantial number of *X* は「かなりの数の*X*」という意味。副詞の (B) から -ly を取った (D) が形容詞だと、つづりでも品詞を判別できます。(A)「物質」は名詞。(B)「かなり」は副詞。(C)「〜を立証する」は動詞です。文全体は Since ⑤ Ⓥ , ⑤ Ⓥ . の形で、文頭の接続詞 Since（〜して以来）が 2 つの節（⑤Ⓥ）をつないでいます。

訳 橋が補修で閉まって以来、市の幹部は地元の人からかなりの数の苦情を受け取っている。

133 33. 目的語は名詞 正解 (D)

<u>Some newspapers</u>_S <u>suffered</u>_V (from a downturn) (in advertising) **and**

↓ ❷ to make の Ⓞ がない ➡ 名詞が入る！

<u>struggled</u>_V to make the ------- (to the digital age).

↑_____ 不定詞が修飾

空所前後を見ると、to make the ------- to ... と、不定詞のカタマリになっています。to make の**目的語**が抜けているので、語尾が -tion の**名詞** (D) transition（移行）が正解です。make a transition で「移行する」となります。(A)「移行の」は形容詞、(B)「暫定的に」は副詞、(C) は動詞 transition（移行する）の過去形・過去分詞です。

訳 いくつかの新聞は、広告の減少に苦しみ、デジタル時代への移行に悪戦苦闘している。

134 34. ⑤Ⓥの間は副詞 正解 (D)

文全体は When ⑤ Ⓥ , ⑤ Ⓥ . の形で、接続詞 When が 2 つの節(⑤Ⓥ)をつないでいます。カンマ以降の後半の節を見ると、<u>the concierge</u>_S <u>welcomed</u>_V <u>them</u>_Oとなっています。文の要素 (⑤ⓋⓄ) がそろっているので、空所に入るのは修飾語です。**主語と動詞の間**に入り、**直後の動詞を修飾するのは副詞**です。(D) warmly（温かく）が正解。(A) は名詞「温かさ」。(C) は形容詞「温かい」か、動詞「〜を温める」で、(B) はその過去形・過去分詞。

訳 Vargasさんが顧客とホテルに到着したとき、そのコンシェルジュは、彼らを温かく歓迎した。

135 35. 〈have[has]＋ed形〉の間は副詞 正解 (C)

空所前後の have improved は**現在完了形**の述語動詞です。この**完了形の間**に入るのは、**動詞を修飾する副詞**です。よって、(C) noticeably（はっきりと）が正解です。現在完了形の動詞の間の空所に副詞を選ぶ《品詞問題》は頻出です。**「〈have[has] ＋ ed 形〉の間は -ly（副詞）」**と頭に入れましょう。(A) は名詞「お知らせ」か、動詞「〜に気づく」で、(B) はその複数形か三人称単数現在形です。(D)「はっきりした」は形容詞。

訳 Holdenさんの指揮のもと、その会社の評判とブランドイメージは、はっきりと改善した。

□ **36.** All of the conference sessions and events will be held ------- at the
□ Elegancia Hotel in Nagano.

    (A) exclusive
    (B) exclusively
    (C) exclusives
    (D) exclusion

□ **37.** Bosen Corporation recently converted a ------- shopping center
□ into a 6,000-square-meter manufacturing plant.

    (A) vacantly
    (B) vacancy
    (C) vacant
    (D) vacate

□ **38.** Construction of a multistory office building in downtown
□ Sprucedale has been postponed -------.

    (A) repeat
    (B) repetition
    (C) repeatedly
    (D) repeated

□ **39.** Cyborg Enterprises ------- needs to secure additional funding for
□ its development projects.

    (A) urgency
    (B) urgently
    (C) urgencies
    (D) urgent

Hint!

✔ **単語チェック**

36. □ **conference**：❷会議	□ **session**：❷集まり
37. □ **recently**：❸最近 □ **manufacturing plant**：製造工場	□ **convert**：❺〜を改造する
38. □ **construction**：❷建設、工事 □ **downtown**：❸中心街の	□ **multistory**：❺複数階建ての、多層の
39. □ **secure**：❺〜を確保する □ **funding**：❷資金	□ **additional**：❺追加の □ **development**：❷開発

136 36. 　　　　　　　**〈be動詞＋ed形〉の後は副詞**　　　　　　正解 (B)

空所がなくても、⑤ will be held_V (at the Elegancia Hotel).（⑤ は Elegancia ホテルで開催される予定だ）という文があるので、空所に入るのは修飾語です。空所前後に名詞がないので、**名詞以外を修飾する副詞**の (B) exclusively（限定で）が正解。exclusively は only の意味で、at the Elegancia Hotel in Nagano という副詞のカタマリを「長野の Elegancia ホテルだけで」と修飾します。**「名詞以外を修飾するのは副詞」**と頭に入れましょう。(A) は形容詞「限定の、高級な」か、名詞「独占記事」で、(C) はその複数形。(D) は名詞「除外」。

訳 会議のセッションとイベントはすべて、長野の Elegancia ホテル限定で開催される。

137 37. 　　　　　　　**名詞を修飾するのは形容詞**　　　　　　正解 (C)

空所がなくても、Bosen Corporation_S converted_V a shopping center_O (into ...) という文ができているので、空所に入るのは修飾語です。直後の**名詞 shopping center を修飾するのは形容詞**なので、(C) vacant（空いている）が正解。副詞の (A)「ぼんやりと」から -ly を取った (C) が形容詞だと、つづりでも品詞を判別できます。(B)「欠員、空き」は名詞。(D)「〜を空ける」は動詞。

訳 Bosen 社は、最近、使われていないショッピングセンターを6000平米の製造工場に改造した。

138 38. 　　　　　　　**〈be動詞＋ed形〉の後は副詞**　　　　　　正解 (C)

〈前置詞＋名詞〉をカッコでくくるとシンプルな構造だとわかる

Construction_S (of a multistory office building) (in downtown Sprucedale)
　　　↑　　　　修飾　　　　　　　　　　　↑　　　　修飾

has been postponed_V -------.

空所前で、⑤ has been postponed_V.（⑤ が延期された）という受動態の現在完了形の文ができているので、空所に入るのは修飾語です。**完成した文の後ろから説明を付け加えるのは副詞**です。よって、(C) repeatedly（たびたび）が正解。(A)「〜を繰り返す」は動詞で、(D) はその過去形・過去分詞。(B)「繰り返し」は名詞です。

訳 Sprucedale の中心街のその複数階建てのビルの建設は、たびたび延期されてきた。

139 39. 　　　　　　　**⑤Ⓥの間は副詞**　　　　　　正解 (B)

Cyborg Enterprises が主語で、空所後の needs が述語動詞です。**主語と述語動詞の間に入って動詞を修飾するのは副詞**です。(B) urgently（緊急に）が正解。⑤Ⓥの間の空所に副詞を選ぶ《品詞問題》は頻出です。**「⑤Ⓥの間は -ly（副詞）」**と頭に入れましょう。(A)「緊急性」は名詞で、(C) はその複数形。(D)「緊急の」は形容詞です。

訳 Cyborg 社は、開発プロジェクトに追加の資金を確保することが緊急に必要だ。

40. The Jazzet Band has ------- announced the release date of their upcoming fifth album.

(A) finally
(B) final
(C) finals
(D) finalized

41. The Atrium Hotel in Mbeya provides comfortable accommodations at ------- rates.

(A) reasoning
(B) reasonable
(C) reasonably
(D) reason

42. Ms. Yang was very impressed with the microphone's user-friendliness and ------- of sound.

(A) clear
(B) clearest
(C) clearly
(D) clarity

43. For more than fifteen years, DyeTex has been a ------- supplier of fabric dyes.

(A) rely
(B) reliability
(C) reliable
(D) relying

Hint!

✔ 単語チェック

40. ☐ **upcoming**：形 今度の

41. ☐ **comfortable**：形 快適な　　☐ **accommodations**：名 宿泊施設

42. ☐ *be* **impressed with** *X*：Xに感心している
☐ **user-friendliness**：名 使いやすさ

43. ☐ **supplier**：名 供給業者　　☐ **fabric**：名 生地、布
☐ **dye**：名 染料

140 40. 　　　　　　　　　〈have[has]＋ed形〉の間は副詞　　　　　　正解 (A)

空所前後が、has announced（〜を発表した）という**現在完了形**の述語動詞です。その間に入るのは**動詞を修飾する副詞**なので、(A) finally（ついに）が正解です。完了形の動詞の間の空所に副詞を選ぶ《品詞問題》は頻出です。「〈have[has]＋ed形〉の間は -ly（副詞）」と覚えてください。(B) は形容詞「最終的な」か、名詞「決勝戦」で、(C) はその複数形。(D) は動詞 finalize（〜を取りまとめる）の過去形・過去分詞。

訳▶ Jazzet Bandは、今度の5枚目のアルバムの発売日を、ついに発表した。

141 41. 　　　　　　　　　　名詞を修飾するのは形容詞　　　　　　　正解 (B)

空所前が**前置詞 at**、後ろにその**目的語になる名詞 rates**（料金）があります。ということは、空所には**名詞 rates を修飾する形容詞**が必要です。語尾が -ble の (B) reasonable が正解です。reasonable rates（手ごろな料金）という名詞のカタマリになり、at の目的語として働きます。(D) は名詞「理由」か、動詞「〜と推論する」で、(A) はその現在分詞・動名詞か、名詞「推論」。(C)「手ごろに、妥当に」は副詞です。

訳▶ Mbeyaにある Atriumホテルは、快適な宿泊施設を手ごろな料金で提供している。

142 42. 　　　　　　　　　　　andは同じ形をつなぐ　　　　　　　　　正解 (D)

空所前の**接続詞 and** は、**同じ形をつなぎます。**ここでは with X and Y の Y に入る前置詞 with の目的語が必要です。**目的語になるのは名詞**です。また、X に当たる user-friendliness（使いやすさ）が名詞であることからも、名詞が必要だとわかります。語尾が -ty の (D) clarity（鮮やかさ）が正解。(A) は形容詞「はっきりした」、動詞「〜を片づける」、副詞「離れて」。(B) は形容詞の最上級。(C) は副詞「はっきりと」。

訳▶ Yangさんは、そのマイクの使いやすさと音の鮮やかさにとても感心した。

143 43. 　　　　　　　　　　名詞を修飾するのは形容詞　　　　　　　正解 (C)

文の要素がそろっている ➡ Ｍが入る

(For more than fifteen years), DyeTex(S) has been(V) a ------- supplier(C)
(of fabric dyes).

❷〈冠詞 ------- 名詞〉➡ 形容詞！

空所前が**冠詞 a**、後ろが **supplier（供給業者）という名詞**です（teacher や computer のように -er は名詞に多い語尾の1つ）。〈**冠詞 ------- 名詞**〉の形には、**名詞を修飾する形容詞**が入ります。語尾が -ble の (C) reliable（信頼できる）が正解。(A)「頼る」は動詞で、(D) はその現在分詞・動名詞。(B)「信頼性」は名詞。文全体は、DyeTex が主語、has been が述語動詞、supplier が主語とイコールになる補語です。

訳▶ 15年以上にわたり、DyeTex社は、信頼できる生地用染料の供給業者であり続けている。

□ □ **44.** -------, Tyco Sportswear employees have been working overtime to meet demand for the company's sneakers.

(A) Late
(B) Lately
(C) Later
(D) Lateness

□ □ **45.** Before hanging a picture on your wall, make sure the hanging wire is ------- attached to the frame.

(A) firmly
(B) firmed
(C) firms
(D) firm

□ □ **46.** Hannah Lewis is an award-winning ------- photographer who specializes in travel and nature photography.

(A) profession
(B) professionally
(C) professionalism
(D) professional

□ □ **47.** The wellness program at Durmont Optics is intended to promote the good ------- of all its employees.

(A) health
(B) healthier
(C) healthful
(D) healthfully

Hint!

✔ 単語チェック

44. □**employee**：名社員　　　　　　　□**overtime**：副時間外に、残業して
    □**meet demand**：需要を満たす

45. □**hang**：動〜を掛ける　　　　　　□**hanging wire**：（引っ掛け用の）ワイヤー
    □**attach**：動〜を取り付ける

46. □**award-winning**：形受賞歴のある　□**specialize**：動専門にする
    □**photography**：名写真撮影

47. □**wellness**：名健康
    □*be* **intended to** *do*：〜するよう意図されている

138

144 **44.**　　　　　　　文全体を修飾するのは副詞　　　　　正解 (B)

冒頭の空所直後がカンマで、その後が文です。この形の空所に入るのは**文全体を修飾する副詞**です。(A) Late と (B) Lately が副詞ですが、late は「遅く」という意味で、He arrived late.（彼は遅く到着した）のように、動詞の後に置かれます。文全体を修飾する形では用いませんし、文意も通りません。よって、(B) Lately（この頃、最近）が正解。(C) は late の比較級。(D)「遅さ」は名詞です。

 「名詞以外を修飾するのが副詞」ですから、ここでのように文全体を修飾するのも副詞です。覚えておきましょう。

訳▶ 最近、自社のスニーカーへの需要を満たすため、Tyco Sportswear 社の社員は、時間外勤務を続けている。

145 **45.**　　　　　　〈be動詞＋ed形〉の間は副詞　　　　　正解 (A)

空所前後が is attached という**受動態の述語動詞**です。この間に入るのは、**動詞を修飾する副詞**です。(A) firmly（しっかりと）が正解。受動態の動詞の間の空所に副詞を選ぶ《品詞問題》は頻出です。**「〈be 動詞＋ ed 形〉の間は -ly（副詞）」**と頭に入れましょう。(D) は名詞「会社」、形容詞「堅い」、動詞「～を固める」。(B) は動詞の過去形・過去分詞。(C) は名詞の複数形か、動詞の三人称単数現在形です。

訳▶ 絵を壁に掛ける前に、ワイヤーが額にしっかり取り付けられていることを確かめてください。

146 **46.**　　　　　　　名詞を修飾するのは形容詞　　　　　正解 (D)

空所がなくても Hannah Lewis(S) is(V) an award-winning photographer(C) ... という文ができているので、空所に入るのは修飾語です。直後の**名詞 photographer（写真家）を修飾するのは形容詞**なので、(D) professional（プロの）が正解。(A)「職業」と (C)「プロらしさ、プロとしての仕事」は名詞、(B)「プロの手で」は副詞です。

訳▶ Hannah Lewis は、旅行と自然の写真を専門にしている受賞歴のあるプロの写真家だ。

147 **47.**　　　　　　　　　目的語は名詞　　　　　　正解 (A)

The wellness program(S) (at Durmont Optics) is intended(V)
to promote the good -------(O) (of all its employees).
　　　　　　　　　　　不定詞の(O)がない ➡ 名詞が入る！

空所前後が to promote the good ------- of ... で、不定詞のカタマリになっています。空所には**不定詞 to promote（～を促進するために）の目的語**が必要です（good は形容詞）。**目的語になるのは名詞**なので、(A) health（健康、健康状態）が正解。(B) は形容詞 healthy（ヘルシーな）の比較級です。(C)「健康によい」は形容詞、(D)「健康的に」は副詞。

訳▶ Durmont Optics 社の健康プログラムは、全社員の健康増進を目的としている。

48. According to the publisher, the number of people who buy audiobooks has risen only ------- over the past decade.

(A) margin
(B) margins
(C) marginal
(D) marginally

49. The contractor emphasized that the roof repairs should be done ------- to prevent further damage to the property.

(A) quickness
(B) quicken
(C) quickly
(D) quickened

50. The Hampstead Public Library keeps busy throughout the year with ------- scheduled programs as well as special events.

(A) regulates
(B) regularly
(C) regulate
(D) regularity

51. People who have limited work ------- often include personal references on their résumés.

(A) experienced
(B) experience
(C) to experience
(D) experiencing

Hint!

✔ 単語チェック

48. □ **according to X**：Xによると
□ **decade**：名 10年
□ **publisher**：名 出版社

49. □ **contractor**：名 請負業者
□ **prevent**：動 ～を防ぐ
□ **property**：名 不動産
□ **emphasize**：動 ～を強調する
□ **further**：形 さらなる

50. □ **throughout**：前 ～中
□ **as well as**：～に加えて

51. □ **include**：動 ～を含む、載せる
□ **reference**：名 照会先
□ **personal**：形 個人的な
□ **résumé**：名 履歴書

148 **48.** 　　　　　　　　　**自動詞の直後は副詞**　　　　　　　　正解 (D)

空所前が現在完了形の述語動詞 has risen です。**自動詞 rise**（増える）を後ろから修飾するのは副詞です。すでに only がありますが、これは「ほんの」と空所に入る副詞を修飾する副詞です。空所に has risen を修飾する**副詞**の (D) marginally（わずかに）を入れると**「ほんのわずかに増えただけ」**となり文意が通ります。(A)「余白、差」は名詞で、(B) はその複数形。(C)「わずかな」は形容詞です。選択肢がハイレベルですが、**「自動詞の直後は -ly（副詞）」**と覚えていれば、すばやく解答できます。

訳 出版社によると、オーディオブックの購入者数は、この10年でわずかに増えただけだ。

149 **49.** 　　　　　　　**〈be動詞＋ed形〉の後は副詞**　　　　　　正解 (C)

文全体は The contractor_S emphasized_V that [S] [V]. の形になっていて、that 節が動詞 emphasized（〜を強調した）の目的語です。that 節の中を見ると、the roof repairs_S should be done_V to ... と、空所がなくても受動態の文ができています。should be done という**受動態を後ろから修飾するのは副詞**なので、(C) quickly（すぐに）が正解。(A)「すばやさ」は名詞です。(B)「〜を速める」は動詞で、(D) はその過去形・過去分詞。

訳 その請負業者は、不動産へのさらなるダメージを防ぐため、屋根の修理をすぐ行うべきだと強調した。

150 **50.** 　　　　　　　　**形容詞を修飾するのは副詞**　　　　　　　正解 (B)

空所前に**前置詞 with**、後ろにその目的語になる名詞のカタマリ scheduled programs（予定されたプログラム）があるので、空所に入るのは修飾語です。scheduled（予定された）は、programs を修飾する形容詞です。空所には、この**形容詞を修飾する副詞**が必要です。(B) regularly（定期的に）が正解。(C)「〜を規制する」は動詞で、(A) はその三人称単数現在形。(D)「規則性」は名詞です。

訳 Hampstead公立図書館は、特別行事と定期的に予定されているプログラムで年中忙しい。

151 **51.** 　　　　　　　　**頭に入れたい〈名詞＋名詞〉の形**　　　　　　正解 (B)

People に続く関係代名詞 **who** から空所までは、People を説明する形容詞のカタマリです。have が[V]で、名詞 work（仕事）を[O]と考えると、空所には副詞が入りそうです。ところが、選択肢に -ly がありません。そこで、前の名詞が後ろの名詞を形容詞的に修飾する**〈名詞＋名詞〉**の形を考えて (B) experience を入れると、**work experience**（職務経験）となります。前の limited も含めて目的語になり「限られた**〈職務経験〉**を持つ人」と文意が通るので、(B) が正解。(A) は動詞の過去形・過去分詞、または形容詞「経験豊富な」。(C) の不定詞を空所に入れると、「経験するための限られた職務」となり文意が通りません。(D) は動詞の現在分詞・動名詞。

訳 限られた職務経験しかない人は、しばしば履歴書に個人的な照会先を載せる。

52. The founder of the charity organization delivered a highly ------- speech at last night's benefit dinner.

(A) motivational
(B) motivationally
(C) motivation
(D) motivate

53. Nina Cordova's camera was too ------- to carry in her suitcase, so she took pictures with her smartphone instead.

(A) largeness
(B) largely
(C) largest
(D) large

54. A number of scientists have argued that the study by Dr. Windsor is ------- flawed.

(A) methodologically
(B) methodologic
(C) methodology
(D) methods

55. The municipal authority makes sure that all construction projects ------- with applicable building codes and regulations.

(A) compliant
(B) complying
(C) comply
(D) compliance

✔ 単語チェック

52. □ **founder**：❷創設者　　□ **organization**：❷団体
□ **deliver**：❺(スピーチなど)を行う　□ **benefit dinner**：慈善夕食会

53. □ **instead**：❺代わりに

54. □ **a number of X**：いくつかのX　□ **argue**：❺〜だと主張する
□ **study**：❷研究、調査　　□ **flaw**：❺〜を損なう

55. □ **municipal authority**：市当局　□ **applicable**：❻該当する
□ **building codes and regulations**：建物の条例と規則

152　52.　名詞を修飾するのは形容詞　　　　正解 (A)

delivered（〜を行う）が述語動詞で、**a highly ------- speech** のカタマリが目的語です。空所には、**副詞 highly（とても）の修飾を受けて、後ろの名詞 speech を修飾する形容詞**が必要です。語尾 -nal の (A) motivational（やる気を起こさせる）が正解。a highly motivational speech は、<u>とてもやる気を起こさせるスピーチ</u>」という意味です。(B)「やる気において」は副詞。(C)「やる気」は名詞。(D)「〜のやる気を上げる」は動詞。

🔲 訳 ▶ そのチャリティ団体の創設者は、昨夜の慈善夕食会で、とてもやる気を起こさせるスピーチを行った。

153　53.　主語とイコールになるのは形容詞　　　　正解 (D)

Nina Cordova's camera が主語、was が述語動詞で、空所前の too は副詞です。空所には、**too の修飾を受けて、主語とイコールになる形容詞**が必要です（補語になる）。(D) large（大きい）が正解。(C)「最も大きい」も形容詞ですが、<u>最上級は too の直後に置けません</u>。too は too X to do の形で、「〜するには X すぎる」という意味を表します。(A)「大きさ」は名詞。(B)「主に」は副詞です。

🔲 訳 ▶ Nina Cordova さんのカメラは、スーツケースで持ち運ぶには大きすぎたので、彼女は代わりにスマホで写真を撮った。

154　54.　〈be動詞＋ed形〉の間は副詞　　　　正解 (A)

問題文は A number of scientists[S] have argued[V] that [S] [V][O]. （数名の科学者が、[S]が[V]すると主張している）の形です。そして、空所のある that 節内は、the study by Dr. Windsor[S] is flawed[V] となっています。受動態の間に入るのは**動詞を修飾する副詞**です。(A) methodologically（方法論的に）が正解です。難しい単語ですが、**〈be 動詞＋ ed 形〉の間は -ly（副詞）**を知っていればすばやく解けます。(B) は形容詞「方法論の」。(C) は名詞「方法論」です。(D) は名詞「方法」の複数形。

flaw と methodologically の意味を知っていた人は少数派でしょう。上級者でも知らない人が多いはずです。それでも「〈be動詞+ed形〉の間は-ly（副詞）」というルールを知っていれば、解けてしまいます。カタチで考えることの重要性がよくわかる問題です。

🔲 訳 ▶ 数名の科学者が、Windsor 博士の研究は、方法論に欠陥があると主張している。

155　55.　[V]は動詞　　　　正解 (C)

文全体は The municipal authority makes sure that [S] [V]. （市当局は[S]が[V]することを保証している）の形です。that 節の中を見ると、all construction projects が主語で、空所後がすべて〈前置詞＋名詞〉の修飾語です。つまり、**述語動詞が抜けている**ので、空所には**動詞**が必要です。「単語から -ing を取ったら動詞」なので、(B) から -ing を取った (C) comply（順守する）が正解です。comply with X で「X に従う、X を順守する」という意味。(A)「従って、順守して」は形容詞です。(D)「法令順守」は名詞。

🔲 訳 ▶ 市当局は、すべての建設プロジェクトが必ず、該当する建築条例と規則を順守するようにしている。

143

56. Despite the oil paintings being of varying sizes, they were -------
displayed side by side at the exhibition.

(A) simplify
(B) simple
(C) simpler
(D) simply

57. Montalvo City Council members ------- on where the new fire
station should be built.

(A) different
(B) differ
(C) difference
(D) differently

58. Most teachers would agree that mobile phones cause ------- in the
classroom.

(A) distraction
(B) distracted
(C) distractively
(D) distract

59. The story of a young wizard has captured the ------- of children all
over the world.

(A) imagined
(B) imagine
(C) imagination
(D) imaginative

Hint!

56. ☐ **despite**：前 ～にもかかわらず
☐ **of varying sizes**：サイズが異なっている
☐ **side by side**：横に並べて

☐ **oil painting**：油絵

☐ **exhibition**：名 展示会

57. ☐ **city council**：市議会

☐ **fire station**：消防署

58. ☐ **agree**：動 ～に同意する

☐ **cause**：動 ～を引き起こす

59. ☐ **wizard**：名 魔法使い

☐ **capture**：動 ～をとらえる

156 56. 　　　　　　　　〈be動詞＋ed形〉の間は副詞　　　　　正解 (D)

空所前後が were displayed という受動態の述語動詞です。**受動態の間に入るのは、動詞を修飾する副詞**です。(D) simply（シンプルに、単に）が正解。(A)「〜を単純化する」は動詞。(B)「シンプルな、単純な」は形容詞で、(C) はその比較級。**〈be 動詞＋ ed 形〉の間は -ly（副詞）**と頭に入れましょう。

訳 それらの油絵はサイズが異なっていたが、展示会ではシンプルに横に並べて展示された。

157 57. 　　　　　　　　　　　　Ⅴは動詞　　　　　　　　　　正解 (B)

```
                          ┌ ─ ─ ─ ● Ⅴがない ➡ 動詞が入る！
                          ↓
Montalvo City Council members  ┈┈┈┈┈┈
─────────────S
[前置詞]          [名詞のカタマリ]
on where the new fire station should be built.
   〈前置詞＋名詞〉の修飾語
```

Montalvo City Council members が主語、空所後の前置詞 on 以降は修飾語です。**述語動詞がない**ので、空所には**動詞**が入ります。選択肢のどれが動詞か迷ったら、消去法です。語尾が -ence の (C) は名詞「違い」。-ly の (D) は副詞「違って」、そこから -ly を取った (A) は形容詞「違った」です。(A)(C)(D) が動詞ではないので、残った (B) differ を動詞と判断します。differ は自動詞で「意見が異なる、違う」という意味。

訳 Montalvo市議会のメンバーは、どこに新しい消防署を建てるかに関して、意見が分かれた。

158 58. 　　　　　　　　　　目的語は名詞　　　　　　　　　正解 (A)

文全体は Most teachers_S would agree_V that S V_O.（ほとんどの教師はSがVすることに同意するだろう）の形です。that 節の中は、mobile phones が主語、cause（〜を引き起こす）が述語動詞で、**目的語**が抜けています。**目的語になる名詞が必要**なので、語尾が -tion の (A) distraction（集中の妨げ）が正解。(C)「気もそぞろに」は副詞。(D)「気をそらす」は動詞で、(B) はその過去形・過去分詞。

訳 ほとんどの教師は、携帯電話が教室で集中の妨げを引き起こすことに同意するだろう。

159 59. 　　　　　　　　　　目的語は名詞　　　　　　　　　正解 (C)

```
                    冠詞は名詞の目印 ┈┈┈┈┈
                                  ↓
The story (of a young wizard) has captured  the ┈┈┈┈┈ of children  all over
─────────S                      ───────V        ↑
the world.                                  └ O が抜けている ➡ 名詞！
```

空所前後が the ─────── of の形で、**冠詞の後に来るべき名詞**（has captured の目的語）が抜けています。語尾が -tion の (C) imagination（想像力）が正解です。**〈冠詞 ─────── 前置詞〉の空所には名詞が入る**、と覚えておくとよいでしょう。(B) は動詞「〜を想像する」で、(A) はその過去形・過去分詞。(D) は形容詞「想像力のある」です。

訳 その若い魔法使いのストーリーは、世界中の子供たちの想像力をとらえている。

☐
☐ **60.** The Global Travel Association is seeking ------- for its board of
directors.

    (A) nominating
    (B) nominates
    (C) nominations
    (D) nominate

☐
☐ **61.** With 50 years in the fashion design industry, Zoticos Apparel is
renowned for its stylish and ------- clothes.

    (A) afford
    (B) affordability
    (C) affordably
    (D) affordable

☐
☐ **62.** The Oakville Library has a large enough ------- for holding
workshops.

    (A) spaces
    (B) space
    (C) spaciously
    (D) spacious

☐
☐ **63.** Japan is a very densely populated country with ------- land and
resources available for development.

    (A) limited
    (B) limits
    (C) limit
    (D) limiting

Hint!

160 60. 　目的語は名詞　正解 (C)

The Global Travel Association が主語、is seeking（〜を探し求めている）が述語動詞、空所後が〈前置詞＋名詞〉の修飾語です。**目的語**が抜けているので、空所には**目的語となる名詞**が必要です。(C) nominations（候補者〔複数形〕）が正解。seek には自動詞としての用法もありますが、自動詞なら空所に副詞が入るはずです。しかし、選択肢に副詞がないので、ここでは他動詞だと推測できます。(D)「〜を候補に挙げる」は動詞で、(A) はその現在分詞・動名詞、(B) は三人称単数現在形です。

訳▶ Global 旅行協会は、取締役会の候補者を探している。

161 61. 　andは同じ形をつなぐ　正解 (D)

(With 50 years in the fashion design industry),

stylishと同じ形容詞が入る！

Zoticos Apparel is renowned for its stylish and ------- clothes.
　　　　　　S　　V　　C

andは同じ形をつなぐ

空所前の**接続詞 and** は、文法的に**同じ形をつなぎます**。and の前を見ると**形容詞の stylish** があります。同じ**形容詞**の (D) affordable（安い）を空所に入れると、stylish and affordable clothes（おしゃれで安い服）となり、2 つの形容詞が名詞 clothes を修飾する正しい文が完成します。(A)「〜を買う余裕がある」は動詞。(B)「値ごろ感」は名詞。(C)「手ごろな価格で」は副詞。文全体は Zoticos Apparel が主語、is が述語動詞で、形容詞の renowned（有名な）が主語とイコールになる補語です。

訳▶ ファッションデザイン業界で50年にわたって、Zoticosアパレルは、おしゃれで安価な服で有名だ。

162 62. 　目的語は名詞　正解 (B)

The Oakville Library が主語、has（〜を所有する）が述語動詞です。large enough は形容詞のカタマリなので、**目的語になる名詞**が抜けています。名詞は (A) spaces と (B) space ですが、**冠詞 a は単数形の印**なので、(B) space（スペース）が正解です。複数形の (A) は形が合いません。(C)「広々と」は副詞。(D)「広い」は形容詞。

訳▶ Oakville図書館は、ワークショップを開くための十分大きなスペースを持っている。

163 63. 　分詞は形容詞の機能を持つ　正解 (A)

空所前の**前置詞 with** の後ろには、目的語になる名詞のカタマリ land and resources（土地と資源）があります。この**名詞を修飾する形容詞**が必要です。候補は、形容詞の働きをする分詞の (A) と (D)。現在分詞（ing）か過去分詞（ed）かは、修飾する名詞と分詞の関係で決まります。**名詞が「〜する」側なら現在分詞、「〜される」側なら過去分詞**です。ここでは「土地と資源」は limit される、つまり「制限される」側なので、過去分詞の (A) limited が正解。現在分詞だと、「土地と資源が制限する」ことになり、意味が通りません。(C) は名詞「制限」か、動詞「〜を制限する」で、(B) はその複数形か三人称単数現在形。

訳▶ 日本は、開発に利用できる土地や資源が限られた、人口過密の国だ。

64. Suzuki Designs will relocate its headquarters to a more accessible ------- in the central business district.

(A) locate
(B) locations
(C) location
(D) located

65. The company's innovative technologies are used to measure temperature more -------.

(A) preciseness
(B) precise
(C) precision
(D) precisely

66. Green Grounds has long been ------- in promoting sustainability in the field of construction.

(A) active
(B) activate
(C) activating
(D) actively

67. TBR International is looking for a personnel manager who is knowledgeable, creative, and -------.

(A) resourceful
(B) resourcefully
(C) resource
(D) resources

Hint!

✔ **単語チェック**

64. ☐ **relocate** : 動 ～を移転させる　　☐ **headquarters** : 名 本社
☐ **central** : 形 中心の　　☐ **district** : 名 地区

65. ☐ **innovative** : 形 画期的な、ざん新な　　☐ **measure** : 動 ～を測定する
☐ **temperature** : 名 気温、温度

66. ☐ **sustainability** : 名 持続可能性（地球環境や社会を持続させること）
☐ **field** : 名 分野

67. ☐ **look for X** : Xを探す　　☐ **personnel manager** : 人事マネージャー
☐ **knowledgeable** : 形 知識が豊富な

164 **64.** 　　　　　　　前置詞の目的語は名詞　　　　　　　正解 (C)

空所前後を見ると、to a more accessible ------- in ... で、**前置詞 to の目的語**が抜けています（more accessible は形容詞の比較級）。よって、空所には**名詞**が入ります。(B) と (C) が正解候補。**単数を示す冠詞の a** があるので、(C) location の方が正解。複数形の (B) locations は a の後ろに置けません。(A) は動詞「〜を見つける」。(D) は形容詞「〜の場所にある」。文全体は、Suzuki Designs_S will relocate_V its headquarters_O to ... の形。

訳　Suzuki デザインは、ビジネス中心地区のよりアクセスしやすい場所に本社を移転する予定だ。

165 **65.** 　　　　完成文に、文末で情報を付け加えるのは副詞　　　　正解 (D)

The company's innovative technologies_S are used_V の形で、不定詞の to measure temperature は、述語動詞を修飾しています。すでに受動態の文が成立しているので、空所に入るのは修飾語です（more は副詞で空所を修飾）。**文末で完成した文に補足情報を加えるのは副詞**なので、(D) precisely（正確に）が正解。「測定する←正確に」と不定詞 to measure を修飾しています（副詞は名詞以外を修飾するので、不定詞を修飾するのも副詞）。(B) は形容詞「正確な」。(A)(C) は共に名詞「正確さ」です。

訳　その会社の画期的な技術は、気温をより正確に測定するために使われている。

166 **66.** 　　　　　　　主語とイコールになるのは形容詞　　　　　　　正解 (A)

Green Grounds が主語、has been が述語動詞（be 動詞の現在完了形）です（long は副詞）。前置詞 in 以降は修飾語なので、空所には**主語とイコールになる形容詞**が必要です。語尾が -ive の (A) active（積極的な）が正解。空所前に be 動詞があると、進行形になる現在分詞の (C) を選びがちですが、他動詞の activate は目的語が必要な上、意味も通じません。(B) は動詞「〜を使えるようにする」。(D)「積極的に」は副詞。《品詞問題》では補語には形容詞を選ぶのが基本です。

訳　Green Grounds 社は、長年、建設分野で、持続可能性を積極的に推進してきた。

167 **67.** 　　　　　　　　　andは同じ形をつなぐ　　　　　　　　正解 (A)

TBR International_S is looking_V for a personnel manager
who is knowledgeable[形容詞], creative[形容詞], and -------.
　　　　　　　　　　↑-----●同じ形容詞が入る！

空所前の**接続詞 and** は、主語と主語、動詞と動詞のように、**同じ形をつなぎます**。... is knowledgeable, creative, and -------. は、〈is 形容詞 , 形容詞 , and -------.〉となっています。同じ**形容詞**の (A) resourceful（機転が利く）を入れると、**主語とイコールになる形容詞が 3 つ並ぶ**正しい文が完成します。(A) が正解。(B)「機転を利かせて」は副詞。(C)「資源」は名詞で、(D) はその複数形です。

訳　TBR International 社は、知識豊富で、創造的で、機転が利く人事マネージャーを探している。

68. Staff members can change their workday start times with their supervisors' -------.

(A) approves
(B) approved
(C) approval
(D) approve

69. Paula Ciccone is an ------- senior executive with over 30 years of experience in the apparel industry.

(A) accomplish
(B) accomplishes
(C) accomplishment
(D) accomplished

70. Pembleton University students responded very ------- to the new housing options around the campus.

(A) enthusiasm
(B) enthusiastically
(C) enthusiasts
(D) enthusiastic

71. The new employment contract is essentially the same as the old one but worded -------.

(A) differently
(B) different
(C) difference
(D) differ

Hint!

✔ **単語チェック**

68. ☐ **workday**：❷勤務日　　　　　☐ **supervisor**：❷上司、責任者
69. ☐ **senior executive**：上級役員　☐ **apparel industry**：アパレル業界
70. ☐ **respond**：⑩反応する　　　　☐ **housing**：❷住宅
71. ☐ **employment contract**：雇用契約書　☐ **essentially**：⑩基本的に
　　☐ **word**：⑩～を言葉で表す

168 **68.**　　　　　　　　　's の後は名詞　　　　　　　　正解 (C)

空所前の supervisors' の **'s** は、**「〜の」という所有の意味**を表すので、後ろに必ず**名詞**を伴います（s' の形になっているのは supervisors が複数形のため）。よって、名詞の (C) approval（承認）が正解です。Part 5 では**「's の後は名詞」**と頭に入れましょう。(D)「〜を承認する」は動詞で、(A) はその三人称単数現在形。(B) は過去形・過去分詞。仮に (C) の品詞が分からなければ、「単語から -ed を取ったら動詞」の法則で (A)(B)(D) が名詞ではないと推測して、(C) を選ぶこともできます。

訳▶ スタッフは、上司の承認があれば、勤務日の勤務開始時刻を変更できる。

169 **69.**　　　　　　　　名詞を修飾するのは形容詞　　　　　　正解 (D)

空所がなくても Paula Ciccone_S is_V a senior executive_C という文ができているので、空所に入るのは修飾語です。直後の**名詞 senior executive（上級役員）を修飾するのは形容詞**なので、(D) accomplished（熟練した）が正解。この単語を知らなければ消去法で考えます。「単語から -ed を取ったら動詞」なので、(D) から -ed を取った (A) は動詞（〜を達成する）で、(B) はその三人称単数現在形。(C) は語尾が -ment なので名詞（業績）です。残った (D) が形容詞だろうと推測できます。

語尾に **-ed** が付いている形は、多くが動詞の過去形・過去分詞形ですが、ここでの **accomplished**（熟練した）のように形容詞もあることを覚えておきましょう。**experienced**（経験豊富な）や **skilled**（熟練した）、**renowned**（著名な）などもそうです。

訳▶ Paula Ciccone は、アパレル業界で30年以上の経験を持つ、熟練の上級役員だ。

170 **70.**　　　　　　　　　自動詞の後は副詞　　　　　　　　正解 (B)

respond（反応する）は**自動詞**なので、後ろに目的語（名詞）を必要としません。ということは、すでに Pembleton University students_S responded_V ... という文ができています。よって、空所に入るのは修飾語です。**動詞 responded を後ろから修飾するのは副詞**なので、(B) enthusiastically（熱心に）が正解（very は副詞で enthusiastically を修飾）。(A) は名詞「熱心さ」。(C) は名詞「熱心な人、ファン」の複数形。(D) は形容詞「熱心な」。

訳▶ Pembleton 大学の学生は、キャンパス周辺の新しい住宅の選択肢に、熱心な反応を示した。

171 **71.**　　　　　完成文に、文末で情報を付け加えるのは副詞　　　　正解 (A)

空所前の**接続詞 but** は、and 同様、**同じ形をつなぎ、反復する語句を省略**できます。ここでは but (the new employment contract is) worded と、カッコ内が省略されています。元に戻すと、the new employment contract_S is worded_V と、空所前で受動態の文ができることになります。**文末で完成文に補足情報を加えるのは副詞**なので、(A) differently（違って）が正解。(B)「違った」は形容詞。(C)「違い」は名詞。(D)「意見が異なる」は動詞。

訳▶ その新しい雇用契約書は、古いものと基本的に同じだが、違った文言で書かれている。

☐
☐ **72.** Since laundry detergents contain chemicals that can be ------- if consumed, they should be stored out of reach of children.

    (A) hazardously
    (B) hazardous
    (C) hazarding
    (D) hazard

☐
☐ **73.** The position requires ------- proficiency in programming as well as good communication and technical writing skills.

    (A) strengthen
    (B) strongly
    (C) strength
    (D) strong

☐
☐ **74.** The WiseWords app identifies ------- phrases in business correspondence so that users can eliminate them to communicate more effectively.

    (A) repetition
    (B) repeats
    (C) repetitive
    (D) repetitively

☐
☐ **75.** Our knowledgeable customer service staff is available around the clock to address your concerns -------.

    (A) personality
    (B) personal
    (C) personalize
    (D) personally

Hint!

✔ **単語チェック**

72. ☐**detergent**：❷洗剤
    ☐**consume**：⓿～を摂取する
    ☐**out of reach**：手の届く範囲外
    ☐**chemical**：❷化学物質
    ☐**store**：⓿～を保管する

73. ☐**as well as**：～に加えて
    ☐**technical writing**：技術文書作成

74. ☐**identify**：⓿～を特定する
    ☐**eliminate**：⓿～を取り除く
    ☐**business correspondence**：ビジネス文書
    ☐**effectively**：⓿効果的に

75. ☐**around the clock**：24時間休みなく
    ☐**concern**：❷心配、不安
    ☐**address**：⓿～に対処する

172 72. 主語とイコールになるのは形容詞　　　正解 (B)

修飾

Since <u>laundry detergents</u>〔S〕 <u>contain</u>〔V〕 chemicals〔O〕 that <u>can be</u>〔V〕 ------- 〔C〕 if consumed,
<u>they</u>〔S〕 <u>should be stored</u>〔V〕 out of reach of children.

🖊 〔C〕になる形容詞が入る！

空所前の be 動詞 be の後に、**主語とイコールになる形容詞**が抜けているので、語尾が -ous の (B) hazardous（危険な）が正解です。文全体は、文頭の接続詞 Since（〜なので）が 2 つの節（〔S〕〔V〕）をつなぐ形です。前半の節は、<u>laundry detergents</u>〔S〕 <u>contain</u>〔V〕 <u>chemicals</u>〔O〕となっていて、続く関係代名詞 that 以降は「化学物質←摂取されたら危険性がある」と、名詞 chemicals を説明する形容詞のカタマリです。(A) は副詞「危うく」。(D) は名詞「危険」か、動詞「〜を賭ける」で、(C) はその現在分詞・動名詞。

🟦訳 洗濯用洗剤は、口にすると危険な化学物質を含むので、子供の手の届く範囲外に保管されるべきだ。

173 73. 名詞を修飾するのは形容詞　　　正解 (D)

The position が主語、requires（〜を必要とする）が述語動詞です。空所後の proficiency（高い技量）は、**語尾が -cy なので名詞**だと判断でき、**目的語**になっているとわかります。直前の空所に入るのは、この**名詞を修飾する形容詞**です。(D) strong（すぐれた、強い）が正解。(A) は動詞「〜を強化する」。(B) は副詞「強く」。(C) は名詞「強さ」。副詞の (B) から -ly を取った (D) が形容詞だと、つづりで品詞を判断することもできます。

🟦訳 その職は、すぐれたコミュニケーション能力と技術文書作成スキルに加えて、プログラミングの高い技量を必要とする。

174 74. 名詞を修飾するのは形容詞　　　正解 (C)

空所がなくても <u>The WiseWords app</u>〔S〕 <u>identifies</u>〔V〕 phrases〔O〕という文ができているので、空所には後ろの**名詞 phrases を修飾する形容詞**が必要です。語尾が -ive の (C) repetitive（繰り返しが多くて単調な）が正解。(A) は名詞「繰り返し」です。(B) は動詞 repeat（〜を繰り返す）の三人称単数現在形。(D) は副詞「たびたび、何度も」です。文全体は 〔S〕〔V〕 so that 〔S〕〔V〕. の形で、接続詞 so that（〜するように）が 2 つの節をつないでいます。

🟦訳 WiseWords アプリは、ユーザーがより効果的に情報を伝達するため、ビジネス文書の中の繰り返しが多くて単調な言い回しを取り除くよう、それらを特定します。

175 75. 完成文に、文末で情報を付け加えるのは副詞　　　正解 (D)

空所前の名詞 concerns（心配事）は、不定詞 to address（〜に対処するため）の目的語です。つまり、空所前で文が完成しています。**文末で完成文に補足情報を加えるのは副詞**なので、(D) personally（個別に）が正解。文全体の形は、<u>Our knowledgeable customer service staff</u>〔S〕 <u>is</u>〔V〕 <u>available</u>〔C〕となっており、以降は副詞のカタマリです。(A)「性格、個性」は名詞。(B)「個人的な」は形容詞。(C)「〜を個人に合わせる」は動詞です。

🟦訳 みなさまの心配事に個別に対処するため、当社の知識豊富な顧客サービススタッフは、24時間対応可能です。

76. To sign up for a free ------- session with one of our personal trainers, please visit our Web site.

(A) informational
(B) inform
(C) informed
(D) informationally

77. As a former factory worker, the new plant director is very ------- to the needs of his employees.

(A) responsive
(B) responsively
(C) response
(D) respond

78. Judging by ticket sales, Ben Herbert's first play on Broadway is ------- a success.

(A) clearness
(B) clearly
(C) cleared
(D) clear

79. Ms. Bryant was the event ------- for the fifth annual Antique Toy Convention in Vancouver.

(A) coordinated
(B) coordinate
(C) coordinator
(D) coordination

Hint!

✔ **単語チェック**

76. ☐ **sign up for X**：Xに申し込む、登録する
77. ☐ **as**：⑪ ～として ☐ **former**：⑱ かつての
　　 ☐ **plant**：⑧ 工場 ☐ **needs**：⑧ ニーズ、必要性
78. ☐ **judging by X**：Xから判断すると ☐ **play**：⑧ 劇
79. ☐ **annual**：⑱ 年に1度の、毎年恒例の
　　 ☐ **convention**：⑧ 大会、会議

154

176 76. 名詞を修飾するのは形容詞　　　　　　　　正解 (A)

❶名詞を修飾 ➡ 形容詞が入る！

To sign up for a free ------- session (with one of our personal trainers),

Oになる名詞のカタマリ

please visit our Web site.
　　　　V　　O

空所後の名詞 session（会）は、**前置詞 for の目的語**になっています（free は形容詞）。空所には free（無料の）と共に**名詞 session を修飾する形容詞**が必要です。よって、語尾が -nal の (A) informational（情報の、説明の）が正解。(B)「（人）に知らせる」は動詞で、(C) はその過去形・過去分詞。(D)「情報に関して」は副詞。

訳 パーソナルトレーナーとの無料の説明会へのお申し込みは、当社ウェブサイトをご覧ください。

177 77. 主語とイコールになるのは形容詞　　　　　　正解 (A)

文頭の As a former factory worker は〈前置詞＋名詞〉の修飾語です。カンマ後の the new plant director（新しい工場長）が主語、is が述語動詞で、very は副詞です。空所には、very の修飾を受けて、**主語とイコールになる形容詞**が必要です（補語になる）。よって、語尾が -ive の (A) responsive（反応が早い）が正解。(B)「敏感に」は副詞。(C)「反応、返事」は名詞。(D)「反応する」は動詞です。名詞も補語になることができますが、(C) の名詞「反応」は主語の〈人〉とイコールになりません（新しい工場長≠反応）。また、副詞 very の修飾も受けないので、不適切だとわかります。

訳 かつて工場労働者だった新しい工場長は、従業員のニーズに対し、反応がとても早い。

178 78. 形容詞と副詞の位置の違いに注意　　　　　　正解 (B)

Ben Herbert's first play is a success と、空所がなくても文ができているので、空所
　　　　　　　　S　　　V　C
に入るのは修飾語です。**be 動詞と冠詞の間**に入ることができるのは、**前の be 動詞を修飾する副詞**です。(B) clearly（明らかに）が正解。形容詞は冠詞を越えて名詞を修飾することはできません。なので、(D) の形容詞「明らかな」は、a clear success（明らかな成功）のように冠詞の後に来ます。副詞との位置の違いを頭に入れましょう。(A)「鮮やかさ」は名詞。(C) は動詞 clear（～を片づける）の過去形・過去分詞です。

訳 チケット売上から判断すると、Ben Herbert の Broadway での最初の劇は、明らかに成功だ。

179 79. 選択肢に名詞が2つあれば意味に注意　　　　正解 (C)

Ms. Bryant が主語、was が述語動詞です。続く the event（そのイベント）は名詞ですが、主語の Ms. Bryant（人）とイコールではないので、補語ではありません。ここで**〈名詞＋名詞〉**の形を思い出しましょう。空所に名詞の (C) coordinator（調整役）を補うと、**the event coordinator**（イベント調整役）という名詞のカタマリができます。そして、Ms. Bryant
　　　　　　　　　　　　　　　　　　　　　　　　　　　　　　　　　　　　　S
is the event coordinator（Bryant さん＝イベントの調整役）という正しい文が完成す
V　　　　　　　C
るので (C) が正解です。(D)「調整」も名詞ですが、主語とイコールにならないので不適切。(B)「～を調整する」は動詞、(A) はその過去形・過去分詞。

訳 Bryant さんは、Vancouver での第5回年次アンティークおもちゃ大会のイベント調整役だ。

□
□ **80.** Television programs intended for children should be both
entertaining and ------- to them.

(A) beneficially
(B) beneficiary
(C) benefits
(D) beneficial

□
□ **81.** Every essay entered into the Silver Pen writing contest should be
------- eight pages in length.

(A) rough
(B) roughly
(C) roughness
(D) roughs

□
□ **82.** The customer service supervisor is responsible for ensuring that
staff provide timely ------- to customer inquiries.

(A) responding
(B) responses
(C) responded
(D) respond

□
□ **83.** The Summerville Orchestra performed ------- at the Swansea
Music Festival on Sunday.

(A) impressed
(B) impressive
(C) impression
(D) impressively

✔ **単語チェック**

80. □ **intended for X**：X向けの
　　□ **entertaining**：⑱面白い

81. □ **enter**：⑰～にエントリーする

82. □ **supervisor**：⑧責任者
　　□ **ensure**：⑰～を保証する

83. □ **perform**：⑰演奏する

□ **both X and Y**：XとYの両方

□ **length**：⑧長さ

□ **be responsible for X**：Xの責任がある
□ **inquiry**：⑧問い合わせ

180 **80.** 　　　　　　　　　　**andは同じ形をつなぐ** 　　　　　　　正解 (D)

空所前の**接続詞 and** は、主語と主語、動詞と動詞のように、**同じ形をつなぎます**。ここでは、Television programs_s should be_v both entertaining and -------. のように、前に形容詞 entertaining があります。そこで、**同じ形容詞**の (D) beneficial (有益な) を入れると、主語とイコールになる形容詞が2つ並ぶ正しい文が完成します (both は副詞)。(D) が正解。(A)「有益に」は副詞。(B)「受益者」は名詞。(C)「福利厚生」は名詞。

訳 子供向けのテレビ番組は、子供たちにとって、面白くかつ有益であるべきだ。

181 **81.** 　　　　　　　　　　**数詞を修飾するのは副詞** 　　　　　　　正解 (B)

Every essay_s should be_v eight pages_cと、空所なしでも文ができているので、空所に入るのは修飾語です。eight pages の eight のような単位を表す数字は**数詞**と呼ばれ、**形容詞の働き**をします。したがって、空所に入るのは、**形容詞を修飾する副詞**です。(B) roughly (おおよそ) が正解。(A) は形容詞「おおよその」、名詞「(ゴルフコースの) ラフ」、動詞「〜をラフに扱う」で、(D) はその複数形か、三人称単数現在形。(C) は名詞「粗さ」。

訳 Silver Pen ライティングコンテストに出すすべてのエッセイは、長さをおおよそ8ページにしてください。

182 **82.** 　　　　　　　　　　**目的語は名詞** 　　　　　　　正解 (B)

The customer service supervisor_s is_v responsible_c for ensuring

that 節の中のカタチを考える

that staff_s provide_v timely ------- _o (to customer inquiries).

◆ o が抜けている ➡ 名詞が入る!

空所前の timely は、語尾が -ly ですが、「タイムリーな」という意味の形容詞です。つまり、staff_s provide_v timely -------_o (to ...) となっていて、空所には timely の修飾を受けて、動詞 provide の**目的語になる名詞**が必要です。(B) responses (返答〔複数形〕) が正解。(D) は動詞「返答する」で、(A) はその現在分詞・動名詞、(C) は過去形・過去分詞です。

訳 顧客サービス責任者は、顧客の問い合わせに対し、スタッフが適切なタイミングの返答をすることを保証する責任がある。

183 **83.** 　　　　　　　　　　**自動詞の直後は副詞** 　　　　　　　正解 (D)

「演奏する」という意味の場合、**perform** は**自動詞**です。空所なしでも The Summerville Orchestra_s performed_v at ... (Summerville オーケストラは演奏した) という文ができているので、空所に入るのは修飾語です。**自動詞を後ろから修飾するのは副詞**なので、(D) impressively (印象的に、見事に) が正解。なお perform は、他動詞「〜を行う」でも頻出です。しかし、ここでは名詞の (C) を入れても、「印象を行った」となり、意味が通りません。(A) は動詞 impress (〜を感心させる) の過去形・過去分詞。(B) は形容詞「印象的な」。

訳 Summerville オーケストラは、日曜日に Swansea 音楽祭で印象に残る演奏をした。

84. Kangaroo Airlines ------- complies with all government safety rules and regulations.

(A) full
(B) fullness
(C) fully
(D) fullest

85. The Starlight Tower is one of the most ------- landmarks in Quinton City.

(A) recognizable
(B) recognizably
(C) recognizing
(D) recognition

86. The financial advisor emphasized that the key to a sound and profitable ------- is research and vigilance.

(A) invest
(B) investing
(C) investment
(D) investments

87. The Cool Breeze marketing campaign generated considerable ------- and helped boost sales of the new soft drink.

(A) publicizing
(B) publicity
(C) public
(D) publicize

Hint!

✔ 単語チェック

84. □ **comply with X**：Xを順守する
   □ **regulation**：❸規則、規制
   □ **government**：❸政府

86. □ **emphasize**：⑩〜を強調する
   □ **profitable**：⓰利益になる
   □ **sound**：⓰堅実な
   □ **vigilance**：❸警戒

87. □ **generate**：⑩〜を生み出す
   □ **boost**：⑩〜を押し上げる
   □ **considerable**：⓰かなりの

184 84.　　　　　　　　S V の間は副詞　　　　　正解 (C)

Kangaroo Airlines が主語、空所後の complies（順守する）が述語動詞です。**S V の間の空所**に入るのは、**動詞を修飾する副詞**です。(C) fully（完全に）が正解。主語と述語動詞の間の空所に副詞を選ぶ《品詞問題》は頻出です。(A) は形容詞「いっぱいの、完全な」か、名詞「全部」。(B) は名詞「充満」です。(D) は形容詞の最上級。

訳▶ Kangaroo航空は、政府のすべての安全規則を完全に順守しています。

185 85.　　　　　　　　名詞を修飾するのは形容詞　　　　　正解 (A)

空所前後が the most ------- landmarks（名所）です。この空所に入るのは、**名詞 landmarks を修飾**し「最も **〈どんな〉** 名所」なのかを表す**形容詞**です。語尾が -ble の (A) recognizable（特徴的な、目立つ）が正解。(B) は副詞「目立って、明らかに」。(C) は動詞 recognize（〜を認める、気付く）の現在分詞・動名詞です。(D) は名詞「認知」。

訳▶ Starlightタワーは、Quinton市で最も特徴的な名所の1つだ。

186 86.　　　　　　　　前置詞の目的語は名詞　　　　　正解 (C)

The financial advisor(S) emphasized(V)

　　　　　　　　　　　　　　　　⚠ to の O がない ➡ 名詞！

that the key(S) to a sound and profitable ------- is(V) research and vigilance(C).
　↑修飾

空所部分を見ると to a sound and profitable ------- となっていて、**前置詞 to の目的語になる名詞**が必要です（sound も profitable も形容詞）。選択肢のうち、名詞は語尾が -ment の (C) investment と (D) investments。空所の前に**単数を表す冠詞の a** があるので、(C) investment（投資）の方が正解です。(D) は複数形なので、冠詞 a と数が合いません。(A) は動詞「〜を投資する」で、(B) はその現在分詞・動名詞です。

訳▶ そのファイナンシャルアドバイザーは、堅実で利益になる投資への鍵は、調査と警戒だと強調した。

187 87.　　　　　　　　目的語は名詞　　　　　正解 (B)

The Cool Breeze marketing campaign が主語、generated（〜を生み出した）が述語動詞です。その後ろの considerable（かなりの）は形容詞なので、**目的語**が抜けています。空所には「かなりの **〈何〉** を生み出した」のかを表す**目的語となる名詞**が必要です。よって、語尾が -ty の (B) publicity（注目）が正解。(C) は形容詞「公共の、一般の」です。(D) は動詞「〜を告知する」で、(A) はその現在分詞・動名詞。

訳▶ Cool Breezeマーケティングキャンペーンは、かなりの注目を生み出し、その新しいソフトドリンクの販売を押し上げるのに役立った。

□ **88.** The housekeeping staff is quite ------- when cleaning the rooms
□ and replenishing amenities.

(A) thoroughly
(B) more thoroughly
(C) thoroughness
(D) thorough

□ **89.** The fertilizer industry grew by 26 percent last year, which
□ surpassed even the most ------- forecasts.

(A) optimist
(B) optimism
(C) optimistic
(D) optimistically

□ **90.** Our new lineup of kitchen appliances will be launched next week,
□ so it is critical that our online store be functioning -------.

(A) reliable
(B) reliably
(C) reliability
(D) rely

□ **91.** Although the waiter personally recommended the apple pie,
□ Ms. Chapman found it ------- sweet.

(A) excessively
(B) excessive
(C) exceed
(D) excess

Hint!

188 88. 　　　　　主語とイコールになるのは形容詞　　　　　正解 (D)

The housekeeping staff(客室係)が主語、is が述語動詞です。quite(かなり)は副詞なので、空所には、その修飾を受けながら、**主語とイコールになる形容詞**が必要です(補語になる)。(D) thorough(徹底的な、几帳面な)が正解。(A)「徹底的に」は副詞で、(B) はその比較級。(C)「徹底ぶり」は名詞。名詞も補語になりますが、主語の「客室係」と「徹底ぶり」はイコールになりません。また、副詞 quite の修飾も受けないので、(C) は不適切です。

訳 その客室係は、部屋を掃除し、備品を補充する際、非常に几帳面だ。

189 89. 　　　　　名詞を修飾するのは形容詞　　　　　正解 (C)

空所前後が the most ------- forecasts(予測)です。この空所に入るのは、名詞 forecasts を修飾し「最も〈どんな〉予測」なのかを表す**形容詞**です。選択肢のうち形容詞は、語尾が -tic の (C) optimistic(楽観的な)です。automatic(自動的な)や domestic(国内の)のように、-tic は形容詞に多い語尾。(A)「楽観主義者」と (B)「楽観主義」は名詞。(D)「楽観的に」は副詞。

訳 肥料産業は昨年26%成長し、最も楽観的な予測さえも上回った。

190 90. 　　　完成文に、文末で情報を付け加えるのは副詞　　　正解 (B)

　　　　　　　　　　〈重要性〉を表す形容詞に続くthat節では…
..., so it is critical that our online store be functioning -------.
　　　　　　　　　　動詞を原形にする

空所部分を見ると our online store be functioning ------- . となっています。**function** は「機能する」という**自動詞(目的語が不要)**なので、空所がなくても文ができています。**文末で完成文に情報を付け加えるのは副詞**です。正解は (B) reliably(しっかりと)。文全体は、接続詞 so(なので)が 2 つの節(SV)をつなぐ形です。さらに critical(きわめて重要な)や important(重要な)のような〈重要性〉を表す形容詞に続く that 節の中では、動詞が原形(ここでは be)になることも覚えておきましょう。(A)「信頼できる」は形容詞。(C)「信頼性」は名詞。(D)「頼る」は動詞。

訳 わが社のキッチン家電の新ラインナップが来週発売になるので、オンラインストアがしっかり機能することがきわめて重要だ。

191 91. 　　　　　findの第5文型に注意　　　　　正解 (A)

Although SV, SV. と、接続詞 Although(〜だが)が 2 つの節(SV)をつなぐ形です。カンマ以降の後半の節は、find の過去形 found が述語動詞です。**動詞 find** は「思う、わかる」の意味では S+V+O+C の第 5 文型になります。つまり、Ms. Chapman found it sweet.(Chapman さんは、それを甘いと思った)という文がすでにできています。よって、空所に入るのは後ろの**形容詞 sweet を修飾する副詞**です。(A) excessively(過度に)が正解。(B)「過度の」は形容詞。(C)「〜を超える」は動詞。(D)「余り、過剰」は名詞。

訳 そのウエイターはアップルパイを個人的に薦めたが、Chapman さんは甘すぎると思った。

92. Few professional tennis ------- would claim that they play as skillfully as Rafael Rodriguez.

(A) players
(B) player
(C) playing
(D) play

93. All city buses undergo a rigorous monthly ------- by a professional mechanic to ensure their safety.

(A) inspector
(B) inspect
(C) inspected
(D) inspection

94. Although Catherine Walsh's latest novel takes place in Peru, it is ------- a sequel to her book set in China.

(A) essentiality
(B) essentially
(C) essential
(D) essence

95. The road became ------- steeper as the truck ascended Mount Pamoway.

(A) progressively
(B) progressive
(C) progressed
(D) progress

Hint!

✔ 単語チェック

92. ☐ **claim**：動 ～だと主張する　　☐ **skillfully**：副 うまく、巧みに

93. ☐ **undergo**：動 （検査など）を受ける　　☐ **rigorous**：形 厳格な
☐ **ensure**：動 ～を保証する

94. ☐ **latest**：形 最新の　　☐ **sequel**：名 続編

95. ☐ **steep**：形 （坂などが）急な　　☐ **ascend**：動 ～に登る

192 92. **fewは複数名詞を修飾する** 正解 (A)

主語になる名詞のカタマリ

Few professional tennis ------- would claim〔V〕

――――――――――――● Fewとカタチが合う名詞が入る!

that they〔S〕 play〔V〕 as skillfully as Rafael Rodriguez.

文頭の**形容詞 Few**(少数の)は、必ず**複数形の名詞を修飾**します。後ろに続く professional は形容詞、tennis は不可算名詞なので、空所に**名詞の複数形**を入れる必要があります。(A) players が正解。この tennis players が〈**名詞＋名詞**〉の形で、主語となります。(B) は単数形なので Few と形が合いません。(D) は動詞「プレーする、演じる」か、名詞「劇」。(C) は動詞の現在分詞・動名詞です。

訳▶ Rafael Rodriguez ほどうまくプレーできると主張するプロのテニス選手はほとんどいないだろう。

193 93. **目的語は名詞** 正解 (D)

All city buses が主語、undergo(〜を受ける)が述語動詞で、空所には目的語が必要です(rigorous と monthly は形容詞)。**目的語になるのは名詞**なので、(A) inspector と (D) inspection が候補。意味が通るのは「〈**検査**〉を受ける」となる **inspection** の方なので (D) が正解。(A) だと「〈**検査官**〉を受ける」となり、意味が通りません。(B)「〜を検査する」は動詞で、(C) はその過去形・過去分詞。選択肢に名詞が2つあれば意味にも注意しましょう。

訳▶ すべての市バスは、安全性を確かめるため、プロの機械工による厳しい月次点検を受けます。

194 94. **形容詞と副詞の位置の違いに注意** 正解 (B)

文全体は、Although 〔S〕〔V〕, 〔S〕〔V〕. と、接続詞 Although(〜だが)が2つの節(〔S〕〔V〕)をつなぐ形です。カンマ後の節を見ると、空所がなくても it〔S〕 is〔V〕 a sequel〔C〕 to ... という文ができています。よって、空所に入るのは修飾語です。**be 動詞と冠詞の間**に入るのは、**前の be 動詞を修飾する副詞**です。(B) essentially(基本的に)が正解。形容詞の (C)「非常に重要な」は、an essential skill(非常に重要なスキル)のように冠詞の後に来ます。副詞と形容詞の位置の違いを頭に入れましょう。(A)「必要性」と (D)「本質」は名詞。

訳▶ Catherine Walsh の最新小説はペルーを舞台にしているが、基本的に、中国を舞台にした彼女の本の続編だ。

195 95. **形容詞を修飾するのは副詞** 正解 (A)

空所がなくても、The road〔S〕 became〔V〕 steeper〔C〕という文がすでにできています(steeper は形容詞 steep の比較級)。よって、空所に入るのは修飾語です。**後ろの形容詞 steeper を修飾するのは副詞**なので、(A) progressively(次第に)が正解。(B) は形容詞「進歩的な」です。(D) は名詞「進歩」か、動詞「進む」で、(C) はその過去形・過去分詞。

訳▶ そのトラックが Pamoway 山を登るにつれて、道路は次第に急になった。

96. After Mr. Turner formulated the new employment contract, he sent it to the vice president for final -------.

(A) approve
(B) approves
(C) approved
(D) approval

97. The ------- process of a magazine involves numerous steps that are often carried out simultaneously by several departments.

(A) produce
(B) produces
(C) production
(D) produced

98. Parker Apartments provides ------- with luxurious spaces in a convenient location.

(A) resided
(B) reside
(C) residents
(D) residential

Hint!

196 96. 　　　　　　　　　目的語は名詞　　　　　　　　 正解 (D)

接続詞 After が2つの節をつないでいる

After Mr. Turner formulated the new employment contract,
　　　　S　　　　　V　　　　　　　　O
he sent it (to the vice president) for final -------.
S　V　O
for の O が抜けている ➡ 名詞

空所の前に**前置詞 for** があり、形容詞の final が続いています。for の**目的語が抜けている**ので、空所には**名詞**が入ります。(D) approval（承認）が正解です。仮にこの単語を知らなくても、「単語の語尾から -ed を取ったら動詞」なので、過去形・過去分詞の (C) から -ed を取った (A) は動詞（〜を承認する）、(B) はその三人称単数現在形だと推測でき、消去法で (D) が名詞だと判断できます。文全体は After S V , S V . と、接続詞 After が 2 つの節（S V）をつなぐ形です。

訳 ▶ Turner さんはその新しい雇用契約書を作成後、最終承認のため副社長に送った。

197 97. 　　　　　　　頭に入れたい〈名詞＋名詞〉の形　　　　　 正解 (C)

名詞を修飾 ➡ ❶形容詞 ❷分詞 ❸名詞

[冠詞]　　　　　[名詞]
The ------- process (of a magazine) involves numerous steps
　　　　　　　　　S　　　　　　　　　　　V　　　　　O

that are often carried out simultaneously (by several departments).
　　　　　　　　　　　　V

〈冠詞 ------- 名詞〉の空所には、**後ろの名詞 process（工程）を修飾する形容詞**が必要です。しかし、形容詞が選択肢にありません。(D) を動詞 produce（〜を制作する）の過去分詞と考え、空所に入れても「制作された工程」となり、文意が通りません。そこで、前の名詞が後ろの名詞を形容詞のように修飾する〈**名詞＋名詞**〉の形を考えます。(C) production（制作）を入れると、**production process**（制作工程）となり、意味が通るので (C) が正解。(A) は動詞「〜を制作する、生産する」か、名詞「農産物」。(B) は動詞の三人称単数現在形。

《品詞問題》では、名詞の修飾語の優先順位は、「①形容詞➡②分詞➡③名詞」の順です。①と②がだめな場合、③を検討しましょう。

訳 ▶ 雑誌の制作工程は、複数の部署でしばしば同時に行われる数多くの段階を含む。

198 98. 　　　　　　　　　目的語は名詞　　　　　　　　 正解 (C)

Parker Apartments が主語、provides（〜を提供する）が述語動詞です。空所には**目的語となる名詞**が必要です。(C) residents（住人〔複数形〕）が正解。provide *X* with *Y* は、「X に Y を提供する」という意味の重要表現なので、覚えておきましょう。(B)「住む」は動詞で、(A) はその過去形・過去分詞。(D)「住民の、住宅の」は形容詞。

訳 ▶ Parker アパートは、住人に、便利な立地にある豪華な空間を提供します。

☐ **99.** The new receptionist at Clarwell Insurance is always friendly and
☐ welcomes every customer in a ------- manner.

    (A) courtesy
    (B) courtesies
    (C) courteously
    (D) courteous

☐ **100.** Most factory workers believe that ------- assembly lines will result
☐ in job losses.

    (A) automatically
    (B) automated
    (C) automate
    (D) automates

✔ 単語チェック

99. ☐ **receptionist**：❸受付係
    ☐ **manner**：❸方法

☐ **insurance**：❸保険

100. ☐ **assembly**：❸組み立て
    ☐ **job loss**：仕事の喪失

☐ **result in X**：Xという結果になる

199 99. 名詞を修飾するのは形容詞　正解 (D)

接続詞 and が is と welcomes をつないでいる・・・・・・

The new receptionist ₍S₎ (at Clarwell Insurance) is ₍V₎ always friendly ₍C₎ and welcomes ₍V₎ every customer ₍O₎ in a ------- manner.

・・・・・〈前置詞＋名詞〉が welcomes を修飾

空所前が**冠詞 a**、後ろが**名詞 manner**（方法）です。**〈冠詞 ------- 名詞〉**の空所には、**名詞 manner を修飾する形容詞**が入ります。選択肢のうち形容詞は、語尾が -ous の (D) courteous（礼儀正しい）です。in a courteous manner で「礼儀正しく」という意味になります。(A)「礼儀正しさ」は名詞で、(B) はその複数形。(C)「礼儀正しく」は副詞。文全体は S V and V . と、前置詞 and が 2 つの述語動詞(is と welcomes)をつなぐ形です。

訳▶ Clarwell 保険の新しい受付係は、常にフレンドリーで、すべてのお客さまを礼儀正しく歓迎します。

200 100. 分詞は形容詞の働きを持つ　正解 (B)

文全体は、Most factory workers ₍S₎ believe ₍V₎ that S V ₍O₎.（多くの工場労働者は S が V すると信じている）の形です。that 節の中を見ると、assembly lines が主語、will result が述語動詞で文の要素がそろっています。よって、空所に入るのは修飾語です。後ろの assembly lines（組み立てライン）という**名詞を修飾するのは形容詞**です。形容詞は (B) automated（自動化された）。**〈自動化された〉組み立てライン**」となり意味が通るので、これが正解です。(A) は副詞「自動的に」。(C) は動詞「自動化する」で、(D) はその三人称単数現在形です。

訳▶ 多くの工場労働者は、自動化された組み立てラインが、仕事の喪失という結果になると信じている。

《品詞問題》200問を解き終えましたね！　おつかれさまです。
とくに〈標準問題〉は難しかったと思います。うまくとけなかった人は、少し時間を空けて、もう一度取り組んでみましょう。

◉ TOEICワールドは夢の国 ◉

TOEICの世界では

「遅刻をしてもけっして怒られない」

それどころか同僚がよろこんで
仕事をカバーをしてくれる

そのほか、怖い上司はいないし、サービス残業や降格もない。
心おだやかな職場ばかり。TOEICワールドに転生したくなる!?

第2章
動詞問題

毎回、2～3問出題されるのが《動詞問題》です。
みなさん〈準動詞〉って知っていますか?
《動詞問題》では、〈動詞〉と〈準動詞〉を
見分けることが正解への第一歩です。
まずは、そこから学習していきましょう。

問題数
60問

知る 《動詞問題》を知ろう

Part 5で**毎回2〜3問出題される**のが、同じ動詞の異なる形が選択肢に並んでいる《動詞問題》です。解けないと「どうしよう」と困ります。どうしだけに……すみません、気を取り直して、以下の例題を見てください。

例題

◉ 空所に入る語句を(A)〜(D)から1つ選びましょう。

The chairs made by Takada Supplies ------- in various shapes and sizes.

(A) come
(B) coming
(C) comes
(D) to come

（※詳しい解き方は p. 190 で解説）

《品詞問題》では、選択肢に名詞／動詞／形容詞／副詞といった異なる品詞が並んでいました。一方、《動詞問題》では、**選択肢に同じ動詞の異なる形**が並びます。上の例題では、動詞come（来る）の異なる形が並んでいますね。

こうした《動詞問題》は、以下の3つの視点から解くのが基本です。

視 点 ① 主述の一致
視 点 ② 態
視 点 ③ 時制

これら3つの視点を、ときに組み合わせながら、動詞の正しい形を選んでいきます。

しかし、解き方を具体的に見ていく前に、みなさんに理解しておいてもらいたいことがあります。それは……

☑ 〈述語動詞〉と〈準動詞〉の見分け

です。《動詞問題》を解く際に、**〈述語動詞〉**と**〈準動詞〉**を見分けられるようになることが非常に重要なんです。

「そもそも〈準動詞〉って何なの？」という人も多いでしょう。〈準動詞〉とは、動詞が形を変えて動詞以外の働きをする**〈分詞〉〈動名詞〉〈不定詞〉**のことです。これらをまとめて、文法用語で**〈準動詞〉**と呼びます。

準動詞は文の中で、名詞／形容詞／副詞といった**動詞以外の働き**をします。したがって「**準動詞（分詞／動名詞／不定詞）は、述語動詞になれない**」のですが、この点がとても重要なんです。

ていねいに解説していくので、しっかり付いてきてください。

本章で学ぶこと

理解する

〈準動詞〉を理解する

☐ **ing形って何？**
- •〈現在分詞〉としてのing形
- •〈動名詞〉としてのing形

☐ **ed形って何？**
- •〈過去形〉としてのed形
- •〈過去分詞〉としてのed形

☐ **不定詞って何？**

《動詞問題》の解き方

☐ **〈主述の一致〉の視点**

☐ **〈態〉の視点**

☐ **〈時制〉の視点**

> ゆっくり、一歩ずつでよいので、前に進んでいきましょう。

解いて覚える

☐ **基礎問題トレーニング30問**

☐ **標準問題トレーニング30問**

ing形って何？

ing形というのは、たとえばreadingのように動詞の最後にingが付いた形のことです。下の図を見てわかるように、このing形は〈準動詞〉の**〈現在分詞〉**か**〈動名詞〉**のどちらかです（ただ、見た目は同じ）。そして、〈現在分詞〉と〈動名詞〉は、それぞれ3つの機能を持っています。

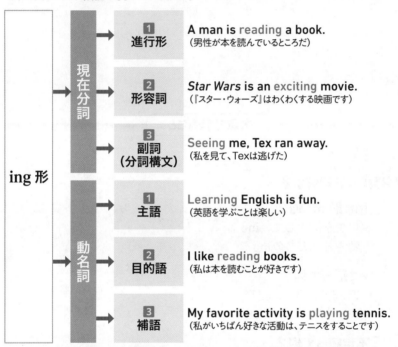

ing形	現在分詞	**1** 進行形	A man is reading a book.（男性が本を読んでいるところだ）
		2 形容詞	*Star Wars* is an exciting movie.（『スター・ウォーズ』はわくわくする映画です）
		3 副詞（分詞構文）	Seeing me, Tex ran away.（私を見て、Texは逃げた）
	動名詞	**1** 主語	Learning English is fun.（英語を学ぶことは楽しい）
		2 目的語	I like reading books.（私は本を読むことが好きです）
		3 補語	My favorite activity is playing tennis.（私がいちばん好きな活動は、テニスをすることです）

これから、説明していきますが、大前提として「**ing形は述語動詞ではない**」ということを頭に入れてください。では、〈現在分詞〉について説明していきます。

〈現在分詞〉としてのing形

〈現在分詞〉は、**〈進行形〉〈形容詞〉〈副詞〉の3つの働き**をします。

1 進行形　　　　**2** 形容詞　　　　**3** 副　詞

1 〈進行形〉になる

〈進行形〉は、学校で習ったのを覚えている人も多いでしょう。**〈be動詞＋現在分詞〉**の形で、「〜しているところだ」という意味を表す述語動詞です。

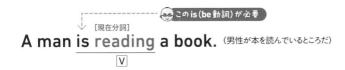

この is（be動詞）が必要

[現在分詞]

A man is <u>reading</u> a book. （男性が本を読んでいるところだ）

$\boxed{V}$

「え!?　ing形は述語動詞じゃない、ってさっき書いてあったよ」と思った方、その通りです。現在分詞だけでは述語動詞になれません。

現在分詞が述語動詞（進行形）になるには、絶対に**be動詞が必要**です。ing形は述語動詞ではない、**述語動詞になるには絶対にbe動詞が必要**ということをしっかり覚えてください。

2 〈形容詞〉になる

下の例文では、現在分詞のexcitingは、名詞movieを修飾しています。このように、現在分詞（ing形）は**「〜している」「〜するような」**といった意味を表す形容詞の働きもします（excitingは「人をワクワクさせるような」という意味）。

[現在分詞]

Star Wars is an exciting movie.
（『スター・ウォーズ』はワクワクする映画です）

この場合の現在分詞の位置にも注目です。原則として、現在分詞は**1語なら名詞の前、2語以上のカタマリになると名詞を後ろから**修飾します。

前から修飾！

[現在分詞]

1語　a <u>running</u> boy （走っている ➡ 少年）

後ろから修飾！

[現在分詞]

2語以上　a boy <u>running in a park</u> （少年 ⬅ 公園を走っている）

❸〈副詞〉(分詞構文)になる

〈分詞構文〉と聞くと難しく感じますが、要は、分詞が**副詞のカタマリ**を作る形です。現在分詞は、文を修飾する副詞としても機能するのです。

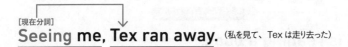

[現在分詞]
Seeing me, Tex ran away. (私を見て、Tex は走り去った)

　上の例文では、Seeing me（私を見て）という副詞のカタマリが、Tex ran away.（Tex は走り去った）という文に説明を加えています。現在分詞で始まる副詞のカタマリは、文末や文中に来る場合もあります。

[現在分詞]
Mr. Kato entered the room, holding a cup of coffee.
（カトウさんは、コーヒーを手に持ちながら部屋に入った）

　このカタチ（分詞構文）では、以下のように、文の主語と現在分詞との間に、「〈文の主語〉が〜する」「〈文の主語〉が〜している」という能動の関係が隠れていることを押さえておいてください。

[文の主語]
Seeing me, Tex ran away. (私を見て、Tex は走り去った)

「私を見ている」のは誰かというと…

Tex saw me.

🐾 文の主語である Tex が見ている

「現在分詞は文に説明を付け加える機能を持つ」「その場合、文の主語と分詞との間には、能動の関係がある」と頭に入れましょう。

〈動名詞〉としてのing形

次は**〈動名詞〉**です。動名詞は、その名の通り、動詞(する)と名詞(こと)の機能を兼ね備えていて、「〜すること」と訳すことができます。

動名詞は名詞の性質を持つので、**文の中で主語／目的語／補語として機能します**。

名詞は文の中で、主語、目的語、補語の3つになれるんでしたね
➡ p.28〜33

1 〈主語〉になる

動名詞のカタマリが主語になっている！

[動名詞]
Learning English is fun. (英語を学ぶことは楽しい)
S

このLearning Englishは動名詞です。訳すと「英語を学ぶこと」となり、**この文の主語**になっています。

厳密にはLearningの1語が動名詞です。しかし、動名詞には動詞の性質が残っているので、ここでのlearn(〜を学ぶ)のように他動詞の場合には、後ろに目的語(English)がきます。そこまで含めたカタマリで動名詞と捉えましょう。

2 〈目的語〉になる

[動名詞]
I like reading books. (私は本を読むことが好きです)
V   O

reading books(本を読むこと)という動名詞は**述語動詞likeの目的語**です。

さらに動名詞は、名詞同様、**前置詞の目的語にもなります**。たとえば、次のlearning French(フランス語を学ぶこと)は前置詞inの目的語になっていますね。

前置詞の目的語になる！

[前置詞]
I am interested in learning French.
前置詞の O

(私はフランス語を学ぶことに興味があります)

175

❸ 〈補語〉になる

$$\underset{\boxed{\text{S}}}{\underline{\textbf{My hobby}}} \ \underset{=}{\textbf{is}} \ \underset{\boxed{\text{C}}}{\underline{\overset{[\text{動名詞}]}{\textbf{buying old books}}}}.\ \text{（私の趣味は古本を買うことです）}$$

　この buying old books（古本を買うこと）という動名詞は、主語My hobbyと**イコールになる補語**です。

　このように、動名詞は、名詞同様、文の中で主語／目的語／補語として機能します。とは言っても、名詞とまったく同じではありません。最後に、**動名詞と名詞の違い**にも触れておきましょう。これらの点にも気を配る必要があります。

注意 〈動名詞〉は単数扱い

第1章（基礎問題No. 1）で解いた以下の問題を見てください。

例題

◉ 空所に入る語句を(A)～(D)から1つ選びましょう。

------- are taking longer than expected.

(A) Renovate
(B) Renovations
(C) Renovating
(D) Renovated

　空所には主語が必要ですね。主語になるのは名詞なので、(B) Renovations（改装）が正解でした。

> **「あれ、でも動名詞も主語になるはずだよね？**
> **なぜ、動名詞の(C) Renovating（改装すること）は不正解なの？」**

　この点に気づかれた方、スルドイです。たしかに動名詞は、主語になることができます。しかし、**「～すること」という行為は数えられない**ので、動名詞は不可算名詞と同じで**単数扱い**なんです。したがって、述語動詞のareと形が合いません。

　さらに、もともとの動詞renovate（～を改装する）は他動詞なので、**動名詞になっても必ず目的語が必要**です。つまり(C)が正解となるには、右ページのような形でなければいけないのです。

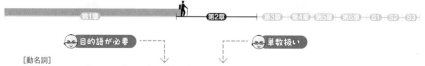

[動名詞]

Renovating the building is taking longer than expected.

（そのビルを改装することは、予想よりも時間がかかっている）

☑ **動名詞は単数扱い**
☑ **他動詞の動名詞は目的語が必要**

注意 〈動名詞〉を修飾するのは副詞

もう1問、見てみましょう（第1章の基礎問題No. 3）。

例題

◎ 空所に入る語句を (A)～(D) から1つ選びましょう。

Ms. Kobayashi made a large ------- to the project.

(A) contribution
(B) contribute
(C) contributing
(D) contributions

空所には目的語が必要です。なので、名詞の (A) contribution（寄付）が正解でした。ただ、動名詞の (C) contributing（寄付すること）も目的語になれるはずです。なぜ不正解なのでしょうか？

まず、**動名詞は数えられません。**これは先ほど紹介しましたね。数えられないということは、**冠詞のaが付きません。**

加えて、空所の直前に形容詞のlargeがありますが、**動名詞を修飾するのは、副詞**なんです。これは動詞としての性質が残っているためです。混乱しやすいポイントなので覚えておきましょう。

☑ **動名詞を修飾するのは副詞**

以上でing形の説明は終わりです。ing形が述語動詞になるのは、be動詞とセットの進行形の場合だけです。「ing形は述語動詞ではない」と頭に入れましょう。

- [ ] ing形は <u>現在分詞</u> か <u>動名詞</u> のどちらか
- [ ] ing形は <u>述語動詞</u> ではない
- [ ] 現在分詞は <u>進行形</u> 、 <u>形容詞</u> 、 <u>副詞</u> の働きをする
- [ ] 現在分詞が述語動詞になるには、 <u>be動詞</u> が必要 ➡ <u>進行形</u> になる
- [ ] 動名詞は <u>動詞</u> と <u>名詞</u> の機能を兼ね備えている
- [ ] 動名詞は「 <u>～すること</u> 」と訳すことができる
- [ ] 動名詞は文の中で <u>主語</u> 、 <u>目的語</u> 、 <u>補語</u> として機能する
- [ ] 動名詞は、 <u>前置詞</u> の目的語になる
- [ ] 他動詞の動名詞は <u>目的語</u> が必要
- [ ] 動名詞は <u>単数</u> 扱い
- [ ] 動名詞を修飾するのは <u>副詞</u>

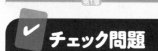

チェック問題

◉ing形は述語動詞ではないことを頭に入れて、空所に入る正しい答えを選びましょう。

1. Electric cars ------- increasingly popular.

☐ (A) are becoming

☐ (B) becoming

2. Ms. Kobayashi ------- a large donation to the project.

☐ (A) made

☐ (B) making

3. The manufacturer ------- to hire 3,000 workers.

☐ (A) intending

☐ (B) intends

4. Blackstone Railways ------- improvements to Nilsen Station.

☐ (A) is making

☐ (B) having made

5. Green Grounds has been active in ------- sustainability.

☐ (A) promote

☐ (B) promoting

第2章 《動詞問題》

答え

1. (A)　空所には述語動詞が必要です。ing形が述語動詞になるにはbe動詞が必要なので（進行形になる）、(A)が正解。

　　訳 電気自動車はますます人気になりつつある。

2. (A)　空所には述語動詞が必要なので、(A)が正解。ing形は述語動詞になれません。

　　訳 Kobayashiさんは、そのプロジェクトに対し、大きな額の寄付をした。

3. (B)　空所には述語動詞が必要なので、(B)が正解。ing形は述語動詞になれません。

　　訳 その製造業者は、3,000人の作業員を雇うつもりだ。

4. (A)　空所には述語動詞が必要なので、(A)が正解。(B)はhave madeのing形です。

　　訳 Blackstone鉄道は、Nilsen駅の補修を行っている。

5. (B)　前置詞inの目的語になる動名詞が空所に必要です。動詞の原形は前置詞の目的語になれません。

　　訳 Green Grounds社は、持続可能性を推進することに積極的だ。

179

〈準動詞〉を理解する

理解する ed形って何?

次は**ed形**です。ed形は動詞の末尾にedが付いた形のことですが、ing形と違い、述語動詞になることもあります。

下図にまとめているように、ed形は動詞の**〈過去形〉か〈過去分詞〉のどちらか**です。多くの場合、見た目が同じなので、それ単体では判別できません。どちらなのかは文のカタチで見極めます。

動詞visit(〜を訪れる)の過去形・過去分詞のvisitedを例にとり、ed形の役割をまとめると、以下の通りです。

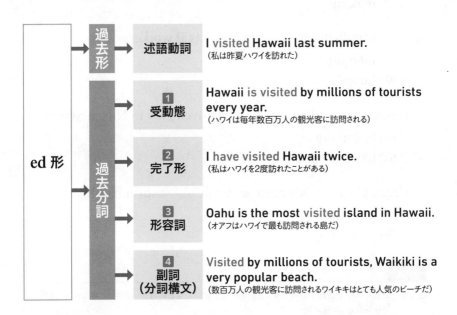

これから詳しく説明しますが、「**ed形が述語動詞になるのは過去形の時だけ**」、「**過去分詞は(それだけでは)述語動詞になれない**」が、みなさんが押さえておくべきポイントです。

過去形としてのed形

ing形は述語動詞（V）になりませんが、ed形はそれ単体でVになるケースがあります。

■ 過去形になる

I <u>visited</u> Hawaii last summer. （私は昨夏ハワイを訪れた）
<u>V</u>

Iが主語、visited（〜を訪れた）は過去形の述語動詞です。このように、**ed形は、過去形の場合、常に述語動詞**です（つまり、過去形の場合は準動詞ではありません）。

ed形が単体で述語動詞になるのは、この過去形の場合だけです。

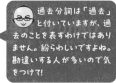
動詞 visit のように、多くの動詞が、過去形と過去分詞の形が同じです。なので、過去形なのか、過去分詞なのかは、文の中でどのように機能しているかを見て、判断します。

過去分詞としてのed形

〈過去分詞〉は、**受動態／完了形／形容詞／副詞**の4つの働きをします。

「過去分詞は（それだけでは）述語動詞になれない」とまずは頭に入れてください。

過去分詞は「過去」と付いていますが、過去のことを表すわけではありません。紛らわしいですよね。勘違いする人が多いので気をつけて！

① 〈受動態〉になる

「〜される」という意味を表すのが〈受動態〉です。〈受け身〉と言うこともあります。

be動詞が必要！

↓ ［過去分詞］
Hawaii is <u>visited</u> by millions of tourists every year.
<u>V</u>

（ハワイは毎年数百万人の観光客に訪問される）

過去分詞は**〈be動詞＋過去分詞〉**の形で、受動態の述語動詞になります。ポイントは過去分詞が受動態の述語動詞になるには、**be動詞が必要**という点です。

2 〈完了形〉になる

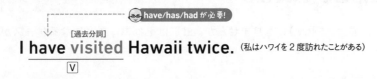

I have visited Hawaii twice. （私はハワイを2度訪れたことがある）

過去分詞は、以下のカタチで完了形の述語動詞になります。

> **現在完了形** 〈have[has] ＋過去分詞〉
> **過去完了形** 〈had ＋過去分詞〉
> **未来完了形** 〈will have ＋過去分詞〉

過去分詞が完了形の述語動詞になるには、**have/has/hadが必要**です。

3 〈形容詞〉になる

ここからは、述語動詞以外の働きです。過去分詞は「～される」という意味の形容詞としても機能します。

形容詞として名詞を修飾

Oahu is the most visited island in Hawaii.
（オアフはハワイで最も訪問される島だ）

過去分詞 visited（訪問される）は、名詞 island（島）を修飾しています。

現在分詞（ing形）にも形容詞としての機能がありますが（☞ p. 173）、過去分詞（ed形）との違いは、「する」「される」の意味です。

修飾される名詞と分詞との間に、**「～する」という能動の関係**があれば**現在分詞**、**「～される」という受動の関係**があれば**過去分詞**が用いられます。

movie（映画）は人を「ワクワクさせる」側なので現在分詞

[現在分詞]
an exciting movie

chicken（チキン）は「揚げられる」側なので過去分詞

[過去分詞]
fried chicken

先ほどの例文では、島は「訪問される」側ですね。なので、過去分詞の visited が使われています。

なお、過去分詞も、**1語の場合は名詞を前から、2語以上のカタマリになると名詞を後ろから**修飾します。

前から修飾

1語　　a visited island

（訪問される ➡ 島）

後ろから修飾

2語以上　an island visited by millions of tourists

（島 ⬅ 数百万人の観光客に訪問される）

4 〈副詞〉(分詞構文)になる

副詞として文を修飾している

[過去分詞]
<u>Visited by millions of tourists</u>, Waikiki is a very popular beach.

（数百万人の観光客に訪問されるワイキキは、とても人気のビーチだ）

この文では、Visited by millions of tourists（数百万人の観光客に訪問される）という副詞のカタマリが、カンマ以降の文に情報を付け加えています。

現在分詞とは異なり、過去分詞の場合、文の主語と分詞との間に、「〈文の主語〉が～される」という**受動の関係**があります。たとえば、この例文では、文の主語のWaikikiと過去分詞visitedとの間に、「ワイキキは訪問される」という受動の関係があります。

[文の主語]
<u>Visited by millions of tourists</u>, <u>Waikiki</u> is a very popular beach.

訪問されたのはどこかというと…

Waikiki is <u>visited</u> by millions of tourists.

文の主語であるWaikikiが訪問されている

以上でed形の説明は終わりです。

「**ed形が述語動詞になるのは過去形の時だけ**」「**過去分詞は、それだけでは述語動詞になれない**」と頭に入れましょう。

✔ チェックポイント

□ ed形は <u>過去形</u> か <u>過去分詞</u> のどちらか

□ ed形が述語動詞になるのは <u>過去形</u> の場合。<u>過去形</u> は常に述語動詞

□ 過去分詞は <u>受動態</u>、<u>完了形</u>、<u>形容詞</u>、<u>副詞</u> として機能する

□ 過去分詞が述語動詞になるには、<u>be動詞</u> か <u>have/has/had</u> が必要
　➡ <u>受動態</u> と <u>完了形</u> になる

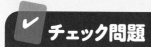

チェック問題

◉下線部の ed 形が動詞の過去形か過去分詞のどちらかを答えましょう。

1. The town houses are freshly **renovated**.
　　☐ 過去形
　　☐ 過去分詞

2. The team **worked** industriously to complete the project.
　　☐ 過去形
　　☐ 過去分詞

3. The airline **reported** a sharp increase in profits.
　　☐ 過去形
　　☐ 過去分詞

4. The brand image of our company has noticeably **improved**.
　　☐ 過去形
　　☐ 過去分詞

5. The library is busy with regularly **scheduled** programs.
　　☐ 過去形
　　☐ 過去分詞

答え

1. 過去分詞　are (freshly) renovated＝〈be 動詞＋過去分詞〉で、受動態の述語動詞になっています。
　　訳▶ その集合住宅は、改装されたばかりだ。

2. 過去形　The team が主語で、worked は過去形の述語動詞です。
　　訳▶ そのチームは、プロジェクトを完了するために、勤勉に働いた。

3. 過去形　The airline が主語で、reported は過去形の述語動詞です。
　　訳▶ その航空会社は、利益の急激な増加を報告した。

4. 過去分詞　has (noticeably) improved＝〈has ＋過去分詞〉で、現在完了形の述語動詞です。
　　訳▶ 私たちの会社のブランドイメージは、はっきりと改善した。

5. 過去分詞　過去分詞の scheduled（予定されている）は、名詞 programs を修飾する形容詞として機能しています。
　　訳▶ その図書館は、定期的に予定されているプログラムで忙しい。

理解する 〈不定詞〉って何?

〈準動詞〉のうち、動名詞と分詞(現在分詞・過去分詞)の説明が終わりました。最後は〈不定詞〉です。

不定詞は、〈to＋動詞の原形〉のカタチで、**名詞／形容詞／副詞として機能**します。文法用語で、それぞれを、不定詞の名詞的用法、形容詞的用法、副詞的用法と言います。

名詞として働く

不定詞が名詞として機能する場合、**「～すること」**と訳すことができます。名詞と同じく、文の中で、主語／目的語／補語の役割をします。

1 主語になる

[不定詞]
To write a book **is not easy.** （1冊の本を書くことは簡単ではない）
　　　S

To write a book(本を書くこと)という不定詞のカタマリがこの**文の主語**です。

ただ、不定詞が主語になる文はあまり用いられず、TOEICでもほとんど出ません。It is not easy to write a book. と、仮の主語のitを置いて、不定詞を後ろに持ってくるカタチが普通です。

2 目的語になる

[不定詞]
I want **to buy a car.** （私は車を買いたい）
　　　　　O

to buy a car(車を買うこと)という不定詞は、**動詞wantの目的語**です。このように、不定詞は動詞の目的語として機能します。注意点として、**不定詞は前置詞の目的語にはなれません**。前置詞の目的語になるのは、名詞または動名詞です。

前置詞の目的語として動名詞を選ばせる問題が出題されます。動名詞の方の解説も確認しておきましょう。
➡ p.175

❌ I am interested in [前置詞] to learn French.

前置詞の目的語にはなれない!

⦿ I am interested in learning French.
[前置詞]
O

C'est bon!

❸ 補語になる

My dream is to become a teacher.
S = [不定詞] C

（私の夢は教師になることです）

to become a teacher（教師になること）という不定詞は、主語のMy dream と**イコールになる補語**です。このように、不定詞は、文の補語としても機能します。

形容詞として働く

不定詞は形容詞としても機能します。その特徴を見ていきましょう。

必ず後ろから名詞を修飾する！
[不定詞]
I don't have time to wait. （私には待つ時間がありません）

to wait という不定詞は、「時間←待つための」というように、名詞time を後ろから修飾しています。

このように、不定詞は、名詞を後ろから修飾する**形容詞**の機能を持ちます。不定詞は名詞を修飾する場合、**必ず名詞の後に来る**ことを頭に入れましょう。

副詞として働く

不定詞は副詞としても機能します。

動詞goを修飾している
[不定詞]

① **I will go abroad to study English.**

(私は英語を学ぶために海外に行きます)

形容詞readyを修飾している
[不定詞]

② **I'm ready to go.**

(私は行く準備ができています)

①の to study English（英語を学ぶために）は動詞goを、②の to go（行くために）は形容詞readyを修飾しています。このように、不定詞は、**動詞や形容詞を修飾する副詞**の機能を持ちます。

これで不定詞の説明は終わりです。「**不定詞は述語動詞ではない**」「**不定詞は名詞／形容詞／副詞の機能を持つ**」と頭に入れましょう。

それでは、次からは、《動詞問題》をどのように解いていけばよいのかを、具体的に見ていきましょう。その際に、ここまでで学んだ、〈動詞〉と〈準動詞〉の違いが非常に重要になります。〈準動詞〉に不安がある方は、もう一度p.172から見直しをして、次に進んでください。

✔ チェックポイント

☐ 不定詞は〈to ＋ 動詞の原形 〉のカタチ

☐ 不定詞は 述語動詞 ではない

☐ 不定詞は 名詞 、形容詞 、副詞 として機能する

☐ 不定詞は名詞として機能する場合、文中で 主語 、目的語 、補語 になる

☐ しかし、不定詞は 前置詞 の目的語にはなれない

☐ 不定詞は形容詞として機能する場合、 名詞を後ろから 修飾する

理解する 〈主述の一致〉の視点

ここからは、《動詞問題》の解き方を具体的に見ていきましょう。この章の最初で《動詞問題》は3つの視点から解くと紹介しました。

視点 ① 主述の一致
視点 ② 態
視点 ③ 時制

このうちの〈主述の一致〉について、ここでは解説をしていきます。

〈主述の一致〉って何?

〈主述の一致〉と聞くと難しそうですが、要は、主語と述語動詞のカタチを合わせましょう、ということです。こんな感じです。

主語 I に対しては am。is や are は×
I am a student. （私は学生です）
S V

主語 You に対しては are。am や is は×
You are welcome. （どういたしまして）
S V

その際に大事なポイントは、以下の2つです。

☑ 述語動詞と準動詞の見分け
☑ 三単現の s

この2つがどのように重要なのかを、例題を解きながら見ていきましょう。

◉ 空所に入る語句を(A)〜(D)から1つ選びましょう。

The chairs made by Takada Supplies ------- in various shapes and sizes.

(A) come   (C) comes
(B) coming   (D) to come

解き方の基本

1 選択肢をチェック

選択肢にはcomeの(A) 原形・現在形／(B) 現在分詞・動名詞／(C) 三人称単数現在形／(D) 不定詞が並んでいます。

2 述語動詞と準動詞を見分ける

この問題文の主語はThe chairsです。続くmadeは、動詞make(〜を作る)の〈過去形〉か〈過去分詞〉のどちらかです。

動詞の〈過去形〉なら、「何を」作ったのかという目的語が必要ですね。ところが、madeの後に名詞はなく、前置詞のbyが続いています。目的語がないということは、このmadeは〈過去分詞〉(準動詞)だと判断できます。

---

madeは過去分詞。後ろからThe chairsを修飾している

The chairs made **by Takada Supplies** ------- (in various shapes and sizes).
    [s]   述語動詞([V])がない！

つまり、この文は述語動詞([V])が抜けているので、空所には動詞が必要です。

(B)と(D)は準動詞なので、述語動詞([V])にはなれません。残った(A) comeか(C) comesのどちらかが正解です。

3 三単現のsがカギになる

(A)と(C)の違いは、語尾の-sです。comesのような、動詞の原形に付く-sを、〈三単現のs〉と呼びます。〈三単現のs〉が付くのは、主語が単数形の場合だけです。しかし、主語のThe chairsは、複数形ですね。ということは、述語動詞に三単現のsは必要ないので、(A) comeが正解です。

このように〈三単現のs〉が正解するためのカギになる問題もあります。以降でおさらいをしておきましょう。

正解 (A)

訳 ▶ Takada Supplies社によって作られた椅子は、さまざまな形やサイズで販売されている。

注 ▶ □ come in：販売される

三単現のsがカギになる！

《動詞問題》第2章

英語では、主語が「三人称」で「単数」のとき、「現在」の話なら動詞に -s を付けるというルールがあります。それが〈三単現のs〉です。

まず、三人称とは「I と We と You 以外の人やモノ」です。

一人称	I と We
二人称	You
三人称	それ以外すべて

三人称と言っても、人以外の「モノ」も指すので注意しましょう。私とあなた以外に世の中に存在する人やモノはすべて三人称です。

三単現の「単」は単数（1人・1つ）の「単」で、「現」は現在の「現」です。

まとめると、主語が**三人称**で**単数**、時が**現在**という3つの条件がすべてそろった場合に限り、**動詞に -s を付ける**のです。

単純に s が付くだけでなく、go → goes や、study → studies のように es が付いたり、語尾の y を i に変えて es が付いたり、あるいは have → has のように不規則に変化するモノもあります。

〈三単現のs〉がどういう場合に使われるのか、以下の例文で確認しましょう。

■〈三単現のs〉が付く場合

The store offers low prices.（その店は低価格を提供している）
　　 S　　　　 V

主語 The store が三人称単数なので、現在形の動詞 offer に -s が付きます。

haves ではなく has となる点に注意

The order has arrived.（注文が届いた）
　　 S　　　 V

主語 The order が三人称単数なので、現在完了形は〈has ＋過去分詞〉になります。

■〈三単現のs〉が付かない場合

主語がIとWeとYouの場合には付きません。

I love animals. （私は動物が好きです）

主語が三人称であっても、複数の場合には付きません。

They like taking pictures. （彼らは写真を撮るのが好きです）

助動詞の後の動詞は常に原形なので、主語が三人称単数であっても付きません。

Mr. Kato can do that. （Kato さんがそれをできます）

過去時制の場合には、動詞は過去形になるので付きません。

Mr. Kato arrived yesterday. （Kato さんは昨日到着した）

　これで、〈三単現のs〉の説明は終了です。《動詞問題》を解く際は、主語が単数か複数かを必ず確認し、**単数形なら〈三単現のs〉を意識**しましょう。

「〈三単現のs〉って何で付けるの?」と思われる方がいるかもしれませんね。実は、大昔の英語では〈三単現のs〉以外に、主語の人称や単複によって、動詞の語尾にはさまざまな変化形があったのです。それが、長い年月を経て消えていき、唯一残ったのが〈三単現のs〉です。なぜこれだけが残ったのかは、英語の歴史上最大の謎の1つとされています。〈三単現のs〉は「生きた化石」なのです。

✔ チェックポイント

☐〈主述の一致〉とは <u>主語</u> と <u>述語動詞</u> のカタチを合わせること

☐ 動詞に〈三単現のs〉を付けるのは、主語が <u>三人称</u> 、<u>単数</u> で、かつ <u>現在の話</u> という3つの条件がそろった場合

☐ 3つの条件がそろっていても、<u>助動詞</u> の後の動詞には〈三単現のs〉は付かない(常に原形になる)

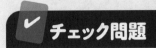
◉〈主述の一致〉の練習問題です。正しい答えを選びましょう。

1. Our winter campaign -------.

☐ (A) has begun   ☐ (B) have begun

2. Mr. Kato ------- to Tokyo in January.

☐ (A) moved   ☐ (B) moving

3. Our employees ------- very hard.

☐ (A) work   ☐ (B) works

4. You should try ------- Mr. Chang's talk.

☐ (A) attend   ☐ (B) to attend

5. Ink cartridges for the printer ------- in the cabinet.

☐ (A) is   ☐ (B) are

6. Tex Corporation ------- more than 5 million dollars.

☐ (A) donate   ☐ (B) donated

7. Ms. Patel could not ------- the party last night.

☐ (A) attend   ☐ (B) attended

8. Daily guided tours of the factory ------- at 10:00 A.M.

☐ (A) begin   ☐ (B) begins

答え

1. (A) 主語のcampaignは三人称単数なので三単現のsが必要です。現在完了形の場合は〈has＋過去分詞〉になる点に注意。

訳 当社の冬のキャンペーンが始まった。

2. (A) 空所には述語動詞が必要なので、準動詞のing形は不適切。ing形が述語動詞になるにはis movingのようにbe動詞が必要です。movedは過去形と過去分詞、どちらにもなりますが、過去形と考えると述語動詞になれるので、(A)が正解です。

訳 Katoさんは1月に東京に引っ越した。

3. (A) 主語Our employeesは複数形です。三単現のsがないworkが正解です。

訳 当社の社員はとても一生懸命働く。

4. (B) should tryという述語動詞がすでにあるので、準動詞の不定詞to attendが正解。「Changさんの講演に参加すること」という名詞のカタマリになり、should tryの目的語になります。

訳 あなたはChangさんの講演に出席することを試してみるべきです。

5. (B) 主語Ink cartridgesは複数形です。主述が一致するareが正解。for the printerは〈前置詞＋名詞〉の修飾語です。空所直前のthe printerにつられないように。

訳 プリンター用のインクカートリッジは戸棚の中にあります。

6. (B) 主語Tex Corporationは三人称単数です。三単現のsのないdonateは不可。消去法で過去形のdonatedが正解。

訳 Tex社は500万ドル以上を寄付した。

7. (A) 主語や時制に関係なく、助動詞の後の動詞は常に原形です。could notは助動詞couldの否定形。

訳 Patelさんは昨夜のパーティに出席できなかった。

8. (A) 主語がDaily guided toursという複数形なので、三単現のsがないbeginが正解。of the factoryは〈前置詞＋名詞〉の修飾語です。

訳 毎日行われる工場のガイド付きツアーは午前10時に始まります。

理解する 《態》の視点

《動詞問題》の3つのポイント〈主述の一致〉〈態〉〈時制〉のうち、〈主述の一致〉について説明しました。

次は〈態〉です。「〜する」という意味を表す普通の文を**〈能動態〉**、「〜される」という意味を表す文を**〈受動態〉**と言います。以下の例文で確認しましょう。

〈能動態〉と〈受動態〉

能動態	Mr. Kato	wrote	the book.	(Kato さんがその本を書いた)
	S	V	O	

受動態	The book	was written	by Mr. Kato.
	S	V	[行為者]

(その本は Kato さんによって書かれた)

「〜される」という意味を表す受動態は、**能動態の目的語が主語に移動し、述語動詞が〈be動詞＋過去分詞〉の形になります**（過去分詞だけでは述語動詞になれず、be動詞が必要です）。

■ 能動態と受動態の関係

Mr. Kato wrote the book.

The book was written by Mr. Kato.

能動態の目的語が主語になる	〈be動詞＋過去分詞〉に変化する	能動態の主語に by を付けて、行為者を表す

行為者を表す by ...は常に必要なわけではありません。むしろ省略されることが多いです。

196

受動態の**〈be動詞＋過去分詞〉**の部分は、時制によって以下のバリエーションがあります。

基本形 〈is[am/was/were] ＋過去分詞〉

The book is written **in English.**（その本は英語で書かれている）

完了形 〈have[has] ＋ been ＋過去分詞〉

The meeting has been postponed.（その会議は延期された）

進行形 〈is[are/was/were] ＋ being ＋過去分詞〉

A car is being repaired.（車が修理されているところだ）

助動詞 〈助動詞＋ be ＋過去分詞〉

The schedule can be found **on our Web site.**
（スケジュールは当社のウェブ・サイトで見られます）

　それでは、次のページから例題を解きながら、〈態〉がポイントの問題の解き方を見ていきましょう。

　〈態〉がポイントの《動詞問題》は、以下の点をチェックします。

☑主語と述語動詞の関係をチェック

主語と述語動詞との間の関係が、「～する」のか、「～される」のかに注目。「～する」なら能動態、「～される」なら受動態を選びます。

☑目的語の有無をチェック

空所の後ろに目的語になる名詞があれば、能動態。目的語になる名詞がなければ、受動態を選びます。

◉ 空所に入る語句を(A)〜(D)から1つ選びましょう。

Six percent ------- off your total purchase.

(A) is taking
(B) will be taken
(C) has taken
(D) took

解き方の基本

1 選択肢をチェック

選択肢に動詞takeの変化形が並んでいます。takeは空所後のoffと結びついて、take off（〜を差し引く）という意味になります。(B)が〈助動詞＋be＋過去分詞〉で受動態になっているので、〈態〉を意識しておきます。

2 主語と述語動詞の関係をチェック

主語のSix percent（6%）は、your total purchase（合計の購入額）からtake offするのか、されるのかを考えると、「差し引かれる」側です（「6%が差し引く」というのは変ですよね？）。なので、空所には受動態が入るとわかります。唯一の受動態である(B) will be takenが正解です。(A)(C)(D)はいずれも能動態。

正解 (B)

訳 6%がお客様の合計の購入額から引かれます。

✔ チェックポイント

☐ 能動態は「 〜する 」という意味を表す

☐ 受動態は「 〜される 」という意味を表す

☐ 受動態は、能動態の 目的語 が 主語 に移動し、述語動詞が〈 be動詞 ＋過去分詞 〉の形になる

☐ 〈態〉を問う動詞問題は、主語と述語動詞との間の「 〜する 」「 〜される 」の関係を考える

☐ 〈態〉を問う動詞問題では、空所の後ろに 目的語 がなければ受動態を選ぶ

もう1問見てみましょう。

◉ 空所に入る語句を (A)〜(D) から1つ選びましょう。

All proceeds ------- to the Corwin Foundation.

(A) donated
(B) having been donated
(C) donate
(D) will be donated

解き方の基本

1 選択肢をチェック

選択肢に動詞 donate（〜を寄付する）の変化形が並んでいます。(D) が〈助動詞＋ be ＋過去分詞〉の受動態なので、〈態〉を意識しておきます。

2 主語と述語動詞の関係をチェック

All proceeds が主語で、空所には述語動詞が入ります。All proceeds（すべての収益）は donate するのか、されるのか、どちらでしょうか？ 「寄付される」側ですね。よって、受動態の (D) が正解です。(B) も受動態ですが、having となっており、ing 形なので述語動詞になれません。

3 目的語の有無をチェック

選択肢に並ぶ動詞の意味を知らない場合もあるでしょう。そんな時は、以下の方法で解きましょう。

まず、《動詞問題》の選択肢に受動態があるので、〈態〉を意識。次に、空所後に目的語があるかないかを確認します。あれば目的語に働きかける能動態、なければ受動態を選ぶのが鉄則です。

ここでは、空所後が前置詞 to で、目的語の名詞がありません。そこで、もともと目的語だった名詞 proceeds が主語の位置に移動した受動態だと判断し、(D) を選びます。

正解 (D)

訳 すべての収益は、Corwin 基金に寄付されます。

注 □ **proceeds**：名収益 □ **foundation**：名基金 □ **donate**：動〜を寄付する

◉〈態〉の練習問題です。正しい答えを選びましょう。

1. English ------- in many countries.
☐ (A) is speaking
☐ (B) is spoken

2. This picture ------- 100 years ago.
☐ (A) painted
☐ (B) was painted

3. We ------- the printer tomorrow.
☐ (A) will repair
☐ (B) will be repaired

4. The conference ------- in Miami this year.
☐ (A) will hold
☐ (B) will be held

5. Mr. Kato ------- to Ms. White's birthday party.
☐ (A) invited
☐ (B) was invited

6. We will ------- the proposal tomorrow.
☐ (A) submit
☐ (B) be submitted

7. The room ------- for the retirement party on November 1.
☐ (A) has been reserved
☐ (B) will reserve

8. New equipment ------- in the conference room next week.
☐ (A) will be installed
☐ (B) will install

答え

1. (B) 主語の English（英語）は「話される」側なので、受動態〈be 動詞＋過去分詞〉が正解。
　訳▶ 英語は多くの国で話される。

2. (B) 主語の This picture（この絵）は「描かれる」側なので受動態。
　訳▶ この絵は100年前に描かれた。

3. (A) 主語の We は空所の後ろの「プリンター」を「修理する」ので能動態。
　訳▶ 私たちは明日そのプリンターを修理する。

4. (B) 主語の The conference（会議）は「開催される」側なので受動態。
　訳▶ その会議は今年マイアミで開催される。

5. (B) 主語の Mr. Kato はパーティに「招待される」側なので受動態。
　訳▶ Kato さんは、White さんの誕生パーティに招待された。

6. (A) 「私たちは提案を提出する」という普通の文なので能動態。submit（～を提出する）の意味がわからなければ、空所後に目的語の名詞 the proposal（提案）があることをヒントに能動態を選びます。
　訳▶ 私たちは明日その提案を提出する予定だ。

7. (A) 主語の The room（部屋）は「予約される」側なので受動態。reserve（～を予約する）の意味がわからなければ、空所後に目的語になる名詞がないことをヒントに受動態を選びます。
　訳▶ その部屋は11月1日の退職パーティのために予約された。

8. (A) 主語の New equipment（機器）は「設置される」側なので受動態が正解。install（～を設置する）の意味がわからなければ、空所後に目的語になる名詞がないことをヒントに受動態を選びます。
　訳▶ 新しい機器が会議室に来週設置される予定だ。

《動詞問題》の解き方の最後のポイントは**〈時制〉**です。

英語の時制は、〈現在〉と〈過去〉の2つです。助動詞willを用いた〈未来を表す形〉もあります。この3つの基本形に加え、それぞれに〈進行〉〈完了〉〈完了進行〉の形があり、組み合わせは全部で12種類です。

「え、12種類もあるの?」って思いますよね。確かに、それらを理解するのは楽ではありません。でも、Part 5の時制の問題には、必ず問題を解くヒントが含まれています。それが……

☑ 時のキーワード

です。そのキーワードを見つけて、それに合う時制を選べば解けるようになっています。例題を見てみましょう。

例 題

◉ 空所に入る語句を(A)〜(D)から1つ選びましょう。

The rock band ------- its 25th anniversary next month.

(A) had celebrated
(B) celebrated
(C) will celebrate
(D) celebrating

解き方の基本

1 選択肢をチェック

選択肢に動詞celebrate(〜を祝う)のさまざまな時制が並んでいます。〈時制〉がポイントになるかもと予測しておきます。

2 〈時のキーワード〉をチェック

問題文を見ると、主語のThe rock bandはありますが、述語動詞(Ⅴ)が見当たりません。よって空所には動詞が入ります。

選択肢のうち(D)のing形は準動詞なので、除外できます。残る(A)(B)(C)は、どこが違いますか? 3つとも、主語の三人称単数とカタチが合っていて、能動態

です。つまり〈主述の一致〉と〈態〉の視点では正解を選べません。

そこで、〈時制〉を考えます。問題文を読み進めると、next month（来月）という〈時のキーワード〉が見つかりますね。

25周年を祝うのは「来月」なので、未来を表す形の (C) will celebrate が正解だとわかります。過去完了形の (A) と、過去形の (B) は時制が合いません。

正解 **(C)**

訳 ▶ そのロックバンドは、来月25周年を祝う予定だ。

注 ▶ □ anniversary： **名** 記念日

時制のイメージ

時制のイメージを表にまとめると、次のようになります。

英語の基本時制のイメージ

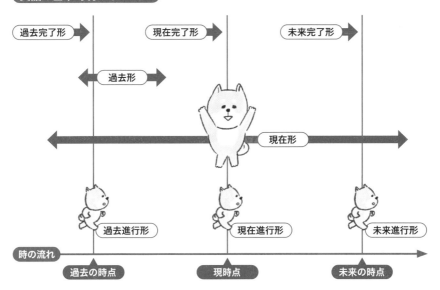

このうち、Part 5で主に出題される時制は次の5つです。

現在形

「現在」とありますが、〈今〉のことだけを表す訳ではありません。過去も、現在も、これから先も、いつも行っていることを通常表します。

> 今だけでなく、過去も未来も「好き」ということを表している

I like reading books. （私は読書が好きです）

現在進行形

「〜しているところだ」という、今まさに進行中の行為や活動を表します。

I am reading a book. （私は本を読んでいるところです）

過去形

今とは切り離された過去のことを表します。

I bought the book yesterday. （私は昨日その本を買いました）

現在完了形

〈過去＋現在〉のイメージ。次の例文でも、「大阪に行った」という過去の経験を現在も持っているので現在完了形が使われています。

I have been to Osaka twice. （私は大阪に2度行ったことがあります）

未来を表す形

〈will＋動詞の原形〉で、予測（〜するだろう）や意志（〜します）といった意味を表します。

I'll call you tomorrow. （明日あなたにお電話します）

Part 5の時制の問題では、問題文の〈時のキーワード〉を見つけて、それに合う時制を選ぶのが解き方の基本です。次ページの〈チェック問題〉を解いて、ポイントを確認しましょう。

チェック問題

◉〈時制〉の練習問題です。時のキーワードを見つけて、正しい答えを選びましょう。

1. The music lessons ------- early next month.

☐ (A) started   ☐ (B) will start

2. Last summer we ------- five interns.

☐ (A) hired   ☐ (B) have hired

3. Ms. Gupta recently ------- a new mobile phone.

☐ (A) bought   ☐ (B) will buy

4. We ------- a lot of awards over the past ten years.

☐ (A) are receiving   ☐ (B) have received

5. The product ------- well so far.

☐ (A) has been selling   ☐ (B) will sell

《第2章《動詞問題》》

答え

1. (B) early next month（来月初旬）があるので、未来を表す形〈will ＋動詞の原形〉が正解です。

　　訳 ▶ その音楽のレッスンは来月初旬に始まる。

2. (A) Last summer（昨夏）があるので、過去形が正解です。現在完了形は〈過去＋現在〉を表すので、過去のキーワードと一緒に使えません。

　　訳 ▶ 昨夏、当社は5名のインターンを採用した。

3. (A) recently（最近、少し前に）は、過去形 or 現在完了形のキーワードです。

　　訳 ▶ Gupta さんは、最近新しい携帯電話を買った。

4. (B) over the past X（過去Xに渡って）は現在完了形のキーワードです。

　　訳 ▶ 当社は過去10年間で、たくさんの賞を受賞した。

5. (A) so far（今までのところ）は現在完了形のキーワードです。

　　訳 ▶ その製品は、今までのところ、よく売れている。

これで、《動詞問題》の基本の確認は終わりです。〈主述の一致〉〈態〉〈時制〉を意識しながら、本番形式の問題トレーニングに取り組みましょう。

解いて覚える基礎問題トレーニング

◉ まず、〈主述の一致〉がポイントの《動詞問題》を10問解きます。〈述語動詞と準動詞の見分け〉〈三単現のs〉の2点に特に注意し、「この空所には述語動詞が必要だ」「主語が単数形だから三単現のsが必要だ」といったように、ポイントを意識しながら解きましょう。

☐☐ **1.** Ms. Sweeney is studying ------- a lawyer.

    (A) become
    (B) to become
    (C) became
    (D) has become

☐☐ **2.** The Branton Hotel ------- on February 10.

    (A) reopen
    (B) will reopen
    (C) reopening
    (D) have reopened

☐☐ **3.** The bank has announced plans to ------- with a rival.

    (A) merged
    (B) merger
    (C) merge
    (D) merging

✔ 単語チェック

1. ☐**lawyer**：名弁護士
3. ☐**announce**：動〜を発表する   ☐**rival**：名ライバル

201 1. 　　　　　　　　　　　Ⓢ Ⓥ を必ず確認する 　　　　　　　　 正解 (B)

🔵 すでにⓋがある！

Ms. Sweeney is studying ------- a lawyer.
　　　　　　Ⓢ　　　　　Ⓥ
準動詞が入る

文のⒼ Ⓥ を確認します。Ms. Sweeney が主語、is studying が述語動詞（現在進行形）です。**すでに述語動詞がある**ので、空所には**準動詞**が入ります（Ⓢ＋Ⓥ＋Ⓥという形はありません）。準動詞は、**不定詞**の (B) to become のみなので、これが正解。to become a lawyer（弁護士になるために）が is studying を修飾する副詞の役割をします。(A) は become の原形・現在形、(C) は過去形、(D) は現在完了形で、いずれも述語動詞になるカタチです。

訳 Sweeney さんは、弁護士になるために勉強している。

202 2. 　　　　　　　　　　　主語の単複を必ず確認 　　　　　　　　 正解 (B)

🔵 Ⓥがない！

The Branton Hotel ------- (on February 10).
　　　　　　　　Ⓢ
三人称単数のⒼにあったⓋを選ぶ

The Branton Hotel が主語で、それ以降に述語動詞がないので、空所には**述語動詞**が必要です。次に、**主語が単数か複数か**を必ず確認します。The Branton Hotel は三人称単数ですね。これとカタチが一致するのは**〈助動詞＋動詞の原形〉**の (B) will reopen のみです。(A) の原形・現在形には、三単現の s が必要。(D) の現在完了形も同様に has reopened でなければいけません。(C) の ing 形は準動詞なので、そもそも述語動詞になれません。

 主語の単数・複数にかかわらず、助動詞の後ろの動詞は、必ず原形になるんでしたね（☞p. 192）

訳 Branton ホテルは2月10日に再オープンする予定だ。

203 3. 　　　　　　　　　　　不定詞は〈to＋動詞の原形〉 　　　　　 正解 (C)

不定詞が後ろから修飾

The bank has announced plans to ------- (with a rival).
　　Ⓢ　　　　Ⓥ　　　　　Ⓞ

The bank が主語、has announced が述語動詞です。すでに述語動詞があるので、merge（合併する）の変化形を準動詞にすることを考えます。空所前の to を不定詞の to だと考えてみましょう。**不定詞は〈to ＋動詞の原形〉**です。原形の (C) merge を入れると、不定詞 to merge が plans を後ろから修飾し、「合併するための計画」となり文意が通ります。選択肢のどれが動詞か迷ったら**「単語の語尾から -ed ／ -ing を取ったら動詞の原形」**の法則に従い、(A) や (D) から -ed ／ -ing を取った (C) が動詞だと判断します。(B)「合併」は名詞。

訳 その銀行は、ライバルと合併する計画を発表した。

4. Please return the ------- copy of the contract to me.

    (A) sign
    (B) signing
    (C) signs
    (D) signed

5. The job fair will be helpful for ------- candidates.

    (A) recruit
    (B) to recruit
    (C) recruits
    (D) recruiting

6. We should ------- a bid for the construction of the shopping center.

    (A) submit
    (B) submitted
    (C) has submitted
    (D) to submit

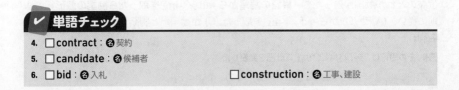

✔ 単語チェック

4. □contract：❷契約
5. □candidate：❷候補者
6. □bid：❷入札　　　　　　　　□construction：❷工事、建設

208

第2章《動詞問題》

204 4.　　　　　　形容詞の-ing／-edは「する」「される」を考える　　　　正解 (D)

━━━━━━━━━━━━━ ❷空所前後のカタチに注目！

Please return⎵the ------- copy of the contract (to me).
　　　　　　V

※命令文なので S は省略

空所前が冠詞の the、後ろが名詞のカタマリ copy of the contract（契約書 1 部）です。**〈冠詞 ------- 名詞〉**の空所に入るのは、**後ろの名詞を修飾する形容詞**です。動詞 sign（〜に署名する）の変化形のうち、形容詞の働きをするのは分詞の (B) と (D)。copy of the contract は、「署名される」側なので、**受動の意味を表す過去分詞**の (D) signed が正解。現在分詞は能動の意味を表すので (B) だと意味が通りません。(A) は名詞「看板、標識」か、動詞「〜に署名する」。(C) はその複数形か三人称単数現在形です。

訳▶ 署名された契約書1部を私に戻してください。

205 5.　　　　　《動詞問題》では、前置詞の目的語には動名詞を選ぶ　　　　正解 (D)

The job fair⎵will be⎵helpful⎵for ------- candidates.
　　　　S　　　V　　　C

━━━━━━ このカタマリで for の目的語になる

空所前が前置詞 for、後ろが名詞の candidates（候補者）です。前置詞の目的語になる名詞がすでにあるので、それを修飾する形容詞を選ぶのが《品詞問題》の基本でした。しかし、これは《動詞問題》です。**「動名詞は前置詞の目的語になる」**を思い出してください。(D) を入れると、recruiting candidates（候補者を採用すること）という名詞のカタマリが、**for の目的語**になり、正しい文が完成します。(A) は動詞「〜を採用する」の原形・現在形か、名詞「採用者」。(C) はその三人称単数現在形または複数形。(B) の不定詞は前置詞の目的語になれません。《動詞問題》では、前置詞の目的語には動名詞を選ぶ」と覚えましょう。

訳▶ その就職フェアは、候補者を採用するのに役立つだろう。

206 6.　　　　　　　助動詞の後には動詞の原形を選ぶ　　　　　　正解 (A)

V がない！

We⎵should ------- a bid (for the construction) (of the shopping center).
S　　　　　　　　O

━━━━━━━━━━ ❷助動詞に注目！

We が主語で、それ以降に述語動詞がないので、空所には**動詞**が入ります。さらに、**助動詞 should** に注目です。**助動詞の後の動詞は常に原形**でしたね。(A) submit（〜を提出する）が正解。(B) の過去形・過去分詞、(C) の三人称単数の現在完了形は、助動詞の後には続きません。(D) の不定詞は、準動詞なので、そもそも述語動詞になれません。

本番では、**We should formally ------- a bid …**のように、助動詞と空所の間に副詞を挟むパターンも頻出です。この場合も動詞の原形が入ります。

訳▶ われわれは、そのショッピングセンターの建設に入札を提出すべきだ。

7. The university ------- demolishing the old laboratory building.

  (A) consider
  (B) to consider
  (C) has considered
  (D) considering

8. ------- off the lights at the end of the day is your responsibility.

  (A) Turn
  (B) Turning
  (C) Turned
  (D) Turns

9. At the awards ceremony, the director ------- his gratitude to his staff.

  (A) expressing
  (B) expression
  (C) expressed
  (D) express

10. Mr. Santos ------- honesty is the most important quality of a leader.

  (A) believes
  (B) to believe
  (C) having believed
  (D) believe

✔ 単語チェック

7. □demolish：動 ～を取り壊す   □laboratory：名 研究所
8. □turn off：(明かりなど) を消す   □responsibility：名 責任、職務
9. □awards ceremony：授賞式   □director：名 映画監督
   □gratitude：名 感謝
10. □honesty：名 正直さ   □quality：名 資質

207 **7.** 　　　　　**主語が単数形なら〈三単現のs〉を意識する**　　　正解 (C)

The university が主語（三人称単数）で、以降に述語動詞がないので、空所には動詞が入ります。まず、準動詞である (B) 不定詞と (D) 現在分詞・動名詞を除外できます。残った (A)(C) のうち、**三人称単数の主語と主述が一致する方**を選びます。**三単現の s** が付いた (C) has considered（〜を検討してきた）が正解です。(A) が正解となるには、considers と三単現の s が必要です。

訳　その大学は、古い研究所の建物を取り壊すことを検討してきた。

《動詞問題》第**2**章

208 **8.** 　　　　　　　　**動名詞は主語になる**　　　　　　　正解 (B)

⚠️ s がない！

------- **off the lights** (at the end of the day) **is**〔V〕**your responsibility**〔C〕.
　　　↑
　　└------ 名詞のカタマリを作って S にする

S V を確認すると、述語動詞の is はありますが、主語がありません。そこで、**名詞の働きをする動名詞**の (B) を空所に入れると、Turning off the lights（電灯を消すこと）という名詞のカタマリになり、**主語**として機能します。(C) は過去形・過去分詞。(D) は三人称単数現在形です。

命令文だと早とちりして、原形の(A) Turnを選ばないように。最後まで目を通して、述語動詞のisがあることを確認しましょう。

訳　1日の最後に電灯を消すことはあなたの責任です。

209 **9.** 　　　　　　　　**S V を必ず確認する**　　　　　　正解 (C)

At the awards ceremony は〈前置詞＋名詞〉の修飾語です。カンマ後の the director（三人称単数）が主語で、空所には述語動詞が必要です。述語動詞になる (C)(D) のうち、**三人称単数の主語と形が合うのは**、**過去形**の (C) expressed（〜を表した）です。(D) は expresses のように三単現の s が必要です。(A) は現在分詞・動名詞、(B) は名詞「表現」。

訳　授賞式で、その映画監督はスタッフに感謝を表した。

210 **10.** 　　　　　　　　**S V を必ず確認する**　　　　　　正解 (A)

------- ⚠️ Mr. Santos に対応する V が必要！
　　　↓
Mr. Santos〔S〕 ------- (that) honesty〔S〕 is〔V〕 the most important quality of a leader.
　　　　　　　　　↑
　　　　　　　└------ 接続詞 that が省略されていて節（S V）が続いている

空所の後ろに接続詞 that が省略されており、Mr. Santos V that S V. の形になっています。Mr. Santos が主語（三人称単数）で、空所には述語動詞が必要です。述語動詞になる (A)(D) のうち、**三人称単数の主語とカタチが合うのは**、**三単現の s** が付いた現在形の (A) believes（〜を信じている）です。(D) では主述が一致しません。準動詞である (B) 不定詞、(C) 現在分詞・動名詞は、述語動詞になれません。

訳　Santos さんは、正直さがリーダーの最も大切な資質だと信じている。

● 次は、〈態〉がポイントの《動詞問題》を10問解いてみましょう。主語と述語動詞との間の「する」「される」の関係を考えます。「する」なら能動態を、「される」なら受動態を選びましょう。
選択肢が知らない動詞なら、「空所後に目的語があれば能動態、なければ受動態」を選びます。

11. The house ------- by the same family for over 50 years.

    (A) has been owned
    (B) is owning
    (C) owned
    (D) had owned

12. Everyone ------- to bring a tent and sleeping bag.

    (A) advise
    (B) is advised
    (C) is advising
    (D) advising

13. The museum ------- visitors to experience science in unique ways.

    (A) invites
    (B) inviting
    (C) is invited
    (D) will be invited

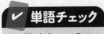

単語チェック

13. ☐ **visitor**：名 来客、訪問者　　　　　☐ **experience**：動 ～を経験する
　　☐ **unique**：形 特有の　　　　　　　　☐ **way**：名 やり方、方法

211 **11.**　　　　　　　　　　「される」は受動態　　　　　　　　　正解 (A)

V がない！

The house ─S─ ------- by the same family (for over 50 years).
 ╰------● [行為者]は受動態のヒント！

The house（家）が主語で、以降に述語動詞がないので、空所には動詞が入ります。選択肢は動詞 own（〜を所有する）の変化形です。(A) が受動態なので**〈態〉**を意識して、主語が「する」のか「される」のかを考えます。主語の「家」は、空所後の the same family によって「所有される」側ですね。**受動態**の (A) has been owned（所有されてきた）が正解です。(B)(C)(D) はいずれも能動態。〈態〉の問題では、**行為者を示す前置詞 by**（〜によって）は受動態のヒントです。

訳 ▶ その家は、同じ家族によって、50年以上所有されてきた。

212 **12.**　　　　　　　　　　「される」は受動態　　　　　　　　　正解 (B)

V がない！

Everyone ─S─ ------- to bring a tent and sleeping bag.
 ╰------● 「みんな」はadviseされる側 ➡ 受動態！

Everyone（みんな）が主語で、空所には述語動詞が必要です。ということは、準動詞の (D) を除外できます。次に、原形・現在形の (A) も、三人称単数の主語と一致しないので除外。残る (B)(C) の違いは**〈態〉**です。主語が「する」のか「される」のかを考えましょう。主語の「みんな」は、テントと寝袋の持参を「勧められる」側です。**受動態**の (B) is advised が正解。空所後に目的語になる名詞がないことも、受動態を選ぶ手掛かりになります。

everyoneは「みんな」なので、複数のように感じますが、単数扱いです(oneが付いていますね)。覚えておきましょう。

訳 ▶ 全員、テントと寝袋を持参することを勧められた。

213 **13.**　　　　　　　　　　「する」は能動態　　　　　　　　　正解 (A)

V がない！

The museum ─S─ ------- visitors ─O─ (to experience science) (in unique ways).
 　　　　　╰------● S はinviteする側 ➡ 能動態！

The museum（博物館）が主語で、空所には述語動詞が必要です。まず、準動詞の (B) を除外できます。残る (A) が invite（〜を招待する）の能動態、(C)(D) が受動態です。S と V の「する」「される」の関係を考えると、「博物館」は「招待する」側ですね。よって、**能動態**の (A) invites が正解。あるいは**「空所後に目的語の名詞があれば能動態、なければ受動態を選ぶ」**という鉄則に従って、visitors（来館者）という目的語（名詞）があるから (A) を選ぶのでも構いません。

訳 ▶ その博物館は、科学を独自の方法で体験するよう来館者を招いています。

☐ **14.** Agriculture ------- by tourism ten years ago.
☐

      (A) surpassing
      (B) surpassed
      (C) has surpassed
      (D) was surpassed

☐ **15.** A security camera -------.
☐

      (A) installed
      (B) have been installed
      (C) is being installed
      (D) will install

☐ **16.** The clock tower was ------- in 1970.
☐

      (A) refurbish
      (B) refurbishing
      (C) refurbishes
      (D) refurbished

✔ **単語チェック**

14. ☐agriculture：❷農業   ☐tourism：❷観光業

214 **14.**　　　　　空所後のbyは受動態のヒント　　　　　正解 (D)

```
        ┌----- ❷後ろに目的語(名詞)がない ➡ 受動態!
        ↓
Agriculture ------- by tourism ten years ago.
_____
    S    └----- [行為者]も受動態のヒント!
```

選択肢の動詞 surpass（〜を上回る）の意味がわからなければ、カタチで考えましょう。Agriculture（農業）が主語で、空所には述語動詞が必要です。まず、準動詞の (A) 現在分詞・動名詞を除外します。残りの (B)(C) が能動態、(D) が受動態なので、〈態〉を意識します。**空所後に目的語になる名詞**がありません。かつ、**受動態の行為者を示す前置詞 by** があるので、**受動態**（過去形）である (D) was surpassed を正解と判断します。surpass は他動詞なので、能動態なら必ず目的語が必要です。

訳▶ 10年前に農業は観光業に抜かれた。

215 **15.**　　　　現在進行形の受動態は〈is[are]＋being＋過去分詞〉　　　正解 (C)

```
                    ┌------ 後ろに目的語(名詞)がない!
                    ↓
A security camera -------.
_____
    ↑        S
    └-------------- ❷「カメラ」はinstallされる側 ➡ 受動態!
```

選択肢に動詞 install（〜を設置する）の異なる形が並んでいます。(A)(D) が能動態、(B)(C) が受動態なので、〈態〉を意識。主語の A security camera は「設置される」側なので、受動態の (B)(C) が正解候補です。次に〈主述の一致〉を考えます。**三人称単数の主語と形が合う**のは、現在進行形の受動態である (C) is being installed（設置されているところだ）。(B) は、三単現の s が付いた has been installed でないといけません。install の意味がわからなければ、空所後に目的語の名詞がないことから、受動態を選びましょう。

訳▶ セキュリティカメラが設置されているところだ。

216 **16.**　　　　〈態〉の問題は、空所後の目的語の有無もヒントになる　　　正解 (D)

```
        ┌------ be動詞に注目!
        ↓
The clock tower was ------- (in 1970).
_____
       S    └------ ❷空所後に目的語がない ➡ 受動態!
```

The clock tower が主語で、空所前の **be 動詞 was に注目**します。was と選択肢の動詞 refurbish（〜を改装する）がセットになる形は、進行形になる (B) の現在分詞か、受動態になる (D) の過去分詞です。主語が「する」のか「される」のか、〈態〉を考えますが、refurbish の意味がわからない人も多いはず。その場合は**「空所後に目的語の名詞があれば能動態、なければ受動態」**という鉄則に従います。ここでは、目的語になる名詞はありません。よって、**受動態**になる (D) が正解です。原形・現在形の (A) と、三人称単数現在形の (C) は、どちらも be 動詞と一緒に使えません。

訳▶ その時計塔は1970年に改装された。

17. The committee ------- the operating budget.

    (A) amended
    (B) is amended
    (C) amending
    (D) to amend

18. The speaker ------- for a Cobalt Prize.

    (A) are nominating
    (B) have nominated
    (C) has been nominated
    (D) nominated

19. A list of children's books ------- by Mr. Kato.

    (A) are compiling
    (B) has been compiled
    (C) compiled
    (D) will be compiling

20. Nominations for the award ------- until July 31.

    (A) was accepted
    (B) have accepted
    (C) will be accepting
    (D) are being accepted

✔ 単語チェック

17. ☐ **committee**：名 委員会   ☐ **operating**：形 営業上の、運営上の
    ☐ **budget**：名 予算
20. ☐ **nomination**：名 候補者として推薦すること
    ☐ **award**：名 賞

217 **17.** 〈態〉の問題は、空所後の目的語の有無もヒントになる 　正解 **(A)**

┌------ ❷ 空所後に目的語がある ➡ 能動態！
↓
The committee ------- the operating budget .
　　　　S　　　　　　　　　　　　　　O

選択肢の amend（〜を修正する）が難しいので、カタチで考えます。The committee（その委員会）が主語で、空所には述語動詞が必要なので、準動詞の (C) と (D) を除外できます。残る (A) が能動態（過去形）、(B) が受動態（現在形）です。〈態〉の問題では「**空所後に目的語の名詞があれば能動態、なければ受動態**」が鉄則です。空所後を見ると、the operating budget（運営予算）という**目的語になる名詞がある**ので、**能動態**の (A) amended を正解と判断します。

訳 その委員会は、運営予算を修正した。

218 **18.** 〈態〉の問題は、空所後の目的語の有無もヒントになる 　正解 **(C)**

選択肢の nominate（〜を候補に挙げる）の意味がわからなければ、カタチで考えます。The speaker が主語で、空所には述語動詞が必要です。(A)(B)(D) が能動態（現在進行形／現在完了形／過去形）で、(C) が受動態（現在完了形）。nominate を知っていれば、主語が「する」のか「される」のか、意味を考えます。知らない場合は、**空所後に目的語の名詞があるかどうか**をチェックします。ここでは、前置詞 for が来ていて、目的語（名詞）がありません。よって、**受動態**の (C) has been nominated を正解と判断します。

訳 その話し手は、Cobalt賞の候補に挙げられた。

219 **19.** 空所後のbyは受動態のヒント 　正解 **(B)**

選択肢の compile（〜を編集する）の意味がわからなければ、カタチで考えます。A list が主語で、空所には述語動詞が必要です（of children's books は〈前置詞＋名詞〉の修飾語）。(A)(C)(D) が能動態、(B) が受動態。空所後を見ると、目的語になる名詞ではなく、**受動態の行為者を表す前置詞 by** が来ています。よって、**受動態**（現在完了形）の (B) has been compiled（編集された）を正解と判断します。

訳 子供向けの本のリストがKatoさんによって編集された。

220 **20.** 「される」は受動態 　正解 **(D)**

Nominations（推薦）が主語で、空所には述語動詞が必要です。(A)(D) が accept（〜を受け付ける）の受動態、(B)(C) が能動態です。主語の「推薦」は「受け付けられる」側なので、**受動態**の (A)(D) が候補。空所後に目的語になる名詞がないことも受動態を選ぶヒントです。次に〈主述の一致〉に着目します。主語の Nominations は**複数**なので、**be 動詞が are** になっている現在進行形の (D) are being accepted が正解。(A) は were accepted でないと主述が合いません。

訳 その賞への推薦は7月31日まで受け付け中だ。

● 次に〈時制〉がポイントの《動詞問題》を10問解いてみましょう。〈時のキーワード〉に注目し、それに合う時制を選ぶのがポイントです。

☐ **21.** The company ------- 54 years ago in California.

    (A) will establish
    (B) has established
    (C) was established
    (D) is established

☐ **22.** The first branch of the popular fast-food chain ------- in 1960.

    (A) was opened
    (B) has been opened
    (C) is opened
    (D) is being opened

☐ **23.** Robert Moore's new movie ------- early next year.

    (A) released
    (B) will be released
    (C) had released
    (D) will release

✔ **単語チェック**

22. ☐ **branch**：名 支店   ☐ **popular**：形 人気の

221 **21.**　　　　　　**agoは過去を表すキーワード**　　　　　　正解 (C)

┌------ ❷ agoは過去のキーワード！
↓
The company_S ------- 54 years ago (in California).

選択肢に establish（～を設立する）の異なる形が並んでいます。空所後の **54 years ago**（54年前）という〈時のキーワード〉に注目。**ago は過去を表すキーワード**で、必ず**過去時制**で使われます。よって、**過去形**（受動態）の (C) was established（設立された）が正解。(A) は未来を表す形、(B) は現在完了形、(D) は現在形（受動態）です。主語の「会社」は「設立される」側なので、能動態の (A)(B) は〈態〉も合いません。

訳　その会社は、54年前にカリフォルニアで設立された。

222 **22.**　　　　　　**過去の出来事を表すのは過去形**　　　　　　正解 (A)

┌---- ❷ 1960年は過去！
↓
The first branch_S (of the popular fast-food chain) ------- in 1960.

選択肢に open（～を開く）の異なる形が並んでいます。選択肢の時制がバラバラなので、〈時のキーワード〉を探しながら問題文を読み進めると、最後に **in 1960** という**過去を表すキーワード**があります。過去の出来事を表すのは過去時制なので、**過去形**（受動態）の (A) was opened が正解。(B) は現在完了形、(C) は現在形、(D) は現在進行形（いずれも受動態）で、過去のキーワードとは一緒に使えません。

訳　その人気のファストフードチェーンの1号店は、1960年にオープンした。

223 **23.**　　　　　　**〈時制〉と〈態〉のコンビネーション**　　　　　　正解 (B)

┌------ ❷「来年初旬」は未来！
↓
Robert Moore's new movie_S ------- early next year.
↑
└------ Ｓ は release される側 ➡ 受動態！

選択肢に release（～を公開する）の異なる形が並んでいます。最後の **early next year**（来年初旬）という〈時のキーワード〉に注目。ここから、主語である Robert Moore's new movie の公開は来年だとわかるので、**will** を含む (B)(D) が正解候補です。さらに、(B) が受動態、(D) が能動態なので、**〈態〉**を考えます。主語の「映画」は「公開される」側です。**受動態**の (B) will be released が正解。このように、複数の視点を組み合わせて解く問題も出題されます。(A) は過去形、(C) は過去完了形です。

訳　Robert Moore の新作映画は来年初旬に公開される。

24. Over the past five years, the city's population ------- by fifty percent.

(A) has grown
(B) will grow
(C) grows
(D) growing

25. For the past month, we ------- with preparations for the event.

(A) will be occupied
(B) had occupied
(C) have been occupied
(D) are occupying

26. The video game developer recently ------- by Capsoft Co. Ltd.

(A) was acquired
(B) will be acquiring
(C) acquires
(D) is acquired

27. The marketing team ------- advertisements in fashion magazines next month.

(A) placing
(B) has been placed
(C) had placed
(D) will be placing

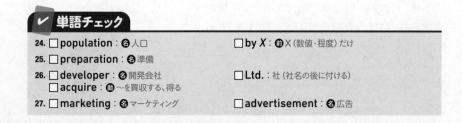

✔ 単語チェック

24. ☐ **population**：❷人口	☐ **by X**：⓫ X（数値・程度）だけ
25. ☐ **preparation**：❷準備	
26. ☐ **developer**：❷開発会社	☐ **Ltd.**：社（社名の後に付ける）
☐ **acquire**：⓫ ～を買収する、得る	
27. ☐ **marketing**：❷マーケティング	☐ **advertisement**：❷広告

224 **24.** 現在完了形は〈過去＋現在〉のイメージ 　　正解 (A)

> ✔ 5年前から現在まで続く期間 ➡ 現在完了形にマッチ！

Over the past five years, the city's population ------- (by fifty percent).

選択肢に自動詞 grow（増える）の異なる形が並んでいます。文頭の **Over the past five years**（この5年間に渡って）は、過去の時点から現在まで続く期間を表します。これにマッチする時制は**「過去＋現在」**のイメージの**現在完了形**です。よって、(A) has grown（増えた）が正解。「5年前から現在」までに、市の人口が50%増えたことを表します。over[for] the past X（このXに渡って）は、現在完了形のキーワードとして頻出です。(B) は未来を表す形、(C) は現在形、(D) は現在分詞・動名詞です。

訳 ▶ この5年間に渡って、市の人口は50%増えた。

225 **25.** for the past X は現在完了形のキーワード 　　正解 (C)

選択肢に occupy（～を忙しくさせる）の異なる形が並んでいます。**For the past month**（この1カ月に渡って）は、過去の時点から現在まで続く期間を表すので、**現在完了形**のキーワードです。(C) have been occupied が正解。*be* occupied with X は「Xで忙しい」という意味。「1カ月前から現在」まで、ずっと忙しい、ということを現在完了形が表しています。(A) は未来を表す形、(B) は過去完了形、(D) は現在進行形です。

訳 ▶ この1カ月間、私たちはそのイベントの準備で忙しい。

226 **26.** recentlyは過去形・現在完了形のキーワード 　　正解 (A)

> ✔ 「最近＝今より少し前」 ➡ 過去形 or 現在完了形にマッチ

The video game developer recently ------- by Capsoft Co. Ltd.

空所前の **recently**（最近）は、**「（現在より）少し前に」**という意味で、原則として**過去形または現在完了形**で使われます。選択肢に現在完了形はないので、acquire（～を買収する）の**過去形**（受動態）の (A) was acquired（買収された）が正解です。(B) は未来進行形、(C)(D) は現在形。**「recently は過去形・現在完了形のキーワード」**と頭に入れましょう。

訳 ▶ そのビデオゲーム開発会社は、最近Capsoft社に買収された。

227 **27.** 未来進行形は「そうなる流れになっている」 　　正解 (D)

The marketing team が主語で、空所には述語動詞が必要です。文末に **next month**（来月）という未来を示すキーワードがあるので、**未来進行形**の (D) will be placing（出す予定だ）が正解。未来進行形 will be *doing* は、「そうなる流れになっている」イメージの時制です。たとえば、ここでは「来月ファッション誌に広告を出す段取りが進んでいて、そうなる流れになっている」というニュアンスがあります。(B) は現在完了形、(C) は過去完了形。(A) は現在分詞・動名詞で V にはなれません。

訳 ▶ マーケティングチームは、来月ファッション誌に広告を出す予定だ。

□
□ **28.** We have contributed to the campaign since it ------- in March.

    (A) launch
    (B) launched
    (C) launches
    (D) launching

□
□ **29.** If all goes well, the product design ------- by the end of August.

    (A) will be finalized
    (B) has been finalized
    (C) finalized
    (D) was finalized

□
□ **30.** The Harrison Community Bank now ------- electronic billing statements.

    (A) offer
    (B) offering
    (C) offers
    (D) offered

✔ **単語チェック**

28. □ **contribute to X**：Xに寄付する
    □ **campaign**：②キャンペーン、運動
29. □ **go**：⑩進展する
30. □ **electronic**：⑱電子の   □ **billing statement**：請求明細

228 28.　　　　　接続詞since（〜して以来）の後は過去形　　　　　正解 (B)

「〜して以来」の意味の場合、過去時制が続く・・・・・・

We have contributed (to the campaign) since it ------- in March.
<u>S</u>　　<u>V</u>　　　　　　　　　　　　　　　　　　<u>S</u>

文全体のカタチは S V since S V . と、**接続詞 since** が 2 つの節（S V）をつないでいます。接続詞 since は「〜して以来」の意味の場合、必ず**後ろに過去時制が続きます**。よって、launch（始まる）の**過去形**の (B) launched が正解。「3 月（開始時）から現在まで」のように、寄付活動が過去から現在まで続いていることを、現在完了形 have contributed で表しています。(A) は原形・現在形、(C) は三人称単数現在形、(D) は現在分詞・動名詞。

訳　私たちは、そのキャンペーンが3月に始まって以来、寄付を続けてきた。

229 29.　　　　　「もし」のifの後が現在形なら未来の話　　　　　正解 (A)

・・・・・・❶ if節が現在形 ➡ 未来の話！

If all goes well, the product design ------- (by the end of August).
　　　　　　　　　　　　　　　　　　<u>S</u>

文全体は If S V , S V . と、**接続詞 if** が 2 つの節（S V）をつなぐ形です。ここで覚えてほしいルールがあります。If it rains, I'll stay home.（もし雨が降ったら、私は家にいます）のように、if 節の動詞が現在形の場合、もう片方の節は**〈will などの助動詞＋動詞の原形〉**になります。この問題でも If all goes well（もしすべてがうまくいけば）は、現在形なので、**未来の話**です。よって、**未来を表す形**の (A) will be finalized（完成するだろう）が正解。(B) は現在完了形、(C)(D) は過去形。

訳　もし、すべてがうまくいけば、その製品デザインは8月末までに完成するだろう。

230 30.　　　　　nowは「現在」を表すキーワード　　　　　正解 (C)

・・・・・・「今」なので、現在のキーワード ➡ 現在形！

The Harrison Community Bank now ------- electronic billing statements .
　　　　　　　　　　　　　　<u>S</u>　　　　　　　　　　　　　　　　　　<u>O</u>

The Harrison Community Bank が主語（三人称単数）で、空所には述語動詞が必要です。空所前に **now**（今）という**現在を表すキーワード**があるので、**現在形**の (A)(C) が候補。この now には「前はそうではなかったけど、今はそうだ」というニュアンスがあります。次に**〈主述の一致〉**を考えます。主語が三人称単数なので、**三単現の s** が付いた (C) offers が正解。(B) は現在分詞・動名詞なので、そもそも述語動詞になれません。過去形の (D) は now と時制が合いません。

訳　Harrison Community銀行は、今はオンラインの請求明細を提供している。

解いて覚える 標準問題トレーニング

◉〈基礎問題〉をベースにした本番レベルの30問です。〈主述の一致〉〈態〉〈時制〉の3つの視点を意識して、しっかり考えて解きましょう。本試験と同じレベルなので、少し難しいかもしれません。その場合は、同じ番号の〈基礎問題〉を確認する、あるいはQRコードからヒントを見てもよいので、とにかく自分で答えを出してみましょう。

1. Before working as a researcher in a museum, Mr. Sweeney studied ------- a lawyer.

(A) to become
(B) become
(C) has become
(D) became

2. The Branton Hotel, located in the city's financial district, ------- with 142 rooms on February 10.

(A) reopening
(B) reopen
(C) have reopened
(D) will reopen

3. One of Japan's biggest regional banks has announced plans to ------- with a smaller rival.

(A) merger
(B) merging
(C) merged
(D) merge

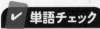

✔ 単語チェック

1. ☐ **researcher**：名 研究員、調査者 　 ☐ **lawyer**：名 弁護士
2. ☐ **financial district**：金融地区
3. ☐ **regional bank**：地方銀行 　 ☐ **rival**：名 ライバル

231 1. 《動詞問題》では⑤Ⅴを必ず確認する　　　　正解 (A)

前置詞 Before からカンマまでは修飾語で、Mr. Sweeney が主語、studied が述語動詞です。すでに述語動詞があるので、選択肢のうち空所に入るのは、**準動詞（不定詞）**の (A) to become です。**to become a lawyer（弁護士になるために）**という副詞のカタマリになり、Sweeney さんが勉強した理由を説明しています。(B) は動詞 become の原形か現在形、(C) は現在完了形、(D) は過去形で、いずれも述語動詞になるカタチです。

訳▶ Sweeney さんは、博物館の研究員として働く前、弁護士になるために勉強していた。

232 2. 《動詞問題》では主語の単複を必ず確認　　　　正解 (D)

カンマで挟まれた部分も修飾語

The Branton Hotel⑤, (located in the city's financial district), -------
(with 142 rooms) (on February 10).

🖊 三人称単数の⑤と一致するⅤが入る!

文頭の The Branton Hotel が主語（三人称単数）です。続く located in the city's financial district のように、主語の直後のカンマに挟まれた部分は、主語を説明する修飾語です。空所以降に動詞がないので、空所には述語動詞が必要です。まず、現在分詞・動名詞は準動詞なので、(A) を除外。残る 3 つのうち、**三人称単数の主語と主述が一致する**のは、**〈助動詞＋動詞の原形〉**の (D) will reopen（再オープンする予定だ）です。原形・現在形の (B) と現在完了形の (C) は、どちらも三単現の s が必要です。

訳▶ 市の金融地区にある Branton ホテルは、2月10日に142室で再オープンする予定だ。

233 3. 不定詞は〈to＋動詞の原形〉　　　　正解 (D)

すでにⅤがある!

One of Japan's biggest regional banks⑤ has announcedⅤ plans○
to ------- (with a smaller rival).

不定詞にして前の plans を修飾する

すでに述語動詞（Ⅴ）があるので、選択肢の merge（合併する）を**準動詞**として挿入する方法を考えます。空所前に to があるので、動詞の原形の (D) merge を入れて**不定詞**にすると、with 以降と共に、**後ろから名詞 plans（計画）を説明する形容詞**として機能します。「計画←より小さなライバルと合併する」となり、文意も通るので (D) が正解。選択肢のどれが動詞か迷ったら、「単語から -ed ／ -ing を取ったら動詞の原形」の法則に従い、(B) や (C) から -ing や -ed を取った (D) が動詞だと判断します。(A)「合併」は名詞。

訳▶ 日本最大の地方銀行の1つは、より小さなライバルと合併する計画を発表した。

225

☐
☐ **4.** One lucky winner will receive a ------- copy of Diana Gorman's latest book, *Life Lessons in Marketing*.

(A) signs
(B) signed
(C) signing
(D) sign

☐
☐ **5.** Mr. Owens hopes that the job fair will be helpful for ------- candidates from diverse backgrounds.

(A) to recruit
(B) recruit
(C) recruiting
(D) recruits

☐
☐ **6.** Olive Architects is determining whether it should ------- a bid for the construction of the shopping center.

(A) submitted
(B) to submit
(C) submit
(D) has submitted

☐
☐ **7.** Over the years, the university ------- demolishing the old laboratory building and constructing a new one in its place.

(A) consider
(B) has considered
(C) considering
(D) to consider

Hint!

✔ 単語チェック

5. ☐**candidate**：❷候補者
☐**background**：❷経歴、背景

6. ☐**determine**：動～を判断する
☐**bid**：❷入札

7. ☐**demolish**：動～を取り壊す
☐**construct**：動～を建設する

☐**diverse**：形さまざまな、多種多様な

☐**whether**：接～かどうか
☐**construction**：❷工事、建設

☐**laboratory**：❷研究所、実験室

234 4. 形容詞の-ing／-edは「する」「される」を考える　正解 (B)

空所前が冠詞 a、後ろが名詞 copy なので、空所に必要なのは**名詞を修飾する形容詞**です。形容詞として機能するのは**分詞**の (B) と (C)。sign（〜に署名する）の分詞と修飾される名詞との「する」「される」の関係を考えると、copy of Diana Gorman's latest book（最新刊１部）は「署名される」側なので、受動を表す**過去分詞**の (B) signed が正解。現在分詞だと「最新刊が署名する」ことになり、意味が通りません。(D) は名詞「看板」か、動詞「〜に署名する」で、(A) はその複数形か三人称単数現在形。

訳　幸運な当選者1名さまが、Diana Gormanの最新刊『Life Lessons in Marketing』のサイン本を1部、受け取ります。

235 5. 《動詞問題》では、前置詞の目的語に動名詞を選ぶ　正解 (C)

空所前の**前置詞 for** に注目し、**「動名詞は前置詞の目的語になる」**ことを思い出しましょう。(C) recruiting を入れると、**recruiting candidates**（候補者を採用すること）という名詞のカタマリが、**前置詞 for の目的語**になります。(C) が正解。(A) の不定詞も名詞のカタマリを作りますが、前置詞の直後には置けません。(B) は動詞の原形か、名詞「新入社員」で、(D) はその三人称単数現在形または複数形。

訳　Owensさんは、その就職フェアが、多様な経歴の候補者を採用するのに役立つと期待している。

236 6. 助動詞の後には動詞の原形を選ぶ　正解 (C)

<u>Olive Architects</u>(S) <u>is determining</u>(V)

※whether 節の中の形を考える

<u>whether it</u>(S) <u>should</u> ------- <u>a bid</u>(O) (for the construction of the shopping center).

(V)　❷助動詞の後ろには動詞の原形！

空所のある whether 節を見ると、it が主語で、助動詞 should の後ろに述語動詞が抜けています。**助動詞**があるので、**動詞の原形**の (C) submit（〜を提出する）が正解です。過去形・過去分詞の (A)、不定詞の (B)、現在完了形の (D) は、いずれも助動詞の直後に置けません。主語の人称、単数・複数に関係なく、**助動詞の後の動詞は常に原形**です。

訳　Olive設計事務所は、そのショッピングセンターの建設に入札を提出すべきかどうかを判断しているところだ。

237 7. 主語が単数なら〈三単現のs〉を意識する　正解 (B)

the university が主語です。空所以降に述語動詞が見当たらないので（demolishing も constructing も準動詞）、空所には動詞が入ります。現在分詞・動名詞の (C)、不定詞の (D) は述語動詞になれません。残る (A)(B) のうち、**主語（三人称単数）と主述が一致する**のは、<u>has</u> considered なので、(B) が正解。原形・現在形の (A) は主述が合いません。

動詞considerは動名詞を後ろに伴います。不定詞は続けられません。この点を問う出題例もあるので、覚えておいてください。

訳　長年、その大学は、古い研究所のビルを取り壊し、そこに新しいビルを建てることを検討してきた。

227

8. ------- off the lights at the end of the day is the responsibility of the person who leaves the office last.

(A) Turn
(B) Turns
(C) Turned
(D) Turning

9. At the awards ceremony, the director ------- his gratitude to everyone who had worked on the film.

(A) express
(B) expressing
(C) expression
(D) expressed

10. Alberto Santos, general manager of Midtown Construction, ------- honesty is the most important quality of a leader.

(A) believe
(B) believes
(C) having believed
(D) to believe

11. The house at 438 Carolyn Avenue ------- by the same family for over 50 years.

(A) is owning
(B) had owned
(C) has been owned
(D) owned

Hint!

238 8. 　　　　　　　　　　　**動名詞は主語になる**　　　　　　　　正解 (D)

⚡ S がない ➡ 名詞になる動名詞が入る！

------- off the lights (at the end of the day) is the responsibility
(of the person who leaves the office last).

述語動詞 is と補語 the responsibility（責任）はありますが、主語がありません（at the end of the day は修飾語）。主語になるのは名詞なので、名詞として機能する**動名詞**の (D) Turning を空所に入れてみます。すると **Turning off the lights**(電灯を消すこと) となり、**主語になる名詞のカタマリが完成**します。「電灯を消すことは責任です」となり文意も通るので (D) が正解。(A) は動詞 turn（〜を回す）の原形・現在形で、(B) はその三人称単数現在形、(C) は過去形・過去分詞です。

訳　1日の最後に電灯を消すことは、最後にオフィスを出る人の責任です。

239 9. 　　　　　　　　　　　**S V を必ず確認する**　　　　　　　　正解 (D)

At the awards ceremony（授賞式で）は〈前置詞＋名詞〉の修飾語で、カンマ後の名詞 the director（その監督）が主語（三人称単数）です。述語動詞がないので、空所には動詞が入ります。述語動詞になる (A)(D) のうち、**三人称単数の主語と主述が一致する**のは**過去形**の (D) expressed（〜を表した）です。三単現の s がない (A) は主語とカタチが合いません。(B) は現在分詞・動名詞。(C)「表現」は名詞です。

訳　授賞式で、その監督は、その映画で作業した全員に感謝を表した。

240 10. 　　　　　　　　　　　**S V を必ず確認する**　　　　　　　　正解 (B)

文の構成は Alberto Santos ------- (that) S V 。（Alberto Santos は〜すると信じている）で、空所後に接続詞の that が省略されています（主語の直後のカンマに挟まれた部分は修飾語）。空所には**述語動詞**が必要なので、(A)(B) が正解候補です。このうち、Alberto Santos（三人称単数）と**主述が一致する**のは、**現在形**の (B) believes です。三単現の s がない (A) は主述が合いません。(C) は現在分詞・動名詞、(D) は不定詞で、V になれません。

訳　Midtown 建設の本部長 Alberto Santos は、正直さがリーダーの最も重要な資質だと信じている。

241 11. 　　　　　　　　　　　**「される」は受動態**　　　　　　　　正解 (C)

The house が主語で、それ以外の部分はすべて〈前置詞＋名詞〉の修飾語です。空所に必要なのは**述語動詞**です。選択肢には動詞 own（〜を所有する）のさまざまな形が並んでいますが、主語の The house は、空所後の the same family によって「所有される」側です。よって、唯一の**受動態**（現在完了形）である (C) has been owned（所有されてきた）が正解。(A)(B)(D) はいずれも能動態です。〈態〉の問題では、行為者を示す前置詞 by は受動態のヒントです。頭に入れましょう。

訳　Carolyn 通り 438 番地にあるその家は、同じ家族によって、50 年以上、所有されてきた。

☐
☐ **12.** Anyone who plans to visit the campsite ------- to bring a tent and
sleeping bag.

    (A) is advised
    (B) advising
    (C) is advising
    (D) advise

☐
☐ **13.** The Brooklyn Science Museum ------- visitors to experience
science and technology in unique ways.

    (A) is invited
    (B) invites
    (C) will be invited
    (D) inviting

☐
☐ **14.** Agriculture was the largest sector of the nation's economy until it
------- by tourism a decade ago.

    (A) surpassed
    (B) surpassing
    (C) was surpassed
    (D) has surpassed

☐
☐ **15.** A security camera ------- directly above the reception desk.

    (A) will install
    (B) installed
    (C) is being installed
    (D) have been installed

✔ **単語チェック**

12. ☐ **campsite**：图 キャンプ場、キャンプ地   ☐ **sleeping bag**：寝袋

13. ☐ **visitor**：图 来客、訪問者   ☐ **experience**：動 ～を経験する
    ☐ **unique**：形 特有の   ☐ **way**：图 やり方、方法

14. ☐ **sector**：图 (経済や社会の) 部門   ☐ **tourism**：图 観光業
    ☐ **decade**：图 10年

15. ☐ **directly above**：～の真上に   ☐ **reception desk**：受付、フロント

`242` **12.** 「される」は受動態 正解 (A)

------ ❷ Ⓢ は「勧められる」側 ➡ 受動態！

Anyone ─Ⓢ who plans to visit the campsite ------- to bring a tent and sleeping bag.
　　　　↑─Ⓢ 修飾

Anyone が主語で、who plans to visit the campsite（キャンプ場を訪れる予定の）はそれを説明する修飾語です。空所以降に**述語動詞がない**ので、空所には動詞が入ります。まず、準動詞の (B) を除外。残った (A) が advise（〜に勧める）の受動態、(C)(D) が能動態です。キャンプ場を訪れる人は、テントと寝袋を持参することを「勧められる」側ですね。**受動態**の (A) is advised が正解。

代名詞 anyone（だれでも）は単数扱いです。そのため、三単現のsがない(**D**)は、主述の一致の点からも不適切だとわかります。

訳 キャンプ場を訪れる予定のみなさんには、テントと寝袋を持参されることをお勧めします。

`243` **13.** 「する」は能動態 正解 (B)

The Brooklyn Science Museum が主語で、対応する**述語動詞がないので**、空所には動詞が入ります。選択肢に invite（〜を招待する）の変化形が並んでいますが、(D) の現在分詞・動名詞はⓋになれません（準動詞です）。残る (B) が能動態、(A)(C) が受動態です。主語の「博物館」は「(visitors) を招待する」側なので、**能動態**が適切です。(B) invites が正解。空所後に visitors（来館者）という目的語になる名詞があることをヒントに能動態を選ぶことも可能です。

訳 Brooklyn 科学博物館は、科学技術を独自の方法で体験するよう来館者を招いています。

`244` **14.** 空所後のbyは受動態のヒント 正解 (C)

Ⓢ Ⓥ until Ⓢ Ⓥ . で、接続詞 until が２つの節（ⓈⓋ）をつなぐ形です。until 以降の節を見ると、it が主語で、空所には**述語動詞**が必要です。選択肢の surpass（〜を上回る）を知らない場合は、カタチで考えます。まず、(B) の現在分詞・動名詞はⓋになれません。残る (A)(D) が能動態、(C) が受動態です。空所後には、**目的語になる名詞ではなく、受動態の行為者を示す by** があります。よって**受動態**の (C) was surpassed を正解と判断します。surpass は他動詞で、能動態なら必ず目的語が必要です。

訳 10年前に観光業に抜かれるまで、農業はその国の経済で最大の部門だった。

`245` **15.** 現在進行形の受動態は〈is[are] being＋過去分詞〉 正解 (C)

A security camera が主語で、述語動詞が見当たりません。空所には動詞が入ります。まず、主語が**三人称単数**なので、三単現の s が付いていない (D) を除外します。残る (A)(B) が install（〜を設置する）の能動態、(C) が受動態です。主語と install の関係を考えると、主語の「カメラ」は「設置される」側です。よって、唯一の**受動態**の (C) is being installed が正解。現在進行形の受動態は、「今〜されているところだ」という意味を表します。

訳 セキュリティカメラが受付の真上に設置されているところだ。

□ **16.** The interior of the clock tower has remained the same since it
□ was last ------- half a century ago.

    (A) refurbished
    (B) refurbish
    (C) refurbishment
    (D) refurbishing

□ **17.** The committee ------- the operating budget to include $12,000 in
□ funding to replace the ventilation system.

    (A) amending
    (B) amended
    (C) to amend
    (D) is amended

□ **18.** The keynote speaker at the symposium on environmental issues
□ ------- for a Cobalt Prize.

    (A) has been nominated
    (B) nominated
    (C) are nominating
    (D) have nominated

□ **19.** A list of the 100 most educational children's books ------- by the
□ Association for Youth Development.

    (A) compiled
    (B) are compiling
    (C) will be compiling
    (D) has been compiled

✔ 単語チェック

16. □ **remain**：動 ～のままである   □ **half a century ago**：半世紀前、50年前

17. □ **committee**：名 委員会   □ **include**：動 ～を含む
    □ **funding**：名 資金   □ **replace**：動 取り換える
    □ **ventilation**：名 換気、空調

18. □ **keynote speaker**：基調講演者   □ **symposium**：名 討論会
    □ **environmental issues**：環境問題

19. □ **association**：名 協会   □ **youth development**：青少年育成

246 **16.** 　　　　　〈態〉の問題は、空所後の目的語の有無もヒントになる 　　　　 正解 (A)

⑤Ⓥ since ⑤Ⓥ . で、接続詞 since（〜して以来）が 2 つの節（⑤Ⓥ）をつなぐカタチで
す。since 以降の節は、主語 it の後に **was** があるので、be 動詞と共に用いることができる
(A) 過去分詞と (D) 現在分詞が正解候補（last は副詞）。it は、文頭の The interior of the
clock tower を指しています。この「時計塔の内側」と動詞 refurbish（〜を改装する）と
の間には、「改装される」という受動の関係があります。よって、**be 動詞とセットで受動態
の述語動詞になる** (A) refurbished が正解。空所後に目的語になる名詞がないことも、受
動態のヒントです。(B) は原形・現在形。(C) は名詞「改装」です。

訳 その時計塔の内側は、半世紀前に最後に改装されて以来、同じ状態だ。

247 **17.** 　　　　　〈態〉の問題は、空所後の目的語の有無もヒントになる 　　　　 正解 (B)

＜-------🔧 後ろに目的語がある ➡ 能動態！

The committee ------- the operating budget to include \$12,000 in funding to
replace the ventilation system.

The committee（その委員会）が主語ですが、対応する**述語動詞がない**ので、空所には動
詞が入ります。まず (A) の現在分詞・動名詞と、(C) の不定詞はⓋになれません。残る (B)
は能動態、(D) は受動態です。空所後に **the operating budget（運営予算）という目的
語になる名詞**があることから、**能動態の** (B) amended（〜を修正した）を正解と判断します。
主語の「委員会」は「予算」を「修正する」側であることからも、能動態が適切です。

訳 委員会は、空調システムの交換のため、12,000 ドルの資金を含めるよう、運営予算を修正した。

248 **18.** 　　　　　〈態〉の問題は、空所後の目的語の有無もヒントになる 　　　　 正解 (A)

The keynote speaker（基調講演者）が主語ですが、**述語動詞**が見当たりません（本問で
の issues は名詞です）。空所には動詞が入ります。主語が**三人称単数**なので、選択肢に並
ぶ nominate（〜を候補に指名する）のうち、主述が一致しない (C) と (D) を除外。次に〈態〉
を考えると、(A) が受動態、(B) が能動態です。しかし「講演者」は「ノミネートする」と「ノ
ミネートされる」両方の可能性がありそうです。そこで、**空所後に目的語となる名詞がな
い**ことをヒントに、**受動態の** (C) has been nominated が正解だと判断します。nominate
は他動詞で、能動態なら必ず目的語が必要です。

訳 環境問題に関する討論会の基調講演者は、Cobalt 賞にノミネートされている。

249 **19.** 　　　　　空所後の by は受動態のヒント 　　　　 正解 (D)

A list が主語で、of the 100 most educational children's books は〈前置詞＋名詞〉の
修飾語です。以降に**述語動詞がない**ので、空所には動詞が入ります。まず、主語が**三人称
単数**なので、主述が一致しない (B) を除外。残りの (A)(C) が能動態、(D) が受動態なので、
〈態〉を考えます。compile（〜を編集する）を知らなければ、空所後に**受動態の行為者を
示す前置詞 by** があるのをヒントに、**受動態**（現在完了形）の (D) has been compiled を
正解と判断します。compile は他動詞で、能動態なら必ず目的語が必要です。

訳 最も教育的な児童書の 100 冊のリストが、青少年育成協会によってまとめられた。

233

20. Nominations for the Employee of Distinction Award ------- until 6:00 P.M. on July 31.

(A) have accepted
(B) was accepted
(C) are being accepted
(D) will be accepting

21. Lambert Computers ------- 35 years ago in California with just three employees.

(A) are established
(B) was established
(C) has established
(D) will establish

22. The first branch of the popular fast-food chain Frida's Fried Chicken ------- in Madison, Alabama in 1960.

(A) was opened
(B) is opened
(C) is being opened
(D) has been opened

23. Robert Moore's highly anticipated documentary about the moon landing ------- early next year.

(A) had released
(B) has been released
(C) released
(D) will be released

Hint!

✔ **単語チェック**

20. ☐**nomination**：❹候補として推薦すること   ☐**distinction**：❹優秀、違い
    ☐**award**：❹賞
22. ☐**branch**：❹支店   ☐**popular**：❺人気の
23. ☐**highly anticipated**：待望の   ☐**documentary**：❹記録映画
    ☐**moon landing**：月面着陸

250 20. 　　　　　　　　　　　**「される」は受動態**　　　　　　　　正解 (C)

主語が Nominations（推薦、候補）で、それ以外の部分は〈前置詞＋名詞〉の修飾語です。述語動詞がないので、空所には動詞が入ります。まず、主語が複数なので、(B) は主述が合いません。残る３つのうち、(A)(D) が accept（～を受け付ける）の能動態、(C) が受動態です。主語と accept の間の**「する」「される」の関係を考える**と、主語の「推薦」は「受け付けられる」側です。よって、**受動態**（現在進行形）の (C) are being accepted（受付中だ）が正解です。空所後が前置詞 until で、目的語になる名詞がないことも受動態を選ぶヒントです。

訳▶ 優秀社員賞の推薦は、7月31日の午後6時まで受付中だ。

251 21. 　　　　　　　　　**agoは過去を表すキーワード**　　　　　　　正解 (B)

選択肢の時制がバラバラなので、〈時のキーワード〉を意識します。すると、空所後に **35 years ago**（35 年前）という**過去を表すキーワード**があります。よって、**過去形**（受動態）の (B) was established（設立された）が正解。「**ago は過去形のキーワード**」と覚えましょう。(A) は現在形、(C) は現在完了形、(D) は未来を表す形です。会社は「設立される」側なので、〈態〉の視点からも能動態の (C)(D) は不正解だとわかります。

訳▶ Lambert コンピュータは、35年前にわずか3人の社員で、カリフォルニアで設立された。

252 22. 　　　　　　　**過去の出来事を表すのは過去形**　　　　　　正解 (A)

⚡ in 1960は過去のキーワード ➡ 過去形！- - - - - - ╮
　　　　　　　　　　　　　　　　　　　　　　　　　　　↓
The first branch (of the popular fast-food chain Frida's Fried Chicken) - - - - - - -
(in Madison, Alabama) **in 1960.**

The first branch（最初の支店）が主語で、of から Chicken までは長い修飾語です。それ以降に**述語動詞がない**ので、空所には動詞が必要です。選択肢はいずれも三人称単数の主語と主述が一致し、態も受動態で共通しています。よって**〈時制〉がポイント**です。最後に **in 1960** という**過去を表すキーワード**があるので、**過去形**（受動態）の (A) was opened が正解。(B) は現在形、(C) は現在進行形、(D) は現在完了形です。

訳▶ 人気のファストフードチェーンFrida's フライドチキンの1号店は、アラバマ州Madison に、1960年にオープンした。

253 23. 　　　　　〈時制〉と〈態〉のコンビネーション問題　　　　　正解 (D)

Robert Moore's highly anticipated documentary が主語で、空所には**述語動詞**が必要です。主語の documentary（記録映画）と、選択肢に並ぶ動詞 release（～を公開する）との間には、「公開される」という**受動の関係**があるので、**受動態**の (B)(D) が正解候補。さらに、文末に **early next year**（来年初旬）という公開時期が示されているので、**未来を表す形**の (D) will be released（公開される予定だ）が正解。現在完了形の (B) は時制が合いません。(A) は過去完了形、(C) は過去形です。

訳▶ 月面着陸についての、Robert Moore の待望の記録映画は、来年初旬に公開予定だ。

24. Over the past five years, Montego Bay's population ------- from roughly 10,000 to nearly 20,000.

(A) grown
(B) will grow
(C) has grown
(D) grows

25. For the past month, staff at the convention center ------- with preparations for the upcoming trade fair.

(A) have been occupied
(B) will be occupying
(C) are occupying
(D) had occupied

26. Zyglass Designs, a video game developer located in Melbourne, ------- recently by Capsoft Ltd.

(A) will be acquiring
(B) was acquired
(C) is acquired
(D) acquires

27. The marketing team ------- advertisements in fashion magazines next month to promote a new line of men's suits.

(A) had placed
(B) placing
(C) has been placed
(D) will be placing

✔ **単語チェック**

24. □ **population**：名 人口 □ **roughly**：副 おおよそ、約
    □ **nearly**：副 ほぼ
25. □ **convention center**：会議場 □ **preparation**：名 準備
    □ **upcoming**：形 今度の □ **trade fair**：展示会
26. □ **developer**：名 開発会社 □ **located**：形 〜に位置して
    □ **Ltd.**：社（株式会社であることを示す）
27. □ **advertisement**：名 広告
    □ **promote**：動 〜を宣伝する、販売促進する

254 **24.** 　　　　　現在完了形は〈過去＋現在〉を表す　　　　　正解 (C)

文頭の **Over the past five years**（この5年間に渡って）は、**現在完了形のキーワード**です。よって、(C) has grown が正解。現在完了形〈have ＋過去分詞〉は、**〈過去＋現在〉**を表します。この問題も「過去から現在までの5年間で、人口が倍近くに増えた」ということなので、現在完了形がぴったりです。(B) は未来を表す形、(D) は現在形です。(A) の過去分詞は動詞ではありません。

訳　この5年間に渡って、Montego Bayの人口は、約1万人から2万人近くに増えた。

255 **25.** 　　　　　for the past Xは現在完了形のキーワード　　　　　正解 (A)

文頭の **For the past month**（この1カ月に渡って）は、**現在完了形のキーワード**なので、(A) have been occupied が正解。*be* occupied with *X* は「*X* で忙しい」という意味です。「過去から現在までの1カ月間、ずっと忙しい」ということなので、**〈過去＋現在〉**を表す現在完了形がぴったりです。空所後に目的語の名詞がないので、〈態〉の視点で、受動態の (A) を正解と判断することも可能。(B) は未来進行形、(C) は現在進行形、(D) は過去完了形。

訳　この1カ月間、会議場のスタッフは、次の展示会の準備でずっと忙しい。

256 **26.** 　　　　　recentlyは過去形・現在完了形のキーワード　　　　　正解 (B)

空所後の副詞 **recently**（最近、少し前に）は、**過去形または現在完了形のキーワード**です。選択肢に現在完了形はないので、**過去形**の (B) was acquired（買収された）が正解です。(A) は未来進行形、(C)(D) は現在形です。**「recently は過去形・現在完了形のキーワード」**と頭に入れましょう。

　recentlyは「最近」、つまり「現在よりも少し前」を意味するので、現在時制で用いないのが一般的です。注意しましょう。

訳　メルボルンにあるビデオゲーム開発会社Zyglass Designs社は、最近Capsoft社に買収された。

257 **27.** 　　　　　未来進行形は「そうなる流れになっている」　　　　　正解 (D)

The marketing team が主語で、空所には**述語動詞が必要**です。まず、(B) の現在分詞・動名詞は V になれません。文後半に **next month**（来月）という〈時のキーワード〉があるので、広告を出すのは未来のことだとわかります。よって、**未来進行形**の (D) will be placing（出す予定だ）が正解。(A) は過去完了形、(C) は現在完了形。

　未来進行形will be doingは、「そうなる流れになっている」イメージの時制です。ここでも「広告を出す準備が進んでいて、何事もなければ来月そうなる流れになっている」というニュアンスです。

訳　マーケティングチームは、紳士物スーツの新ラインを宣伝するため、ファッション誌での広告を来月出す予定だ。

□ **28.** More than 100 individual donors have contributed to the
□ fund-raising campaign since it ------- in March.

    (A) launched
    (B) launching
    (C) launches
    (D) launch

□ **29.** If all goes according to plan, the product design ------- by the end
□ of August.

    (A) finalized
    (B) was finalized
    (C) will be finalized
    (D) has been finalized

□ **30.** Mr. Herald was pleased to learn that Elsonia Bank now -------
□ electronic billing statements.

    (A) offering
    (B) offer
    (C) offered
    (D) offers

✔ **単語チェック**

28. □**individual**：形 個人の   □**donor**：名 寄付者
    □**contribute**：動 寄付する   □**fund-raising**：形 募金の
29. □**according to plan**：予定通りに   □**product**：名 製品
30. □**pleased**：形 喜んで
    □**electronic billing statement**：電子請求明細

258 28. 　　　　　　　接続詞 since（～して以来）の後は過去形 　　　　　正解 (A)

文全体は ⑤ ⑥ since ⑤ ⑥. と、**接続詞 since**（～して以来）が２つの節（⑤⑥）をつな
ぐ形です。空所を含む since 以降の節は、it が主語で、空所には**述語動詞**が必要です。接
続詞 since は「～して以来」の意味の場合、**過去の起点**を示し、**必ず過去時制が続きます**。よっ
て、**過去形**の (A) launched（始まった）が正解です。(B) は現在分詞・動名詞。(C) は三
人称単数現在形で、(D) は原形・現在形です。

 接続詞の**since**には「～するので」の意味もあります。その場合は、この過去時制が続くルールは当て
はまりません。『「～して以来」のsinceの後は過去形』と覚えてください。

訳 ▶ その募金キャンペーンが3月に始まって以来、100名以上の個人の寄付者が寄付を行った。

259 29. 　　　　　　　「もし」の if の後が現在形なら未来の話 　　　　　正解 (C)

┈┈┈ ⚡if 節の ⑥ に注目 ➡ 現在形で未来のことを表す！
　　　　　↓
If all　goes　(according to plan),
　⑤　　⑥
the product design　┈┈┈　(by the end of August).
　　⑤
　　　　　　↑
　　┈┈┈┈未来を表す形が入る！

文全体は If ⑤ ⑥, ⑤ ⑥. と、**接続詞 if** が２つの節（⑤⑥）をつなぐ形です。if 節につい
ては、必ず次のルールを覚えてください。**if 節の動詞が現在形の場合、もう一方の節は
〈will などの助動詞＋動詞の原形〉のカタチ**になります。この問題文も、if 節の動詞 goes
が現在形なので、「もし予定通りにいけば」という未来の想定です。よって、もう一方の節
の ⑥ は、**未来を表す形**の (C) will be finalized（完成するだろう）になります。(A)(B) は
過去形で、(D) は現在完了形。

訳 ▶ もし、すべてが予定通りに行けば、その製品デザインは8月の終わりまでには完成するだろう。

260 30. 　　　　　　　now は「現在」を表すキーワード 　　　　　正解 (D)

文全体は Mr. Herald was pleased to learn that ⑤ ⑥. の形です。that 節の中は、
Elsonia Bank が主語で、以降に**述語動詞がない**ので、空所には動詞が入ります。まず述
語動詞になれない (A) の現在分詞・動名詞を除外。次に、主語が**三人称単数**なので、三単
現の s が付いていない (B) も除外できます。残る (C)(D) の違いは**〈時制〉**です。空所前に
now という現在を表すキーワードがあるので、**現在形**の (D) offers が正解。過去形の (C)
は now と時制が合いません。Herald さんが喜んだのは過去のことですが、この銀行は今
も電子請求明細を提供しています。

訳 ▶ Herald さんは、Elsonia 銀行が今は電子請求明細を提供していると知って嬉しかった。

 《動詞問題》はここまでです。おつかれさまでした。ここまで来れば、もう折り返し
地点です。残り半分もがんばりましょう。

TOEICの世界では

「どんなアイデアでも絶賛される」

会議では、フツウの意見でもほめられ、
すぐに採用されがち

登場人物がみんな常に前向きなのは、
この自由に意見できる雰囲気のおかげに違いない。

第3章
前置詞or
接続詞問題

《前置詞or接続詞問題》は
毎回3〜5問は出題される定番問題です。
ポイントは〈前置詞〉と〈接続詞〉の違いをきちんと理解すること。
出題される前置詞と接続詞は、ある程度決まっているので、
ここでしっかり覚えてしまいましょう。

問題数
20問

知る《前置詞or接続詞問題》を知ろう

Part 5で、**毎回3〜5問程度出題**されるのが、前置詞／接続詞／副詞が選択肢に並んでいる**《前置詞or接続詞問題》**です。次のような問題です。

例 題

● 空所に入る語句を(A)〜(D)から1つ選びましょう。

------- the copy machine was not working, Mr. Watson could not make the copies.

(A) Because　　　接 〜なので
(B) Therefore　　副 したがって
(C) Due to　　　　前 〜が理由で
(D) Even though　接 〜だが

（※詳しい解き方はp. 256で解説）

「コピー機が動いていなかった**〈ので〉**、Watson さんはコピーできなかった」とすればよさそうだから、(A) Because が正解、と思いましたか？

でも、待ってください。(C)も「〜が理由で」という意味です。「コピー機が動いていなかったという理由で」となるので、これも正解になりそうですよね。

実は、この《前置詞or接続詞問題》は、**意味だけを考えても解けません。**次の2つのステップで解くのが基本です。

> **Step 1**　空所の後ろのカタチを見る
> **Step 2**　候補が複数あれば、意味のつながり考える

Step 1では、空所の後ろに**〈節〉が来る**のか、それとも**名詞（のカタマリ）が来る**のかを見極めなければいけません。そこで、「〈節〉って？？？」という人のために、まず「〈節〉とは何か」ということから学んでいきましょう。

さらに、さまざまな前置詞や接続詞の意味を知らなければ、Step 2で答えを絞り込むことができません。Part 5によく出題されるものをしっかり覚えていきましょう。

Check!

　　　　　　　　本章で学ぶこと

理解する

☐ **〈前置詞〉と〈接続詞〉、そして〈副詞〉**
- •〈節〉って何？
- •前置詞
- •接続詞
- •副詞
- •よく出る前置詞と接続詞

☐ **《前置詞or接続詞問題》の解き方**

解いて覚える

☐ **基礎問題トレーニング10問**
☐ **標準問題トレーニング10問**

> ここまで来れば、もう折り返し地点を過ぎていますよ。

前置詞／接続詞／副詞について見ていく前に、まず節（ⓈⓋ）とは何かについて説明します。

〈節〉って何？

第1章で「1つの英文にⓈとⓋは1つずつ」という原則を覚えてもらいました。しかし、実際には、次のような英文もあります。

When I was a child, I wanted to be a singer.
　　　　Ⓢ　Ⓥ　　　　　　　Ⓢ　　　Ⓥ
（私は子供のころ、歌手になりたかった）

I was late because the traffic was bad.
Ⓢ　Ⓥ　　　　　　　　　Ⓢ　　　　Ⓥ
（渋滞がひどかったので、私は遅刻した）

どちらも1つの文の中にⓈとⓋが2つずつありますね。しかし、これはルール違反なわけではありません。when や because のような接続詞があれば、**文にⓈⓋを追加できる**のです。

ここでは、**When I was a child**（私が子供だったころ）や **because the traffic was bad**（渋滞がひどかったので）というⓈⓋを含むカタマリが、文に情報を加える**副詞の役割**をしています。

こうした文の中にあるⓈⓋ**を含むカタマリ**を〈節〉と呼びます。

■〈節〉と〈句〉

それに対し、文の中にあるⓈⓋ**を含まないカタマリ**を〈句〉と呼びます。

I live in Tokyo. （私は東京に住んでいる）

この文の in Tokyo はⓈⓋを含まないカタマリで、動詞 live を修飾する**副詞の役割**をしています。

244

SVを含むカタマリが〈節〉、SVを含まないカタマリが〈句〉という違いは、《前置詞or接続詞問題》を解くための重要なポイントです。それを頭に入れた上で、前置詞と接続詞、そして副詞について見ていきましょう。

名詞を節につなぐ〈前置詞〉

前置詞の後には**名詞(のカタマリ)が続きます**。前置詞の直後に節(SV)は来ません。名詞(のカタマリ)を節につなげるのが前置詞です。

「雨」という名詞を節(波下線)につなぐ

[前置詞]
⊙ Due to <u>the rain</u>, the event was canceled.

⊙ The event was canceled due to <u>the rain</u>.

(雨が理由でイベントは中止になった)

節をつなぐことはできない!

✖ Due to <u>it was raining</u>, the event was canceled.

☑ 前置詞の後ろには名詞のカタマリ(句)が来る
☑ 前置詞の後ろに節(SV)は来ない

節と節をつなぐ〈接続詞〉

because や when、if のような接続詞は、**2つの節(⑤Ⓥ)をつなぎます**。こうした接続詞の後に名詞だけが来ることはありません。

〔接続詞〕
👀「雨が降る」という節をつなぐ

◉ If it rains, I'll stay home.
   ⑤ Ⓥ

(もし雨が降ったら、家にいます)

〔接続詞〕
◉ I stayed home because it was raining.
              ⑤   Ⓥ

(雨が降っていたので家にいた)

👀 名詞をつなぐことはできない！

❌ If the rain, I'll stay home.

❌ I stayed home because the rain.

☑ 接続詞の後ろには節(⑤Ⓥ)が来る

注意 〈等位接続詞〉と〈従位接続詞〉

厳密には、接続詞には〈等位接続詞〉と〈従位接続詞〉の2種類があります。〈等位接続詞〉というのは、and、or、but といった接続詞です。こうした接続詞の後には、名詞だけが来ることもあります。下の例文では、等位接続詞の and が Tex と Junko という名詞同士をつないでいます。

Tex and Junko are friends.

ですが、because や when、if といった接続詞は〈従位接続詞〉と呼ばれ、名詞をつなぐことはできません。「**名詞をつなぐのが前置詞、節をつなぐのが接続詞**」という基本をまずは押さえましょう。

つなぎの機能がない〈副詞〉

　副詞は文の飾りなので、前置詞や接続詞のようにつなぐ機能がありません。特によくある間違いが、however（しかしながら）やtherefore（したがって）の使い方です。《接続副詞》というまぎらわしい名前が付いていますが、これらは副詞です。

　以下のように2つの文の流れをスムーズにするために使われます。

⊙ **Tex is poor. [接続副詞]However, he is happy.**

（Tex は貧しい。しかしながら、彼はハッピーだ）

⊙ **Tex won. [接続副詞]Therefore, he is happy.**

（Tex は勝った。したがって、彼はハッピーだ）

　こうした副詞は、カンマで前後の節をつなぐことはできません。あくまで2つの文の流れを整えるためのものです。

カンマで前後の節をつなぐことはできない！

❌ **Tex is poor, however he is happy.**

❌ **Tex won, therefore he is happy.**

「副詞は飾りでつなぎの機能がない」と頭に入れましょう。

前置詞と接続詞の位置

　前置詞も接続詞も文頭に来る場合と、文中に来る場合があります。頭に入れておきましょう。

接続詞の位置　　接続詞 S V , S V .
　　　　　　　　　S V 接続詞 S V .

前置詞の位置　　前置詞 名 , S V .
　　　　　　　　　S V 前置詞 名 .

よく出る〈前置詞〉と〈接続詞〉

《前置詞or接続詞問題》では、選択肢に前置詞／接続詞／副詞が並びますが、それらの意味と品詞がわかっていないと解けません。

Part 5によく出るものをリストアップしました。いきなり全部覚えるのは大変ですが、少しずつ頭に入れていきましょう。

■ 意味の似た前置詞と接続詞

Part 5でよく出題される、意味の似た前置詞と接続詞です。

前置詞	接続詞
during （〜の間）	while （〜する間、〜する一方）
because of （〜が理由で） due to owing to	because （〜なので） since as
despite （〜にもかかわらず） in spite of	although （〜だが） though even though

because ofやdue to、in spite ofなどは2語以上になっていますが、このカタマリで1つの前置詞として機能します。

■ 前置詞と接続詞の両方で使われる単語

単語	前置詞としての意味	接続詞としての意味
before	〜の前に	〜する前に
after	〜の後に	〜した後に
until	〜まで	〜するまでずっと
as	〜として	〜なので、〜するとき
since	〜以来	〜なので 〜して以来

■ 押さえておきたい接続詞

2語以上のものもありますが、そのカタマリで1つの接続詞として機能します。

接続詞	意味
when	～するとき
while	～する間に、～する一方で
if	もし～するなら
unless	～しない限り
because	～なので
as soon as	～するとすぐに
once	～するとすぐに
although	～だが
though	～だが
even though	～だが
whether	～であろうと、～かどうか
whereas	～であるのに対して
whenever	～するときはいつでも
even if	たとえ～しても
in case	～した場合に備えて
as long as	～する限り
now that	今は～なので
so that	～するために、～できるように
provided that	～するという条件で
given that	～を考慮すると
in the event that	～した場合

第3章 《前置詞or接続詞問題》

■ 押さえておきたい接続副詞

Part 6では、正しい接続副詞を選ぶ問題がよく出題されます。ここで覚えておきましょう。

接続副詞	意味
therefore	したがって
however	しかしながら
nevertheless	それにもかかわらず
moreover	その上
furthermore	さらに
meanwhile	その間
otherwise	さもなければ
instead	その代わり
rather	むしろ

✔ チェックポイント

☐ 前置詞は 名詞のカタマリ（句） をつなぐ

☐ 接続詞は 節（⑤Ⓥ） をつなぐ

☐ (接続)副詞には つなぎの機能 はない

☐ 前ページの前置詞と接続詞の意味を赤シートで隠してチェックしておき
　ましょう

✔ チェック問題①

◉次の語句が前置詞／接続詞／副詞のうち、どれかを答えましょう。

単語	前置詞	接続詞	副詞	✔ 答え
1. although	☐	☐	☐	接続詞
2. during	☐	☐	☐	前置詞
3. while	☐	☐	☐	接続詞
4. even	☐	☐	☐	副詞
5. unless	☐	☐	☐	接続詞
6. if	☐	☐	☐	接続詞
7. even if	☐	☐	☐	接続詞
8. due to	☐	☐	☐	前置詞
9. because	☐	☐	☐	接続詞
10. in spite of	☐	☐	☐	前置詞
11. so that	☐	☐	☐	接続詞
12. despite	☐	☐	☐	前置詞
13. because of	☐	☐	☐	前置詞
14. according to	☐	☐	☐	前置詞
15. therefore	☐	☐	☐	副詞
16. when	☐	☐	☐	接続詞
17. however	☐	☐	☐	副詞
18. now that	☐	☐	☐	接続詞
19. prior to	☐	☐	☐	前置詞
20. even though	☐	☐	☐	接続詞

前置詞or接続詞問題　第3章

---

because of（〜が理由で）やaccording to（〜によると）のように、前置詞のofやtoが付いていれば前置詞です。また、so that（〜するために）やnow that（今は〜なので）のように、接続詞のthatが付いていれば接続詞です。

◉空所後のカタチに注意しながら、日本語の意味になるよう空所を埋めてみましょう。最初の1文字をヒントとして表示しています。

1. We did not go out yesterday (**b**   ) it was windy.
(風が強かったので、私たちは昨日出かけなかった)

2. ① We did not go out yesterday (**b**   ) (   ) the strong wind.

② We did not go out yesterday (**d**   ) (   ) the strong wind.

③ We did not go out yesterday (**o**   ) (   ) the strong wind.
(強風だったので、私たちは昨日出かけなかった)

3. I'll wait (**w**   ) you check.
(あなたがチェックしている間、私は待ちます)

4. I stayed in Kyoto (**d**   ) the summer vacation.
(夏休みの間、私は京都に滞在した)

5. ① (**A**   ) it was raining, we went for a walk.

② (**E**   ) (**t**   ) it was raining, we went for a walk.
(雨が降っていたが、私たちは散歩に出かけた)

6. ① (**D**   ) the rain, we went for a walk.

② (**I**   ) (**s**   ) (**o**   ) the rain, we went for a walk.
(雨にもかかわらず、私たちは散歩に出かけた)

7. ① (**A**   ) (**s**   ) (   ) Tex arrives, we will leave.

② (**O**   ) Tex arrives, we will leave.
(Texが到着したらすぐにわれわれは出発します)

答え

1. because

空所後が節なので接続詞の because（～なので）。

2. ①because of

②due to

③owing to

①空所後が名詞なので前置詞の because of（～が理由で）。of が付くと前置詞になるので注意しましょう。

②空所後が名詞なので前置詞の due to（～が理由で）。

③空所後が名詞なので前置詞の owing to（～が理由で）。

3. while

空所後が節なので接続詞の while（～する間）。

4. during

空所後が名詞なので前置詞の during（～の間）。

5. ①Although

②Even though

①空所後が節なので接続詞の Although（～だが）。

②空所後が節なので接続詞の Even though（～だが）。

6. ①Despite

②In spite of

①空所後が名詞なので前置詞の Despite（～にもかかわらず）。

②空所後が名詞なので前置詞の In spite of（～にもかかわらず）。

7. ①As soon as

②Once

①空所後が節なので接続詞の As soon as（～するとすぐに）。

②空所後が節なので接続詞の Once（～するとすぐに）。

第3章 前置詞or接続詞問題

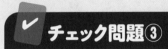
◉Part 5形式の2択問題を10問解いてみましょう。空所後の形を見て、節（ⓈⓋ）なら接続詞、名詞なら前置詞を選ぶのが基本です。

1. We did not go out ------- it was raining.

☐ (A) because ☐ (B) because of

2. We did not go out ------- the rain.

☐ (A) because ☐ (B) because of

3. ------- the rain, we went out.

☐ (A) Although ☐ (B) Despite

4. ------- it was raining, we went out.

☐ (A) Although ☐ (B) Despite

5. ------- the rain, the game was canceled.

☐ (A) Because ☐ (B) Due to

6. ------- I was eating dinner, I saw Tex.

☐ (A) While ☐ (B) During

7. ------- the meeting, Tex was sleeping.

☐ (A) While ☐ (B) During

8. ------- Tex arrives, we will leave.

☐ (A) Once ☐ (B) Soon

9. ------- its high price, the car is popular.

☐ (A) Although ☐ (B) In spite of

10. ------- he joined the company, Tex has been working very hard.

☐ (A) Since ☐ (B) Although

答え

1. (A) 空所後が節なので、接続詞の (A) because (〜なので) が正解。

訳 雨が降っていたので、われわれは外出しなかった。

2. (B) 空所後が名詞なので、前置詞の (B) because of (〜が理由で) が正解。

訳 雨が理由で、われわれは外出しなかった。

3. (B) 空所後が名詞なので、前置詞の (B) Despite (〜にもかかわらず) が正解。

訳 雨にもかかわらず、われわれは外出した。

4. (A) 空所後が節なので、接続詞の (A) Although (だが) が正解。

訳 雨が降っていたが、われわれは外出した。

5. (B) 空所後が名詞なので、前置詞の (B) Due to (〜が理由で) が正解。

訳 雨が理由で、試合は中止になった。

6. (A) 空所後が節なので、接続詞の (A) While (〜する間) が正解。

訳 夕食を食べている間に、Tex を見かけた。

7. (B) 空所後が名詞なので、前置詞の (B) During (〜の間) が正解。

訳 ミーティング中、Tex は寝ていた。

8. (A) 空所後が節なので、接続詞の (A) Once (〜するとすぐに) が正解。once は副詞と接続詞の両方の用法があることに注意しよう。soon (もうすぐ) は副詞。

訳 Tex が到着したらすぐにわれわれは出発します。

9. (B) 空所後の its は「その」という意味の代名詞です。it is の省略形である it's とは異なります。つまり、空所後は名詞なので、前置詞の (B) In spite of (〜にもかかわらず) が正解。

訳 高価格にもかかわらず、その車は人気だ。

10. (A) 空所後が節なので、空所には接続詞が必要。(A)(B) どちらも接続詞の機能を持つので、意味のつながりを考えます。2つの節の意味がうまくつながるのは、(A) Since (〜して以来) です。(B) Although (〜だが) では意味が通じません。

訳 会社に入って以来、Tex は一生懸命働いている。

《前置詞or接続詞問題》の解き方

　前置詞と接続詞の違いは理解できましたか？　最後にこのタイプの問題の解き方を見ていきます。本章の冒頭で示したようにポイントは2点です。

☑ **空所の後ろのカタチを見る**
☑ **候補が複数あれば、意味のつながり考える**

例題を解きながら、詳しく見ていきましょう。

例　題

◉ 空所に入る語句を(A)〜(D)から1つ選びましょう。

------- the copy machine was not working, Mr. Watson could not make the copies.

(A) Because
(B) Therefore
(C) Due to
(D) Even though

解き方の基本

1 選択肢をチェック

　選択肢の並びを見て《前置詞 or 接続詞問題》だと判断し、(A)(D) が接続詞、(B) 副詞、(C) 前置詞であることを把握します。

2 空所の後ろのカタチをチェック

　次に問題文のカタチを確認します。カンマの前後が、どちらも主語(S)と述語動詞(V)を含む節になっていますね。

------- the copy machine was not working , Mr. Watson could not
　　　　　　S　　　　　　　　V　　　　　　　　　　S
make the copies.
　V

　節同士をつなぐのは、前置詞と接続詞どちらでしたか？　そう、接続詞です。選択肢中、接続詞は (A) Because と (D) Even though です。正解候補を2つに絞りこみました。次に意味を考えましょう。

③ 意味をチェック

Because(〜なので)とEven though(〜だが)のうち、意味がうまくつながるのはどちらでしょうか?　前半の節は「コピー機が動いていなかった」、後半の節は「コピーできなかった」という内容です。「コピー機が動いていなかった〈ので〉、コピーできなかった」とつながれば自然ですね。(A) Becauseが正解だとわかります。Even thoughだと、うまく意味がつながりません。

前置詞の(C) Due toは、節ではなく、名詞(のカタマリ)をつなぐということを再度、確認しておきましょう。次のような使い方をします。

Due to the rain, the event was canceled.

(雨が理由で、イベントは中止になった)

ちなみに、接続副詞の(B)には、節と節、あるいは名詞と節をつなぐ機能はありません。2つの文の意味の流れを整える働きをします。

正解 (A)

訳 コピー機が動いていなかったので、Watsonさんはコピーが取れなかった。

第3章 前置詞or接続詞問題

解いて覚える 基礎問題トレーニング

● Part 5形式の〈基礎問題〉を10問解きます。しっかり空所後の形を見て、前置詞か接続詞のどちらが入るのかを見極めましょう。

☐
☐ **1.** ------- you travel abroad, you should always take out travel insurance.

   (A) When
   (B) Therefore
   (C) Rather
   (D) During

☐
☐ **2.** Read the instructions carefully ------- assembling the TV stand.

   (A) then
   (B) before
   (C) still
   (D) soon

☐
☐ **3.** ------- fierce competition, we have been increasing sales.

   (A) Although
   (B) Instead
   (C) Unless
   (D) Despite

✔ 単語チェック

1. ☐ **abroad**：副 海外に　　　　☐ **take out insurance**：保険に入る
2. ☐ **instruction**：名 取扱説明書　☐ **carefully**：副 丁寧に
   ☐ **assemble**：動 〜を組み立てる
3. ☐ **fierce**：形 激しい　　　　　☐ **competition**：名 競争
   ☐ **increase**：動 〜を増やす　　☐ **sales**：名 売上

261 1. 正解 (A)

⚠️ 後ろが S V のある節 ➡ 接続詞が入る!

‑‑‑‑‑‑‑ you_S travel_V abroad, you_S should always take out_V travel insurance_O.

you_S travel_Vのように、**空所後が節**（S V）ですね。カンマ後も節なので、空所には**節同士をつなぐ接続詞**が必要です。よって、(A) When（～する時）が正解です。(D) During（～の間）は、意味だけを考えればよさそうですが、名詞をつなぐ前置詞なので不適切。(B) Therefore（したがって）と (C) Rather（むしろ）は接続機能がない副詞です。

訳 ▶ 海外を旅行するときは、常に旅行保険に入るべきだ。

《前置詞 or 接続詞問題》 第**3**章

262 2. 正解 (B)

⚠️ 動名詞のカタマリ＝名詞として働く

Read_V the instructions_O carefully ‑‑‑‑‑‑‑ assembling the TV stand.

後ろが名詞 ➡ 前置詞が入る!

文頭の Read が動詞で、空所の前までで命令文の節（S V）になっています（命令文なので主語は省略）。しかし、空所後は S V ではなくて、動名詞のカタマリです。動名詞は前置詞の目的語になるんでしたね。**節に動名詞のカタマリをつなぐのは前置詞**です。(B) before（～の前に）が正解。before は前置詞だけでなく、接続詞の機能もあることを覚えておきましょう。(A) then（その時）、(C) still（まだ）、(D) soon（もうすぐ）は、いずれも接続機能がない副詞です。

 空所後が節かどうかは、動詞(V)があるかないかで見分けましょう。

訳 ▶ TVスタンドを組み立てる前に、丁寧に取扱説明書を読んでください。

263 3. 正解 (D)

⚠️ 後ろが名詞 ➡ 前置詞が入る!

‑‑‑‑‑‑‑ fierce competition, we have been increasing sales.

空所後は fierce competition（激しい競争）という**名詞**で、カンマ以降が節（S V）です。**名詞を節につなぐのは前置詞**です。選択肢中、前置詞は (D) Despite（～にもかかわらず）のみ。「激しい競争**〈にもかかわらず〉**、売上を伸ばした」となり、文意も通るので (D) が正解です。(A) Although（～だが）と、(C) Unless（～しない限り）は、節をつなぐ接続詞。(B) instead（代わりに）は接続機能がない副詞です。instead of（～の代わりに）の形であれば前置詞として働きます。

訳 ▶ 激しい競争にもかかわらず、当社は売上げを伸ばしてきた。

□ **4.** ------- production delays, Nancy Glass canceled her summer
□ concerts.

  (A) Due to
  (B) Because
  (C) As soon as
  (D) In case

□ **5.** Patients should arrive 20 minutes ------- their appointment.
□
  (A) while
  (B) as soon as
  (C) prior to
  (D) formerly

□ **6.** I will not go home ------- I have repaired the equipment.
□
  (A) during
  (B) then
  (C) prior
  (D) until

□ **7.** Any purchase can be returned ------- it is in its original condition.
□
  (A) even
  (B) because of
  (C) only if
  (D) already

✔ **単語チェック**

4. □**production**：❷制作、生産 □**cancel**：❶～を中止する	□**delay**：❷遅れ
5. □**patient**：❷患者	□**arrive**：❶到着する
6. □**repair**：❶～を修理する	□**equipment**：❷機器
7. □**purchase**：❷購入品 □**original condition**：元の状態	□**return**：❶～を返品する、戻す

264 **4.** 　　　　　　　　　　　　　　　　　　　　　　　　　　　　　[正解] (A)

> ┌─────── ❷ 後ろが「制作の遅れ」という名詞 ➡ 前置詞が入る!
> ↓
> ------- production delays, Nancy Glass ⑤ canceled Ⓥ her summer concerts Ⓞ.

空所後が production delays（制作の遅れ）という**名詞**で、カンマ後が節（⑤Ⓥ）です。**名詞を節につなぐのは前置詞**です。前置詞は (A) Due to（〜が理由で）のみ。「制作の遅れ**〈が理由で〉**、コンサートを中止した」となり文意も通るので、(A) が正解。(B) Because（〜なので）、(C) As soon as（〜したらすぐに）、(D) In case（〜した場合に備えて）は、いずれも節をつなぐ接続詞です。(B) は Because of（〜が理由で）だと前置詞です。

[訳] 制作の遅れが理由で、Nancy Glass はサマーコンサートを中止した。

265 **5.** 　　　　　　　　　　　　　　　　　　　　　　　　　　　　　[正解] (C)

文頭から空所の前までが節（⑤Ⓥ）で、空所後の their appointment は「彼らの予約」という**名詞**です。**名詞を節につなぐのは前置詞**なので、(C) prior to（〜の前に）が正解です。(A) while（〜する間）と、(B) as soon as（〜したらすぐに）は節をつなぐ接続詞。(D) formerly（かつて）は接続機能がない副詞です。

 prior toのtoは前置詞で、不定詞のtoではありません。「〜する前に」と言う場合、**prior to entering the room**（部屋に入る前に）のように、動詞の原形ではなく、動名詞が続く点にも注意が必要です。

[訳] 患者は、予約の20分前に到着しなければならない。

266 **6.** 　　　　　　　　　　　　　　　　　　　　　　　　　　　　　[正解] (D)

> ┌─────── ❷ 後ろが⑤Ⓥのある節 ➡ 接続詞が入る!
> ↓
> I ⑤ will not go Ⓥ home ------- I ⑤ have repaired Ⓥ the equipment Ⓞ.

空所前後がどちらも節（⑤Ⓥ）なので、空所には**節同士をつなぐ接続詞**が必要です。接続詞は (D) until（〜するまで）のみ。「機器を修理**〈するまで〉**、家に帰らない」となり、文意も通るので (D) が正解です。until には、接続詞と前置詞（〜まで）の両方の機能がある点を覚えておきましょう。(A) during（〜の間）は前置詞。(B) then（その時）は接続機能がない副詞。(C) prior（事前の）は形容詞です。

[訳] 私は機器を修理するまで、家に帰りません。

267 **7.** 　　　　　　　　　　　　　　　　　　　　　　　　　　　　　[正解] (C)

空所の前後がどちらも節（⑤Ⓥ）なので、空所には**節同士をつなぐ接続詞**が必要です。接続詞は、(C) only if（〜する場合のみ）だけ。「元の状態に**〈ある場合のみ〉**、返品可能だ」となり、文意も通るので (C) が正解です。(A) even（〜でさえ）と、(D) already（すでに）は接続機能がない副詞。(B) because of（〜が理由で）は、名詞を節につなぐ前置詞です。because だけだと接続詞なので、違いに注意しましょう。

[訳] 元の状態にある場合のみ、どの購入品も返品可能だ。

☐
☐ **8.** I will not renew the lease ------- you lower the rent.

    (A) despite
    (B) unless
    (C) however
    (D) rather

☐
☐ **9.** Please be careful ------- opening the overhead luggage bins.

    (A) during
    (B) because
    (C) when
    (D) almost

☐
☐ **10.** ------- your project has been approved, we will issue you a permit.

    (A) Now that
    (B) As for
    (C) Due to
    (D) Except for

✔ 単語チェック

8.	☐ **renew**：動 ～を更新する	☐ **lease**：名 賃貸契約
	☐ **lower**：動 ～を下げる	☐ **rent**：名 家賃
9.	☐ **careful**：形 注意して	☐ **overhead**：形 頭上の
	☐ **luggage**：名 手荷物	☐ **bin**：名 入れ物
10.	☐ **approve**：動 ～を承認する	☐ **issue**：動 ～を出す、発行する
	☐ **permit**：名 許可証	

268 **8.**　　　　　　　　　　　　　　　　　　　　　　　　　　　正解 (B)

┌------ ✦ 後ろが S V のある節 ➡ 接続詞が入る!
│ ↓
I will not renew the lease ------ you lower the rent .
S   V   O   S   V   O

空所の前後がどちらも節（S V）なので、空所には**節同士をつなぐ接続詞**が必要です。よって、(B) unless（〜しない限り）が正解。空所後の lower は、形容詞 low の比較級に加えて、こうした動詞「〜を下げる」でも頻出です。(A) despite（〜にもかかわらず）は名詞と節をつなぐ前置詞、(C) however（しかしながら）と (D) rather（むしろ）は接続機能がない副詞です。

訳 あなたが家賃を下げない限り、私は賃貸契約を更新しないでしょう。

269 **9.**　　　　　　　　　　　　　　　　　　　　　　　　　　　正解 (C)

┌------ you are opening の you are が省略
│ ↓
Please be careful ------ opening the overhead luggage bins.
　　V C   ↑
　　　　　　　　　└------ ✦ S V のある節が続いていると考えられる

空所後が節ではないので、前置詞が正解候補です。ところが、前置詞の (A) during（〜の間）は、動名詞をつなぐことができません（名詞は可能）。「〜することの間」となって意味が通じないからです。正解は、接続詞の (C) when。なぜなら、**接続詞 when は、2 つの節の主語が同じ場合、〈主語＋be 動詞〉を省略できる**からです。ここでも、when (you are) opening ... の you are が省略されている、つまり節をつないでいると考えられます。「手荷物入れを開ける**〈ときは〉**、注意して」となり、文意も通ります。(B) because（〜なので）も接続詞ですが、そのような用法はありません。(D) almost（ほぼ）は接続機能がない副詞。

 難易度が高い問題ですが、接続詞whenの後の〈主語+be動詞〉が省略されているパターンは定期的に出題されます。「whenは節以外に分詞もつなげられる」と覚えてください。whileにも同じ用法があります。

訳 頭上の手荷物入れを開けるときは、注意してください。

270 **10.**　　　　　　　　　　　　　　　　　　　　　　　　　　正解 (A)

┌------ ✦ 後ろが S V のある節 ➡ 接続詞が入る!
│ ↓
------ your project has been approved , we will issue you a permit.
　　　　　S   V

空所後が節（S V）、カンマ後も節なので、空所には**節同士をつなぐ接続詞**が必要です。よって、(A) Now that（今は〜なので）が正解。now that や so that（〜するために）、provided that（〜するという条件で）のように **that が付いたら接続詞**、と頭に入れましょう。一方、(B) As for（〜に関していえば）、(C) Due to（〜が理由で）、(D) Except for（〜を除いて）のように、**for や to が付いたものは前置詞**として、名詞を節につなぎます。

訳 今、あなたのプロジェクトの承認が下りたので、許可証を発行します。

263

● 最後に、本番レベルの問題を10問解きます。空所後のカタチを見て、前置詞と接続詞のどちらが入るのかを見極め、正解候補が複数あれば、意味がうまくつながるものを選びましょう。
（※本章の〈標準問題〉は〈基礎問題〉をベースにしていません）

1. Albert Reyes was the head chef ------- the Tiki Eatery opened a decade ago.

(A) then
(B) but
(C) when
(D) already

2. ------- it was founded 15 years ago, Tsukuda Tech has become one of the foremost suppliers of high-quality valves.

(A) Since
(B) Soon
(C) From
(D) Almost

3. Milo Ferris was a professor at Brinkley University ------- leaving to start a consulting business eight years ago.

(A) before
(B) then
(C) previously
(D) soon

Hint!

✔ **単語チェック**

1. □**head chef**：料理長　　　　　□**decade**：名10年
2. □**found**：動〜を設立する　　　□**foremost**：形トップの、最高の
　 □**supplier**：名供給業者
3. □**professor**：名教授　　　　　□**leave**：動辞める、去る

271 1.　正解 (C)

● 後ろが S V のある節 ➡ 接続詞が入る!

Albert Reyes (S) was (V) the head chef (C) ------- the Tiki Eatery (S) opened (V) a decade ago.

空所の前後がどちらも節（S V）なので、空所には**節同士をつなぐ接続詞**が必要です。選択肢のうち、接続詞は (B) but（しかし）と (C) when（〜するとき）です。次に、前後の節の**意味のつながり**を考えます。自然につながるのは「Tiki レストランがオープンした**〈とき〉**、Albert Reyes は料理長だった」となる、(C) です。(B) では意味が通じません。(A) then（その時）と (D) already（すでに）は接続機能がない副詞です。

訳 Albert Reyesは、Tikiレストランが10年前にオープンしたとき、料理長だった。

272 2.　正解 (A)

● 後ろが S V のある節 ➡ 接続詞が入る!

------- it (S) was founded (V) 15 years ago, Tsukuda Tech (S) has become (V) one of the foremost suppliers (C) (of high-quality valves).

空所後が節（S V）、カンマ後も節なので、空所には**節同士をつなぐ接続詞**が必要です。よって、(A) Since（〜して以来）が正解です。「〜して以来」の意味の場合、since の後は過去形、もう１つの節は現在完了形になることも頭に入れましょう。(B) Soon（もうすぐ）と (D) Almost（ほぼ）は接続機能がない副詞。(C) From（〜から）は名詞を節につなぐ前置詞です。

 since には、接続詞として「〜なので」と理由を表す意味もあります。ただし、前置詞の場合は「〜以来」の意味しかありません。違いに注意しましょう。

訳 15年前に設立されてから、Tsukudaテックは、高品質バルブのトップ供給業者の1つになった。

273 3.　正解 (A)

これは動名詞!

Milo Ferris (S) was (V) a professor (C) (at Brinkley University) ------- leaving to start a consulting business eight years ago.

● 後ろが(動)名詞のカタマリ ➡ 前置詞が入る!

文頭から空所の前までが節（S V）です。しかし、空所後の leaving は**「辞めること」**という動名詞です。つまり、**名詞のカタマリが続いている**ので、空所には**前置詞**が入ります。(A) before（〜の前に）が正解。before は接続詞と前置詞両方の機能を持ちます。(B) then（その時）、(C) previously（以前）、(D) soon（もうすぐ）は、いずれも接続機能がない副詞です。

訳 Milo Ferrisは、8年前にコンサルティング業を始めるために辞める前は、Brinkley大学の教授だった。

4. You will receive a confirmation e-mail ------- your order has been shipped.

(A) soon
(B) once
(C) usually
(D) within

5. The itinerary is subject to change without prior notice ------- unexpected weather conditions.

(A) now that
(B) because
(C) due to
(D) although

6. ------- she has been retired for twelve years, Barb Lancer still attends graduation ceremonies at the university.

(A) Despite
(B) Even
(C) However
(D) Although

Hint!

✔ **単語チェック**

4. ☐ **confirmation**：❷確認　　　　　☐ **ship**：❶出荷する
5. ☐ **itinerary**：❷旅程表　　　　　　☐ *be* **subject to** *X*：Xになる場合がある
　 ☐ **prior notice**：事前の通知　　　　☐ **unexpected**：❸予想外の
　 ☐ **weather conditions**：気象状況
6. ☐ **retire**：❶退職する　　　　　　☐ **attend**：❶～に出席する
　 ☐ **graduation ceremony**：卒業式

274 **4.**　　　　　　　　　　　　　　　　　　　　　　　　　　正解 (B)

❷ 後ろが S V のある節 ➡ 接続詞が入る！

You will receive a confirmation e-mail ------- your order has been shipped.
　S　　V　　　　　　　O　　　　　　　　　　　　S　　　　　　V

空所の前後がどちらも節（ S V ）なので、空所には**節同士をつなぐ接続詞**が必要です。よって、(B) once（〜するとすぐに）が正解です。once は副詞「一度、かつて」としても出ますが、接続詞の用法がよく出題されます。(A) soon（もうすぐ）と (C) usually（通常）は接続機能がない副詞。(D) within（〜以内に）は名詞を節につなぐ前置詞です。

訳 ▶ ご注文の品が出荷されましたらすぐに、確認のメールが届きます。

275 **5.**　　　　　　　　　　　　　　　　　　　　　　　　　　正解 (C)

❷ 後ろが名詞のカタマリ ➡ 前置詞が入る！

The itinerary is subject to change (without prior notice) ------- unexpected
　　S　　　　　V　　C
weather conditions.

文頭から空所までが節（ S V ）ですが、空所後は unexpected weather conditions（予想外の気象状況）という**名詞のカタマリ**です。**名詞を節につなぐのは前置詞**なので、(C) due to（〜理由で）が正解。(B) because（〜なので）は接続詞なので不適切ですが、because of（〜が理由で）であれば前置詞として働くので、正解になり得ます。(A) now that（今は〜なので）と (D) although（〜だが）は、節をつなぐ接続詞です。

訳 ▶ 予想外の気象状況により、旅程表は、事前の通知なしに変更になる場合がある。

276 **6.**　　　　　　　　　　　　　　　　　　　　　　　　　　正解 (D)

❷ 後ろが S V のある節 ➡ 接続詞が入る！

------- she has been retired (for twelve years), Barb Lancer still attends
　　　　S　　　V　　　　　　　　　　　　　　S　　　　　　V
graduation ceremonies (at the university).
　　　O

空所後が節（ S V ）、カンマ後も節なので、空所には**節同士をつなぐ接続詞**が必要です。選択肢のうち接続詞は (D) Although（〜だが）のみ。「退職している**〈が〉**、Barb はまだ卒業式に出席している」となり、文意も通るので (D) が正解。(A) Despite（〜にもかかわらず）は意味的には当てはまりますが、名詞を節につなぐ前置詞なので不適切。(B) Even（〜でさえ）と (C) However（しかしながら）は接続機能がない副詞です。

 前置詞の**despite**と接続詞の**although**の使い分けを問う問題は頻出です。必ず覚えておいてください。

訳 ▶ Barb Lancer は、退職して12年だが、まだ大学での卒業式に出席している。

7. ------- the free trial period, you will automatically be charged $8.90.

    (A) Already
    (B) Though
    (C) Since
    (D) After

8. For security reasons, everyone must present photo identification ------- entering the Suffolk Building.

    (A) during
    (B) when
    (C) then
    (D) immediately

9. Maria Gomez could not attend the meeting last Friday ------- she was at a conference in Budapest.

    (A) then
    (B) soon
    (C) since
    (D) during

10. ------- last year's convention, this year's event will be for two days.

    (A) Unlike
    (B) Even if
    (C) In addition
    (D) Otherwise

Hint!

✔ 単語チェック

7. ☐ **trial period**：お試し期間　　　　　　☐ **automatically**：🔊 自動的に
   ☐ **charge**：🔊 ～を請求する
8. ☐ **security**：🔊 安全　　　　　　　　　☐ **present**：🔊 ～を提示する
   ☐ **photo identification**：写真付き身分証明
9. ☐ **attend**：🔊 ～に出席する　　　　　　☐ **conference**：🔊 会議
10. ☐ **convention**：🔊 会議、大会

277 7. 正解 (D)

空所後が the free trial period（無料のお試し期間）という名詞のカタマリで、カンマ後が節（SV）です。**名詞を節につなぐのは前置詞**なので、(C) Since（〜以来）と (D) After（〜の後で）が正解候補。次に意味のつながりを考えます。カンマ前後を自然につなぐのは、「お試し期間〈の後で〉、8ドル90セントが請求される」となる After なので (D) が正解。前置詞の since は、since yesterday（昨日以来）や since last week（先週以来）のように、過去の起点を伴います。(A) Already（すでに）は副詞。(B) Though（〜だが）は接続詞か副詞です。

訳 無料のお試し期間の後は、8ドル90セントが自動的に請求されます。

278 8. 正解 (B)

they(=everyone) are が省略

(For security reasons), everyone(S) must present(V) photo identification(O) ------ entering the Suffolk Building.

節が続いていると考えられる！

空所の前は節（SV）ですが、後ろには SV が見当たりません。entering を動名詞と考えると、前置詞が正解候補です。選択肢中、前置詞は (A) during（〜の間）のみ。しかし、during は動名詞をつなぐことができません（「〜することの間」となり意味が通じないため）。正解は、接続詞の (B) when です。**接続詞 when は、2つの節の主語が同じ場合、〈主語＋be動詞〉を省略できる**ためです。ここでは、when (they are) entering ... の they are が省略されている、つまり節をつないでいると考えます。「Suffolk ビルに入る〈ときは〉」となり文意も通ります。**「when は節以外に分詞もつなげられる」**と覚えてください。(C) then（その時）と (D) immediately（ただちに）は接続機能がない副詞です。

訳 安全上の理由で、Suffolk ビルに入るときは、写真付き身分証明を必ずご提示ください。

279 9. 正解 (C)

空所の前後がどちらも節（SV）なので、空所には**節同士をつなぐ接続詞**が必要です。よって、(C) since（〜なので）が正解。**since は接続詞の場合、「〜して以来」だけでなく、「〜なので」と理由を表す意味もある**ことを覚えてください。(A) then（その時）と (B) soon（もうすぐ）は接続機能がない副詞。(D) during（〜の間）は名詞を節につなぐ前置詞。

訳 Maria Gomez はブタペストでの協議会に参加していたので、先週金曜日の会議に出席できなかった。

280 10. 正解 (A)

空所後が last year's convention（昨年の会議）という名詞で、カンマ後が節（SV）です。**名詞を節につなぐのは前置詞**なので、(A) Unlike（〜とは違って）が正解。(B) Even if（〜するけれども）は節をつなぐ接続詞。(C) In addition（加えて）と (D) Otherwise（さもなければ）は接続機能がない副詞です。(C) は in addition to（〜に加えて）の形だと、前置詞として名詞をつなぎます。

訳 去年の会議とは違い、今年のイベントは2日間です。

● TOEICワールドは夢の国 ●

TOEICの世界では
「きょうもコピー機は動かない」

なぜかコピー機はいつも紙詰まりや、
紙切れを起こしている

ほかにも「飛行機はいつも遅れる」。しかし、そのことに怒る人
はいない。TOEIC世界の住人はみんながまん強い。

第4章
代名詞問題

《代名詞問題》は、比較的答えやすい問題です。
出題されたら確実に正解できるよう、
しっかり学んでいきましょう。

問題数
20問

知る 《代名詞問題》を知ろう

〈代名詞〉は、その名の通り、**名詞**の「代」わりに使われます。

I met Mr. Kato. He is my TOEIC teacher.
（私は Kato さんに会いました。彼は私の TOEIC の先生です）

この例文のIやHe、my が代名詞です。

Part 5では、he ／ his ／ him ／ himself といった選択肢の中から、正しい答え
を選ぶ問題がほぼ**毎回1問出題**されます。

たとえば、以下のような形です。

例 題

◉ 空所に入る語句を(A)〜(D)から1つ選びましょう。

Telecommuters usually work from ------- home and are expected to
maintain traditional work hours.

(A) they
(B) their
(C) them
(D) themselves

（※詳しい解き方はp. 278で解説）

選択肢に they ／ them ／ their ／ themselves といった形の異なる代名詞が並
んでいますね。このような**代名詞の形の変化を〈格〉**と呼びます。

☑ 代名詞の形の変化を〈格〉と言う

そして〈格〉ごとに、主語になったり、目的語になったり、文の中での働きが決まっ
ています。

《代名詞問題》の解き方の基本は、空所前後を中心に文のカタチをチェックし、
主語や目的語といった、抜けている要素を特定します。そして、その働きができ
る〈格〉を選ぶ、というものです。

〈格〉の問題は、基本が理解できていれば解けるので、本番では確実に正解したいところです。

そのためには、どんな〈格〉があって、それぞれどんな働きをするのかを知っておく必要がありますね。

以下の表を見たことありますよね？　でも、ぼんやりと覚えている人が多いと思うので、ここで、しっかりおさらいをしておきましょう。

●人称代名詞の格変化

数	人称	主格 （〜は、〜が）	所有格 （〜の）	目的格 （〜を、〜に）	所有代名詞 （〜のもの）	再帰代名詞 （〜自身）
単数	1人称	I	my	me	mine	myself
	2人称	You	your	you	yours	yourself
	3人称	he	his	him	his	himself
		she	her	her	hers	herself
		It	its	it	—	itself
複数	1人称	we	our	us	ours	ourselves
	2人称	you	your	you	yours	yourselves
	3人称	they	their	them	theirs	themselves

《代名詞問題》 第4章

本章で学ぶこと

理解する

☐〈代名詞〉の格変化
☐《代名詞問題》の解き方

ここは比較的取り組みやすい章です。でも気を抜かずにいきましょう。

解いて覚える

☐基礎問題トレーニング10問
☐標準問題トレーニング10問

理解する 〈代名詞〉の格変化

まずは、前のページにも出ていたこの表の内容をしっかり頭に入れてください。付属の赤シートで隠せるので、あやふやならここで確認しましょう。

数	人称	**1** 主格 （～は、～が）	**2** 所有格 （～の）	**3** 目的格 （～を、～に）	**4** 所有代名詞 （～のもの）	**5** 再帰代名詞 （～自身）
単数	1人称	I	my	me	mine	myself
	2人称	You	your	you	yours	yourself
	3人称	he	his	him	his	himself
		she	her	her	hers	herself
		It	its	it	—	itself
複数	1人称	we	our	us	ours	ourselves
	2人称	you	your	you	yours	yourselves
	3人称	they	their	them	theirs	themselves

人称代名詞の格

次に、それぞれの格の役割を、上の表の左から順に見ていきましょう。

1 主格

文の主語になるのが〈主格〉です。

主語になる

She is a famous designer. （彼女は有名なデザイナーです）
[S]

It is a new company. （それは新しい会社です）
[S]

They are shaking hands. （彼らは握手をしています）
[S]

② 所有格

「誰の〜」という所有者を示します。そのため、**直後には「〜」を表す名詞がきます。**

後ろに名詞（波下線）がくる

I have your e-mail address. （あなたのメールアドレスは持っています）

His computer is broken. （彼の PC は壊れている）

The company changed its logo. （その会社は自社のロゴを変えた）

③ 目的格

他動詞や前置詞の目的語になります。

他動詞の目的語

動詞の目的語になる

[他動詞]
I met them yesterday. （私は彼らに昨日会った）
O

Let's ask her. （彼女に聞いてみましょう）
O

前置詞の目的語

前置詞の目的語にもなる

[前置詞]
I spoke to him. （私は彼と話した）
O

④ 所有代名詞

〈所有格＋前に出てきた名詞〉の代わりに使われます。

My office is next to yours. （私のオフィスはあなたの隣です）
‖
your office
[所有格]　[前出の名詞]

mine=my desk

Which desk is mine? （どれが私の机ですか？）

5 再帰代名詞

目的語が主語と同じ場合に目的語として使われます。また、完成した文に加えて**「自分自身で」「自ら」という強調**の意味を表します。

再帰代名詞

目的語になる

「私が私を紹介する」のように目的語が主語と同じ

I introduced myself to Mr. Kato.
(私は加藤さんに自己紹介をした)

強調

文の要素がそろっている

She wrote the book herself.
(彼女は自分自身でその本を書いた)

「彼女自身で」とShe を強調

以上が人称代名詞の格の説明です。

《代名詞問題》を解く際は、主語が抜けていたら主格、名詞の前が空所なら所有格、他動詞や前置詞の目的語が抜けていたら目的格、空所がなくても文ができていたら再帰代名詞を選ぶのが基本です。

> 厳密には、所有代名詞が主語になる、あるいは所有代名詞や再帰代名詞が目的語になることもあります。ただ、みなさんは、まずはこの基本を押さえてください。

- ☑ **主語が抜けている** ➡ 主格
- ☑ **名詞の前が空所** ➡ 所有格
- ☑ **他動詞や前置詞の目的語が抜けている** ➡ 目的格
- ☑ **空所がなくても文ができている** ➡ 再帰代名詞

◉日本語訳を参考に、空所に入る代名詞を答えてください。

1. Tex is (①   ) teacher. (②   ) don't like (③   ) very much.

（Texは私たちの先生です。私たちは彼があまり好きではありません）

2. (①   ) often visit (②   ) office.

（私はよく彼女のオフィスを訪ねます）

3. (①   ) car is white and (②   ) is green.

（私の車は白で、彼のは緑です）

4. Mr. Kato does all the work (   ).

（Katoさんは仕事をすべて自分自身で行います）

5. April will be a busy month for all of (   ).

（4月は私たち全員にとって忙しい月になるだろう）

《代名詞問題》 第**4**章

答え

1. ① our ／② We ／③ him

①名詞 teacher の前が空所なので「私たちの」という意味を表す所有格の our。／②主語が抜けているので主格の We。／③like という他動詞の目的語が抜けているので目的格の him。

2. ① I ／② her

①主語が抜けているので主格の I。／②office という名詞の前が空所なので「彼女の」という意味を表す所有格の her。

3. ① My ／② his

①car という名詞の前が空所なので「私の」という意味を表す所有格の my。／②his car という〈所有格＋名詞〉の代わりに使われるのが所有代名詞の his です。主格の he を入れると、「彼は緑だ」となり意味が通じません。「彼」の所有格と所有代名詞はどちらも his なので注意してください。

4. himself

空所がなくても、Mr. Kato does all the work.（Katoさんはすべての仕事を行う）という文ができています。こうした完成文に付け加えて、「自分自身で」という強調を表すのが再帰代名詞の himself です。

5. us

前置詞 of の目的語になるのは目的格の us です。

《代名詞問題》の解き方

《代名詞問題》の解き方は、シンプルです。

空所前後を中心に文のカタチをチェックして、主語が抜けていたら主格、名詞の前が空所なら所有格、他動詞や前置詞の目的語が抜けていたら目的格、空所がなくても文ができていたら再帰代名詞を選ぶのが基本です。

☑ **主語が抜けている** ➡ 主格

☑ **名詞の前が空所** ➡ 所有格

☑ **他動詞や前置詞の目的語が抜けている** ➡ 目的格

☑ **空所がなくても文ができている** ➡ 再帰代名詞

章の最初で紹介した例題を解きながら、解答の手順を見ていきましょう。

例題

◉ 空所に入る語句を(A)〜(D)から1つ選びましょう。

Telecommuters usually work from ------- home and are expected to maintain traditional work hours.

(A) they
(B) their
(C) them
(D) themselves

解き方の基本

1 選択肢をチェック

選択肢を見れば、すぐに《代名詞問題》だとわかります。(A) 主格／(B) 所有格／(C) 目的格／(D) 再帰代名詞、というように各選択肢の格を頭に入れましょう。

2 空所前後のカタチをチェック

空所の前後を中心に文のカタチをチェックします。ここでは、空所直後に home という名詞があるので、「〈誰の〉家」なのかを表す〈所有格〉の(B) their が正解です。their home（彼らの家）となり前置詞 from の目的語になります。(A)は主語になる「主格」、(C)は目的語になる「目的格」、(D)は「再帰代名詞」です。

正解 (B)

訳 在宅勤務者は、通常、自宅から仕事をして、従来通りの勤務時間を維持することを期待されます。

注 □ telecommuter：名 在宅勤務者　□ *be expected to do*：～することを期待される
　　□ maintain：動 ～を維持する　□ traditional：形 従来通りの、伝統的な
　　□ work hours：勤務時間

《第4章 代名詞問題》

✔ チェックポイント

□ 代名詞の格変化の表は覚えましたか？　あやふやな方はp. 274に戻って、
　覚えましょう。

● 《代名詞問題》の解き方の基本

□ 主語が抜けている ➡ 主格 が入る

□ 名詞の前が空所 ➡ 所有格 が入る

□ 他動詞や前置詞の目的語が抜けている ➡ 目的格 が入る

□ 空所がなくても文ができている ➡ 再帰代名詞 が入る

次のページからはいよいよ本番形式の問題です。ここで学んだ解き方を実践してみましょう ▶

解いて覚える基礎問題トレーニング

● Part 5形式の〈基礎問題〉で解き方の基本を確認しましょう。主語が抜けていたら主格、目的語が抜けていたら目的格、名詞の前が空所なら所有格、文が完成していたら再帰代名詞を選ぶのが基本です。

☐☐ **1.** ------- has all the necessary qualifications for the job.

    (A) She
    (B) Her
    (C) Hers
    (D) Herself

☐☐ **2.** The students were asked which plan ------- would prefer.

    (A) they
    (B) their
    (C) them
    (D) themselves

☐☐ **3.** Mr. Kato usually works from ------- home.

    (A) he
    (B) his
    (C) him
    (D) himself

✔ 単語チェック

1. ☐**necessary**：形 必要な　　　　　　　☐**qualification**：名 資格

281 **1.** 　　　　　　　　　　　　　　　　　　　　　　　　　　正解 (A)

------- *❷ ⑤が抜けている ➡ 主格が入る！*

------- has all the necessary qualifications (for the job).
　　　　ᵥ　　　　　　　　　　　　　　O

述語動詞 has の**主語**が抜けています。**主語になるのは主格**なので、(A) She が正解です。所有代名詞は〈所有格＋名詞〉を 1 語で表したものなので、名詞として扱われます。ということは主語になることもできるのですが、ここでは (C) Hers は「彼女の〈何〉」を表しているのかが不明なので、不正解。

訳 ▶ 彼女はその仕事に必要な資格をすべて持っている。

---

282 **2.** 　　　　　　　　　　　　　　　　　　　　　　　　　　正解 (A)

　　　　　　　　　　　　　　　　 ----- *❷ ⑤が抜けている ➡ 主格が入る！*

The students were asked which plan ------- would prefer.
　　　S　　　　　ᵥ　　　　　　　　　　　　　ᵥ

空所後の述語動詞 would prefer の**主語**が抜けているので、**主格**の (A) they が正解です。この問題文は間接疑問文という形で、which 以降が節（⑤ Ⅴ）になっています。which plan they would prefer は「どのプランを彼らが好むだろうか」という意味です。

訳 ▶ 学生たちは、どのプランが好きかを質問された。

---

283 **3.** 　　　　　　　　　　　　　　　　　　　　　　　　　　正解 (B)

　　　　　　　　　　　　　　　　　[名詞]

Mr. Kato usually works from ------- home.
　　S　　　　　　　ᵥ

------- *❷ 名詞の前に入り「〈誰の〉〜」を表す ➡ 所有格！*

空所後に**名詞の home がある**ので、**所有格**の (B) his（彼の）が正解。「彼自身の家」という意味だと考えて、himself を選んだ人もいるかもしれませんが、再帰代名詞を所有格の代わりに使うことはできません。その場合は、his own home（彼自身の家）という形になります。

訳 ▶ Kato さんは通常、自宅から仕事をする。

281

4. You should explain the situation to -------.

    (A) he
    (B) his
    (C) him
    (D) himself

5. Ms. Paige recently celebrated ------- restaurant's 15th anniversary.

    (A) she
    (B) herself
    (C) her
    (D) hers

6. Sarah Johnson is a friend of -------.

    (A) I
    (B) my
    (C) myself
    (D) mine

7. I will work for Ms. Kruger while ------- is on vacation.

    (A) she
    (B) her
    (C) hers
    (D) herself

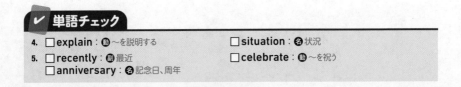

✔ 単語チェック

4. ☐ **explain**：⑩〜を説明する   ☐ **situation**：⑧状況
5. ☐ **recently**：⑩最近   ☐ **celebrate**：⑩〜を祝う
    ☐ **anniversary**：⑧記念日、周年

284 **4.** 　　　　　　　　　　　　　　　　　　　　　　正解 (C)

　　　　　　　　　　　　　　　　　　　└─────⏴ 前置詞 to の O が入る！
　　　　　　　　　　　　　　　　　　　　　　↓
You should explain the situation to ------.
　S　　　V　　　　　　　O

空所前に**前置詞 to** があるので、**目的語になる目的格**の (C) him が正解です。再帰代名詞
も目的語になりますが、(D) himself は、主語 You と別人なので不適切。

訳　あなたは状況を彼に説明するべきです。

---

285 **5.** 　　　　　　　　　　　　　　　　　　　　　　正解 (C)

　　　　　　　「レストランの15周年」という名詞のカタマリ ┈┈┈┈
　　　　　　　　　　　　　　　　　　　　　　　↓
Ms. Paige recently celebrated ------ restaurant's 15th anniversary.
　　S　　　　　　V　　　　　　　↑　　　　　　　　　　　　O
　　　　　　　　　　　　 ┈┈┈┈⏴ 名詞の前に入り「〈誰の〉～」を表す ➡ 所有格！

空所後に restaurant's 15th anniversary（レストランの 15 周年）という**名詞のカタマリ
がある**ので、**所有格**の (C) her（彼女の）が正解です。

訳　Paige さんは彼女のレストランの15周年を最近祝った。

---

286 **6.** 　　　　　　　　　　　　　　　　　　　　　　正解 (D)

空所に**所有代名詞**の (D) mine を入れると、**a friend of mine**（私の友人）という表現が
完成します。「私の友人の１人」と言いたい場合、a my friend とはできません。a と my
は一緒に使えないからです。代わりに、She is my friend. や She is a friend of mine. と
言います。a friend of mine というフレーズを何度か口ずさんで、リズムで覚えましょう。

訳　Sarah Johnson は私の友人です。

---

287 **7.** 　　　　　　　　　　　　　　　　　　　　　　正解 (A)

　　　　　　　　　　　　┈┈┈┈⏴ while 節の S がない ➡ 主格が入る！
　　　　　　　　　　　　　　　↓
I will work (for Ms. Kruger) while ------ is on vacation.
S　　V　　　　　　　　　　　　　　　　　V

while 以降が「S が V している間」という節になっています。その while 節の述語動詞 is
に対応する**主語が抜けている**ので、**主格**の (A) she が正解です。

訳　Kruger さんが休暇中、私が彼女の代わりを務めます。

8. Ms. Toshikawa bought donuts for ------- entire staff.

    (A) she
    (B) her
    (C) hers
    (D) herself

9. The ski jackets are famous for ------- innovative designs.

    (A) they
    (B) their
    (C) them
    (D) themselves

10. The film director ------- introduced the movie.

    (A) he
    (B) his
    (C) him
    (D) himself

 単語チェック

8. ☐ **entire**：形 全部の、すべての
9. ☐ **innovative**：形 ざん新な、画期的な

288 **8.** 正解 (B)

「全スタッフ」という名詞のカタマリ------

Ms. Toshikawa bought donuts for ------- entire staff.
　　　　(S)　　(V)　　(O)

↑------🖊 名詞の前に入り「〈誰の〉〜」を表す ➡ 所有格!

空所直後にentire staff（全スタッフ）という**名詞のカタマリがある**ので、**所有格**の (B) her（彼女の）が正解です。her entire staff が前置詞 for の目的語になります。

> 訳▶ Toshikawa さんは、彼女のスタッフ全員のためにドーナッツを買った。

289 **9.** 正解 (B)

「ざん新なデザイン」という名詞のカタマリ------

The ski jackets are famous for ------- innovative designs.
　　　　(S)　　　(V)　　(C)

↑------🖊 名詞の前に入り「〈誰の〉〜」を表す ➡ 所有格!

空所直後に innovative designs（ざん新なデザイン）という**名詞のカタマリがある**ので、**所有格**の (B) their（それらの）が正解。the ski jackets のような複数名詞の所有格は their です。

> 訳▶ そのスキージャケットは、ざん新なデザインで有名だ。

《代名詞問題》 第**4**章

290 **10.** 正解 (D)

すでに文が完成している

The film director ------- introduced the movie.
　　　　(S)　　　　　　(V)　　　(O)

「自分自身で」と(S)を強調する再帰代名詞が入る!

空所がなくても、The film director introduced the movie.（その映画監督は映画を紹介した）という文がすでにできています。こうした完成文に、**「自ら」「自分自身で」**という**強調の意味を付け加える**のが**再帰代名詞**です。(D) himself が正解。The film director introduced the movie himself. と文の最後にも置けます。

> 訳▶ その映画監督は、自ら映画を紹介した。

● 仕上げに、本番レベルの問題に挑戦してみましょう（※本章の〈標準問題〉の一部は〈基礎問題〉をベースにしていません）。

□
□ **1.** Ms. Bower's résumé shows that ------- has the necessary qualifications outlined in the job posting.

(A) her
(B) hers
(C) herself
(D) she

□
□ **2.** In a recent poll, Compton Library patrons were asked which renovation plan ------- would prefer.

(A) they
(B) their
(C) them
(D) themselves

□
□ **3.** Peter Simkin is an accomplished actor, but even ------- found working on the action film a challenge.

(A) he
(B) his
(C) him
(D) himself

Hint!

✔ **単語チェック**

1. □**résumé**：名履歴書 　　　　　　　　□**necessary**：形必要な
　 □**qualification**：名資格 　　　　　　□**outline**：動概略を述べる
2. □**recent**：形最近の 　　　　　　　　□**poll**：名アンケート調査
　 □**patron**：名利用者 　　　　　　　　□**renovation**：名改修
3. □**accomplished**：形熟練した 　　　　□**actor**：名俳優

291 1. 　　　　　　　　　　　　　　　　　　　　　　　　　　正解 (D)

❶ that 節の Ⓢ がない ➡ 主格が入る！

Ms. Bower's résumé shows that ------- has the necessary qualifications
outlined in the job posting.

that 以降の節（Ⓢ Ⓥ）では、述語動詞 has はありますが、**主語が抜けている**ので、**主格**の (D)
she が正解です。文全体は、Ms. Bower's résumé shows that Ⓢ Ⓥ.（Bower さんの履
歴書は～を示している）の形です。

訳 Bower さんの履歴書は、彼女が、求人広告で説明されている必要な資格を持っていることを示し
ている。

292 2. 　　　　　　　　　　　　　　　　　　　　　　　　　　正解 (A)

(In a recent poll), Compton Library patrons were asked which renovation
plan ------- would prefer.

❶ Ⓢ が抜けている ➡ 主格が入る！

この問題文は間接疑問文という形です。which 以降が節（Ⓢ Ⓥ）になっていて、その中の
述語動詞 would prefer に対応する**主語が抜けています**。**主格**の (A) they が正解。which
renovation plan they would prefer は、「どの改装計画を彼らが好むだろうか」という意
味です。

訳 最近のアンケート調査の中で、Compton 図書館の利用者は、どの改装計画を彼らが好むかを尋ね
られた。

293 3. 　　　　　　　　　　　　　　　　　　　　　　　　　　正解 (A)

Peter Simkin is an accomplished actor,
but even ------- found working on the action film a challenge.

❶ Ⓢ が抜けている ➡ 主格が入る！

文全体は、Ⓢ Ⓥ, but Ⓢ Ⓥ. の形で、2 つの節を接続詞 but がつなぐカタチです。そして、
but 以降の節において、述語動詞 found（find の過去形）に対応する**主語が抜けています**。
主格の (A) he が正解です。

空所前の **even** は「～でさえ」という意味の副詞です。ここでは、「彼でさえ」というように、空所に入る
he を修飾します。数は少ないですが、このように名詞を修飾する副詞も実はあるんです。

訳 Peter Simkin は熟練した俳優だが、彼でさえも、そのアクション映画に取り組むことは困難なこ
とだと思った。

《代名詞問題》第 **4** 章

287

☐
☐ **4.** Before the situation was explained to -------, Mr. Petrovich had
already begun to work on the problem.

(A) he
(B) his
(C) him
(D) himself

☐
☐ **5.** Josephine Gray has been praised for ------- role in the classic film
Blackmoon Rising.

(A) she
(B) herself
(C) hers
(D) her

☐
☐ **6.** The new Freight-GO logistics software enables trucking
companies to keep track of all ------- shipments and orders.

(A) they
(B) their
(C) them
(D) themselves

☐
☐ **7.** David Campbell will fill in for Sonia Kruger while ------- is away
from the office.

(A) hers
(B) her
(C) herself
(D) she

Hint!

✔ **単語チェック**

4. ☐ **situation**：❷ 状況	☐ **explain**：❶ ～を説明する
☐ **already**：❸ すでに	☐ **work on X**：X に取り組む
5. ☐ **praise**：❶ ～を称賛する、ほめる	☐ **role**：❷ 役柄、役割
6. ☐ **logistics**：❷ 物流	☐ **enable**：❶ ～を可能にする
☐ **trucking company**：運送会社	☐ **keep track of X**：X を追跡する
☐ **shipment**：❷ 出荷	☐ **order**：❷ 注文
7. ☐ **fill in for X**：X の代わりを務める	☐ **away**：❸ 不在で

294 **4.**　　　　　　　　　　　　　　　　　　　　　　　　　　正解 (C)

　　　　　　　　　　　　　　　　　　　　　前置詞 to の ⃝ が入る！
Before the situation was explained to -------, Mr. Petrovich had already
　　　　　　　S　　　　　　V　　　　　　　　　　　　　　　S
　　　　　　　　　　　　❷ 主語と同一かどうかをチェック！

begun to work on the problem.
　V　　　　　　　　　　　O

空所前の前置詞 to の**目的語が抜けている**ので、**目的格**の (C) him が正解です。再帰代名詞も目的語になり得ますが、主語の the situation と同じではないので、(D) himself は空所に入れられません。文全体は、Before ⑤ Ⓥ, ⑤ Ⓥ. で、接続詞の before が 2 つの節をつなぐ形です。

訳 ▶ 状況が彼に説明される前に、Petrovich さんは、すでにその問題に取り組み始めていた。

295 **5.**　　　　　　　　　　　　　　　　　　　　　　　　　　正解 (D)

空所直後に**名詞**の role（役柄）があるので、**所有格**の (D) her（彼女の）が正解です。なお、「彼女自身の役柄」と考えたとしても、再帰代名詞を空所に入れることはできません。その場合は her own role となります。

訳 ▶ Josephine Gray は、クラシック映画 Blackmoon Rising の中の役柄で称賛されている。

296 **6.**　　　　　　　　　　　　　　　　　　　　　　　　　　正解 (B)

空所直後に**名詞**の shipments（出荷）と orders（注文）があります。空所には「**〈誰の〉**出荷と注文」なのかを表す**所有格**が入ります。(B) their（それらの）が正解。ちなみに「それら」とは、trucking companies（運送会社）を指しています。

訳 ▶ 新しい Freight-GO 物流ソフトは、運送会社が、すべての出荷・注文を追跡することを可能にする。

297 **7.**　　　　　　　　　　　　　　　　　　　　　　　　　　正解 (D)

　　　　　　　　　❷ while 節の ⑤ がない ➡ 主格が入る！
David Campbell will fill in (for Sonia Kruger) while ------- is away (from
　　　S　　　　　　V　　　　　　　　　　　　　　　　　　　　　V　　C
the office).

文全体は、⑤ Ⓥ while ⑤ Ⓥ. と、接続詞 while が 2 つの節をつなぐカタチです。後半の while 節において、述語動詞 is に対応する**主語が抜けています**。主格の (D) she が正解です。

訳 ▶ Sonia Kruger がオフィスに不在の間、David Campbell が代わりを務めます。

8. Before the meeting, Allison went to the bakery and bought donuts for ------- entire staff.

(A) she
(B) herself
(C) hers
(D) her

9. Ski jackets made by Harshware Fashions are renowned for ------- innovative designs and durable materials.

(A) they
(B) them
(C) their
(D) themselves

10. As a pleasant surprise, film director Hayato Miyazaki ------- introduced the movie at its premiere.

(A) he
(B) his
(C) himself
(D) him

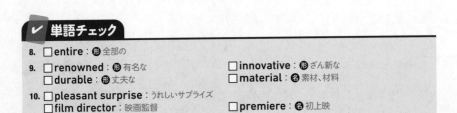

298 **8.**　　　　　　　　　　　　　　　　　　　　　　　　　　　　　　　正解 (D)

(Before the meeting), **Allison**_S **went**_V (to the bakery) **and** **bought**_V **donuts**_O **for**
------- **entire staff.**
　　　↑
　╰------ ✔ 直後に名詞 ➡「〈誰の〉〜」を表す所有格が入る！

空所直後に**名詞**の entire staff（全スタッフ）があるので、**所有格**の (D) her（彼女の）が
正解です。「彼女の全スタッフ」となり、前置詞 for の目的語になります。

訳　会議の前に、Allison はベーカリーに行って、スタッフ全員のためにドーナッツを買った。

299 **9.**　　　　　　　　　　　　　　　　　　　　　　　　　　　　　　　正解 (C)

　　　　　　　　　✔ 直後に名詞 ➡「〈誰の〉〜」を表す所有格が入る！ ------╮
　　　　　　　　　　　　　　　　　　　　　　　　　　　　　　　↓
Ski jackets made by Harshware Fashions_S **are renowned**_V **for** ------- **innovative**
designs and durable materials.

空所直後に innovative designs（ざん新なデザイン）という**名詞のカタマリがある**ので、
所有格の (C) their（それらの）が正解です。ちなみに、この their は innovative designs
だけでなく、durable materials（丈夫な素材）までかかっています。また、「それら」とは、
主語の Ski jackets made by Harshware Fashions を指しています。

訳　Harshware Fashions 製のスキージャケットは、ざん新なデザインと丈夫な素材で有名だ。

300 **10.**　　　　　　　　　　　　　　　　　　　　　　　　　　　　　　　正解 (C)

〈S＋V＋O〉の文が完成している

(As a pleasant surprise), **film director Hayato Miyazaki**_S ------- **introduced**_V **the**
movie_O (at its premiere).
　　　　　　　　　　　　　　　　↑
　　「自分自身で」とSを強調する再帰代名詞が入る！ ------╯

文頭の As a pleasant surprise（うれしいサプライズとして）は〈前置詞＋名詞〉の修飾語
です。カンマ後を見ると、空所なしでも film director Hayato Miyazaki_S introduced_V
the movie_O.（映画監督の Hayato Miyazaki が映画を紹介した）という文がすでにでき
ています。こうした完成文に、**「自分自身で」**という**強調**の意味を加えるのが**再帰代名詞**です。
(C) himself が正解。

訳　うれしいサプライズとして、映画監督の Hayato Miyazaki 自身が、初上映で映画を紹介した。

《代名詞問題》 第**4**章

TOEICの世界では
「注文品はちゃんと届かない」

注文した商品は、届くのが遅れたり、
欠品していたり、別のものが送られてきたり

でも、アフターフォローは完璧。お詫びとして割引やクーポンが
提供されるので、実は得しているのかも!?

第5章
前置詞問題

それぞれの用法を知らなければ
答えられないのが《前置詞問題》です。
でも、すべての用法を記憶するのは大変ですよね。
前置詞が持つ基本イメージを理解して、
正しい前置詞を感じ取る直感を身につけましょう。

問題数
10問

知る 《前置詞問題》を知ろう

　空所に正しい前置詞を入れる問題は、Part 5で**毎回2〜3問程度出題**されます。前置詞は日本語にはなく、英語感覚が求められるため、初級者にとっては比較的難易度が高いといえます。次のような問題です。

例　題

◉ 空所に入る語句を(A)〜(D)から1つ選びましょう。

Funland Park will celebrate its anniversary ------- September.

(A) at
(B) on
(C) in
(D) of

（※詳しい解き方はp. 307で解説）

　Septemberの前にどの前置詞が入るかは、知っていなければわかりません。

　ただ、前置詞と名詞の組み合わせをすべて暗記するのはたいへんです。そこで、重要になるのが、**前置詞の持つ基本イメージ**を把握することです。

　たとえば、前置詞inは「**すっぽり何かの〈中〉に入っている**」イメージです。

inの基本イメージ

　このことから、「月」や「年」など「長さのある期間」に対しては、**「時の流れの〈中〉」**のイメージで、inを使います。

　なので、例題のSeptember（9月）に対しては、(C)のinが正解です。

前置詞にはさまざまな用法がありますが、いずれも基本イメージから派生しています。なので、基本イメージという根っこを押さえておくことで、前置詞のもつ多様な意味にも対応しやすくなるんです。

本章で学ぶこと

理解する

□ 〈前置詞〉の基本イメージ

□ 《前置詞問題》の解き方

ようやく、ゴールが見えてきましたね。ラストスパートです。

解いて覚える

□ 基礎問題トレーニング10問

□ 標準問題トレーニング10問

まず〈前置詞〉とは何か、を説明します。

前置詞とは

〈**前置詞**〉は、名詞の「前」に「置」く「詞（ことば）」です。

[前置詞]　　[名詞]
at the station （駅で）

in Japan （日本で）

on Sunday （日曜日に）

with Mr. Kato （加藤さんと）

　このように、前置詞は**名詞とセット**で使われます。前置詞とセットになる名詞のことを〈**前置詞の目的語**〉と呼ぶのでしたね。

■ 修飾語になる

　この〈前置詞＋名詞〉のセットは、文の中で、他の語句をくわしく説明する修飾語（M）の役割をします。

　英語の修飾語は、名詞を修飾する形容詞と、名詞以外を修飾する副詞の2種類でした。つまり、〈前置詞＋名詞〉のカタマリは、**形容詞や副詞の役割をします。**次の例文を見てください。

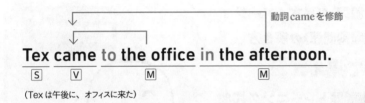

動詞cameを修飾

Tex came to the office in the afternoon.
　S　　　V　　　　　M　　　　　　　M

（Tex は午後に、オフィスに来た）

　to the office（オフィスに）と in the afternoon（午後に）という〈前置詞＋名詞〉のカタマリは、「来た←オフィスに」「来た←午後に」と、いずれも動詞cameを修飾する**副詞の役割**をしています。もう1つ例文を見てみましょう。

動詞を修飾　　　名詞を修飾

Tex works at an office in Tokyo.
　S　　　V　　　　　M　　　　　　M

（Tex は東京にあるオフィスで働いている）

　at an officeというカタマリは、「働いている←オフィスで」と、動詞のworksを修飾する**副詞の役割**をしています。一方、in Tokyoというカタマリは、「オフィス←東京にある」と、名詞のofficeを修飾する**形容詞の役割**をしています。

　Tex came.（Tex は来た）やTex works.（Tex は働いている）だけだと、どんな状況なのかがわかりません。そこに〈前置詞＋名詞〉のカタマリを加えることで、くわしい状況がわかるのです。

　☑**前置詞は名詞とセットで使う**
　☑**〈前置詞＋名詞〉のカタマリは形容詞や副詞の働きをする**

〈前置詞〉の基本イメージ

　前置詞にはそれぞれ基本イメージがあり、それをつかむと理解しやすくなります。ここでは、TOEICによく出る前置詞11個のイメージをご紹介します。

1 at

　時間や空間上の〈点〉です。〈ピンポイント〉のイメージです。

The concert starts at 7:00 P.M.
（そのコンサートは午後7時に始まる）

They are looking at a document.
（彼らは書類を見ている）

Please call me back at 555-0195.
（555-0195に折り返しお電話ください）

2 in

【基本イメージ】

　時間や空間の〈中〉です。すっぽり何か
の中に入っているイメージです。

I live in Tokyo.
（私は東京に住んでいます）

The event will be held in April.
（そのイベントは 4 月に行われます）

What is indicated in the advertisement?
（広告の中で何が示されていますか）

3 on

【基本イメージ】

　基本イメージは〈接触〉です。上下左右
関係なく、くっついているイメージです。

Some books are on a table.
（テーブルの上に本が数冊ある）

Some pictures are hanging on a wall.
（壁に数枚絵が掛かっている）

See you on Saturday.
（土曜日に会いましょう）

4 to

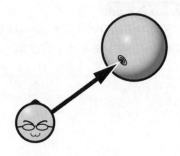

基本イメージは〈到達〉です。何かに矢
印が届いているイメージです。

I often travel to Kyoto.
（私はよく京都に旅行する）

Please send an e-mail to me.
（私にメールを送ってください）

I'll talk to the manager.
（私がマネージャーに話します）

5 for

基本イメージは〈方向〉です。何かに矢
印が向かっているイメージです。

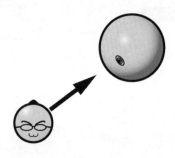

I'm leaving for Osaka on Friday.
（私は金曜に大阪に向けて出発します）

There's a letter for you.
（あなた宛ての手紙があります）

I'm waiting for Tex.
（私はテックスを待っています）

6 from

基本イメージ

　基本イメージは〈起点〉です。日本語の
「～から」のイメージです。

We're open from nine to five.
（当店は9時から5時まで開いています）

I'm calling from apartment 4B.
（アパート4Bからお電話しています）

I've just returned from vacation.
（私は休暇から戻ったばかりです）

7 under

基本イメージ

　基本イメージは〈下〉です。〈状況下〉〈影
響下〉〈効力下〉のイメージも表します。

There are some cabinets under a counter.
（カウンターの下に戸棚がある）

The building is under construction.
（そのビルは工事中です）

My computer is still under warranty.
（私のPCはまだ保証期間中です）

8 among

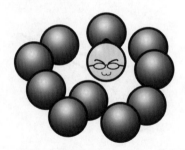

基本イメージは〈間〉です。集団に囲まれているイメージです。

Tex is standing among a group of students.
（Tex は学生たちの間に立っている）

Social media is popular among young people.
（SNS は若者の間で人気だ）

Junko is the best among the candidates.
（候補者の中で Junko がベストだ）

9 between

基本イメージは〈2つの間〉です。ごちゃごちゃしたイメージのamongと違い、はっきり分かれた個々の間のイメージです。

Please call us between 9 A.M. and 5 P.M.
（午前 9 時から午後 5 時の間にお電話ください）

A desk is between two chairs.
（机が 2 脚の椅子の間にある）

🔟 over

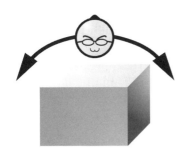

　基本イメージは〈上の円弧〉です。虹の架け橋のイメージです。

Our sales have increased over the past year.
（当社の販売は過去1年で増えた）

I travel all over the world.
（私は世界中を旅しています）

I interviewed him over the telephone.
（私は彼を電話越しに面接した）

🔟 with

　基本イメージは〈つながり〉です。何かと何かがつながっているイメージです。

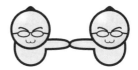

I worked with her before.
（私は以前彼女と仕事をした）

You should speak with your manager.
（マネージャーと話をすべきです）

The camera comes with a carrying case.
（そのカメラにはキャリーケースが付いてきます）

◉日本語訳を参考に、空所に入る前置詞を答えてください。

1. (　　　　　) July （7月に）

2. (　　　　　) Sunday （日曜日に）

3. (　　　　　) 9:00 A.M. （午前9時に）

4. (　　　　　) 9:00 A.M. (　　　　　) 5:00 P.M. （午前9時から午後5時まで）

5. (　　　　　) last year （昨年以来）

6. (　　　　　) the next three days （次の3日間にわたって）

7. go (　　　　　) train （電車で行く）

8. (　　　　　) 24 hours （24時間以内に）

答え

1. in 「月」や「年」など、一定の幅のある時間を表す前置詞は in です。in the afternoon（午後に）や in 1960（1960年に）といった形で使われます。in の基本イメージは〈中〉です。時の流れの〈中〉のイメージを持ちましょう。I was born in Tokyo.（私は東京で生まれた）のような場所を表す形でも頻出します。

2. on 曜日や日付を表す前置詞は on です。on January 1（1月1日に）や on Sunday morning（日曜日の朝に）といった形で使われます。on の基本イメージは〈接触〉です。カレンダーの日付の上にくっ付いているイメージで覚えましょう。on は場所も表します。A picture is hanging on the wall.（壁に絵がかかっている）のように、Part 1の写真描写問題で、何かが接触していたら on です。

3. at 時刻を表す前置詞は at です。at の基本イメージは、時の流れや空間上の〈点〉です。「ここ、そこ」という〈ピンポイント〉のイメージです。I arrived at the hotel at 2 P.M.（私はホテルに午後2時に着いた）のように場所も表します。

4. from／to from は〈起点〉、to は〈到達〉が基本イメージ。from Monday to Friday（月曜から金曜まで）といった形で、よくセットで用いられるので頭に入れましょう。

5. since 前置詞の since（〜以来）は〈過去の起点〉を表します。過去のある時点から現在に向かって伸びる「→」のイメージです。原則として、未来の時点や期間は伴わないことも頭に入れましょう（○ since last year ×since next year ×since two years）。

6. over over の基本イメージは〈上の円弧、アーチ〉です。虹の架け橋をイメージしましょう。over the next three days（次の3日間にわたって）や over the past three years（過去3年間にわたって）のように、期間を示す用法が Part 5でも頻出します。

7. by 手段を表す前置詞は by です。by e-mail（メールで）や by telephone（電話で）、by mail（郵送で）といった形で使われます。by の基本イメージは〈近接〉です。こうした〈手段〉の by は〈手近な手段〉のイメージです。The man is seated by the window.（男性が窓のそばに座っている）といった形で場所も表します。

8. within 「24時間以内に」のような「期間内」を表す前置詞は within です。within の基本イメージは〈範囲内〉です。within 5 days（5日以内に）や within a week（1週間以内に）のような「期間内」や、within walking distance（徒歩圏内に）、within the budget（予算の範囲内で）といった形で使われます。

第5章《前置詞問題》

305

9. (　　　　) the students （生徒たちの間で）

10. (　　　　) construction （建設中）

11. (　　　　) Japan （日本中で）

12. (　　　　) Friday. （金曜日までずっと）

13. (　　　　) a river （川沿いに）

答え　--

9. among　amongの基本イメージは、〈集団の間、中〉です。among customers（お客様の間で）、among residents（住人の間で）、among coworkers（同僚の間で）といった形で使われます。マラソンの先頭集団のように、ごちゃごちゃした集団に囲まれているイメージです。

10. under　underの基本イメージは〈下〉です。under construction（工事中）は、工事という〈状況下〉のイメージ。under renovation（改装中）は改装という〈状況下〉、under warranty（保証期間中）は保証の〈効力下〉です。A ship is passing under the bridge.（橋の下を船が通過している）やchildren under 10（10歳未満の子供）といった形でも使われます。

11. throughout　throughoutは、〈through（〜を通して）＋out（全部）〉のイメージです。「〜の至る所で」「〜の期間中ずっと」の意味でPart 5でも頻出します。throughout Europe（ヨーロッパ中で）、throughout the week（1週間ずっと）、throughout the day（1日中ずっと）など。

12. until　untilは「〜までずっと」という〈継続期間〉を表します。until next week（来週までずっと）、until the end of the month（月末までずっと）といった形で使われます。なお、「〜までには」という期限を表す前置詞はbyです。Please let me know by the end of the day.（今日中にはお知らせください）。untilとbyの違いを頭に入れましょう。

13. along　〈細長いものに沿った〉イメージを持つ前置詞がalongです。along the street[road/path]（通り[道路／小道]に沿って）といった形で使われます。特にPart 1では、Some cars are parked along a street.（通り沿いに数台の車が止まっている）といった形で頻出します。

理解する 《前置詞問題》の解き方

それでは最後に、《前置詞問題》の解き方の流れを見ていきましょう。

> **例題**
>
> ◎ 空所に入る語句を(A)〜(D)から1つ選びましょう。
>
> Funland Park will celebrate its anniversary ------- September.
>
> (A) at
> (B) on
> (C) in
> (D) of

解き方の基本

1 選択肢をチェック

選択肢に目を通して、前置詞だけが並んでいれば《前置詞問題》です。接続詞が混ざっていれば《前置詞 or 接続詞問題》となるので注意しましょう。

2 前置詞の基本イメージを利用する

空所の直後にはSeptember（9月）という時の表現がきています。時の表現に付く前置詞はいくつかありますが、「月」のような、「長さのある期間」に対しては、「時の流れの〈中〉」というイメージを持つ(C) inが適切です。「9月という期間の中のある時に」という意味になります。(A) atは時刻などと用い、「時の流れの〈一点〉」のイメージ。(B) onは曜日や日付と用います。

3 時間を浪費しない

「月にはinを用いる」ということ、あるいはinの基本イメージを知らなければ、どれだけ考えても(C)を選ぶことはできません。なので、答えがわからなくても、考えすぎないことが重要です。どれか1つを即決して、次に進みましょう。その際、「これがいちばんしっくりくるな」という直感を信じましょう。というのも、今までに〈in＋月〉という表現をどこかで目にしていて、それがなんか良さそうという直感につながっている可能性が高いからです。

正解 **(C)**

訳▶ Funland遊園地は、9月に記念日のお祝いをする予定だ。

次のページからはいよいよ本番形式の問題演習です。ここまで学んだことを実践してみましょう。 ▶

《前置詞問題》 第5章

解いて覚える 標準問題トレーニング

◉ 《前置詞問題》は、はじめから本番レベルの〈標準問題〉に挑戦します。10問解いてみましょう。

☐☐ **1.** When Mr. Gupta stays at the Sunscape Hotel, he always requests a room ------- a view of the ocean.

(A) to
(B) on
(C) with
(D) out

☐☐ **2.** The Veranda Restaurant on Murray Street will be closed on August 21 ------- a private event.

(A) onto
(B) above
(C) until
(D) for

☐☐ **3.** Please sign one copy of the property lease agreement and return it to us ------- August 31.

(A) by
(B) at
(C) in
(D) over

Hint!

✔ 単語チェック

2. ☐ **private**：形 私用の、個人的な

3. ☐ **property**：名 不動産　　　　☐ **lease agreement**：賃貸契約書

301 **1.** 　　　　　　　　　　　　　　　　　　　　　　　　正解 (C)

空所に **with** を入れれば、a room <u>with</u> a view of the ocean（オーシャンビューの部屋）となり、部屋の特徴を正しく示せます。前置詞 with は **「つながり、一緒」** が基本イメージ。ここでも部屋にオーシャンビューが「付いている」イメージです。

(A) to（〜に向かって）: 　例　go <u>to</u> a hotel（ホテルに行く）

(B) on（〜の上の）: 　　　例　a hotel <u>on</u> an island（島にあるホテル）

(D) out（〜から外へ）: 　　例　A man is looking <u>out</u> the window.
　　　　　　　　　　　　　　　（男性が窓の外を見ている）

訳　Gupta さんは、Sunscape ホテルに宿泊するとき、オーシャンビューの部屋を常に頼んでいる。

302 **2.** 　　　　　　　　　　　　　　　　　　　　　　　　正解 (D)

空所に **for** を入れると、<u>for</u> a private event（プライベートなイベントのために）という、レストラン閉店の**理由**を正しく示せます。for の基本イメージは **「方向」** です。方向を指し示す「→」のイメージを意識しましょう。ここでも、レストランが閉まる理由が空所後に指し示されています。

(A) onto（〜の上に）: 　　例　climb <u>onto</u> a roof（屋根の上に登る）

(B) above（〜の上に）: 　　例　Some birds are flying <u>above</u> the water.
　　　　　　　　　　　　　　　（水面の上を鳥が飛んでいる）

(C) until（〜まで）: 　　　例　<u>until</u> August 21（8 月 21 日までずっと）

訳　Murray 通りの Veranda レストランは、プライベートなイベントのため、8月21日は閉店する。

303 **3.** 　　　　　　　　　　　　　　　　　　　　　　　　正解 (A)

空所に **by** を入れると、<u>by</u> August 31（8 月 31 日までに）となり、賃貸契約書を返送する**期限**を示せます。on August 31（8 月 31 日に）のように「日」を表す前置詞は on。

(B) at: 　　　　例　<u>at</u> 9:00 P.M.（午後 9 時に）※「時刻」を表す

(C) in: 　　　　例　<u>in</u> August（8 月に）※「月」を表す。

(D) over: 　　　例　<u>over</u> the next three days（次の 3 日間に渡って）
　　　　　　　　　　※「期間」を表す

訳　不動産の賃貸契約書に1部ご署名の上、8月31日までに当社にご返送ください。

4. Harrister Bank has been training its staff to field questions ------- customers about mortgage applications.

(A) across
(B) toward
(C) through
(D) from

5. Your company logo will be printed on T-shirts worn by the exhibitors ------- the entire event.

(A) throughout
(B) beside
(C) since
(D) except

6. Most of the construction will be performed ------- 8 A.M. and 5 P.M. on Monday and Tuesday.

(A) into
(B) between
(C) after
(D) from

7. All new staff will obtain a photo identification card ------- the first week of employment.

(A) behind
(B) as
(C) along
(D) within

Hint!

---

4. □ **field**：動 ～をさばく、うまく対処する
   □ **application**：名 申請
   □ **mortgage**：名 住宅ローン

5. □ **exhibitor**：名 出展者
   □ **entire**：形 全部の、全体の

6. □ **construction**：名 工事、建設
   □ **perform**：動 ～を行う

7. □ **obtain**：動 ～を得る
   □ **employment**：名 雇用
   □ **photo identification card**：写真付きの身分証

304 **4.** 正解 (D)

空所に **from** を入れれば、questions from customers（お客様からの質問）という、質問の**発信元**を正しく示せます。from の基本イメージは**「起点」**です。**「〜から」**という日本語を頭に浮かべましょう。

(A) across（〜を横切って、〜の向こう側に）：例 across the street（通りの向こう側に）

(B) toward（〜に向かって）：例 walk toward a building（ビルに向かって歩く）

(C) through（〜を通して）：例 Monday through Friday（月曜から金曜を通して）

訳 Harrister 銀行は、住宅ローンの申請についての顧客からの質問にうまく対処するため、スタッフをトレーニングしている。

---

305 **5.** 正解 (A)

空所に **throughout** を入れれば、throughout the entire event（全イベント中ずっと）と、会社のロゴの入った T シャツを出展者が着用する**期間**を正しく示せます。throughout は、「〜中ずっと」「〜の至る所で」の意味で Part 5 でも頻出です。

(B) beside（〜の脇に）：例 a bench beside a path（小道の脇のベンチ）

(C) since（〜以来）：例 since 1950（1950 年以来）

(D) except（〜を除いて）：例 every day except Sunday（日曜を除いて毎日）

訳 御社のロゴは、イベントの間中ずっと出展者が着用する T シャツに印刷されます。

---

306 **6.** 正解 (B)

空所に **between**（〜の間）を入れれば、between 8 A.M. and 5 P.M.（午前 8 時から午後 5 時の間）という、工事が行われる時間帯を正しく示せます。between の基本イメージは**「間（あいだ）」**で、between *X* and *Y*（*X* と *Y* の間）の形で頻出します。(D) の from は from *X* to *Y* の形になるので、ここでは使えません。

(A) into（〜の中に）：例 go into a house（家の中に入る）

(C) after（〜の後に）：例 I'll be here after 3 P.M.（私は午後 3 時以降ここにいます）

(D) from（〜から）：例 from 8 A.M. to 5 P.M.（午前 8 時から午後 5 時まで）

訳 ほとんどの工事は、月曜日と火曜日の午前8時から午後5時の間に行われる。

---

307 **7.** 正解 (D)

空所に **within** を入れれば、within the first week of employment（雇用されて最初の 1 週間以内に）という、写真付き ID の配布期間を示せます。within の基本イメージは**「範囲内」**。特に within 24 hours（24 時間以内に）といった**「期間内」**を示す形で頻出です。

(A) behind（〜の背後に）：例 behind schedule（予定より遅れて）

(B) as（〜として）：例 work as a manager（マネージャーとして働く）

(C) along（〜に沿って）：例 along a street（通りに沿って）

訳 新スタッフは、雇用されて最初の1週間以内に、写真付きの身分証をもらえる。

8. If you need replacement parts or have questions ------- the product warranty, get in touch with us at 555-0187.

(A) inside
(B) next
(C) about
(D) beneath

9. ------- the candidates who applied for the accounting job, Ms. Blake had the most practical experience.

(A) Among
(B) Even
(C) Beyond
(D) During

10. About 90 percent of the survey respondents indicated they always delete promotional e-mails ------- reading them.

(A) without
(B) against
(C) despite
(D) around

✔ 単語チェック

8. ☐ **replacement**：❸交換	☐ **warranty**：❸保証
☐ **get in touch with X**：Xに連絡する	
9. ☐ **candidate**：❸候補者	☐ **apply for X**：Xに応募する
☐ **accounting**：❸会計	☐ **practical**：❺実務の
10. ☐ **survey**：❸ (アンケート) 調査	☐ **respondent**：❸回答者
☐ **delete**：⑩〜を削除する	☐ **promotional**：❺宣伝の

308 **8.**　　　　　　　　　　　　　　　　　　　　　　　　　　　　正解 **(C)**

空所に **about** を入れれば、questions <u>about</u> the product warranty（製品保証についての質問）となり、**質問内容**が正しく示せます。about の基本イメージは**「周辺、まわり」**で、ざっくりしたイメージです。リスニングの設問でも、What is the woman concerned about?（女性は何について心配していますか）といった形で出ます。(B) next は前置詞ではなく、形容詞または副詞。

(A) inside（〜の内側）:　　例　<u>inside</u> a cabinet（戸棚の内側）

(D) beneath（〜の下に）:　例　There is a river <u>beneath</u> a bridge.
　　　　　　　　　　　　　　　（橋の下に川がある）　※主に Part 1 で出題

訳　交換パーツが必要な場合や、製品保証についてご質問がある場合は、555-0187に電話で当社にご連絡ください。

309 **9.**　　　　　　　　　　　　　　　　　　　　　　　　　　　　正解 **(A)**

空所に **Among** を入れると、Among the candidates who ...（…した候補者の中で）と、Blake さんが属している集団を示すことができます。among の基本イメージは**「集団の間、中」**です。(B) Even（〜でさえ）は前置詞ではなく副詞です。

(C) Beyond（〜を超えて）:　例　The copy machine is <u>beyond</u> repair.
　　　　　　　　　　　　　　　（そのコピー機は修理の<u>範囲</u>を超えている）

(D) During（〜の間）:　　　例　<u>during</u> the interview
　　　　　　　　　　　　　　　（面接の間）　※特定の「期間」を表す

訳　経理職に応募した候補者の中で、Blake さんが最も豊富な実務経験があった。

310 **10.**　　　　　　　　　　　　　　　　　　　　　　　　　　　正解 **(A)**

空所に **without**（〜なしに）を入れれば、<u>without</u> reading them（それらを読むことなしに）となり文意が通ります。without の基本イメージは、「with（つながり）の out（外）」で、**「つながりがない」**です。

(B) against（〜に対して）:　　　例　A ladder is leaning <u>against</u> a wall.
　　　　　　　　　　　　　　　　　（ハシゴが壁に対してよりかかっている）

(C) despite（〜にもかかわらず）:　例　<u>despite</u> the bad weather
　　　　　　　　　　　　　　　　　（悪天候にもかかわらず）

(D) around（〜のまわりに）:　　　例　There are chairs <u>around</u> a table.
　　　　　　　　　　　　　　　　　（テーブルの周りに椅子がある）

訳　調査の回答者の約90%が、宣伝のメールを読むことなしに削除していることを示した。

いかがでしたか。前置詞のイメージをつかむには、英語感覚が求められます。最初のうちは、基本的な用法を覚え、英語に触れながら、少しずつ感覚をつかんでいきましょう。
前置詞問題は、考え込んで答えがわかるタイプの問題ではありません。くれぐれも本番では時間を浪費しないようにしましょう。

◉ TOEICワールドは夢の国 ◉

TOEICの世界では

「歯の手入れにとても気をつかっている」

だから「歯医者に行かなきゃ」という理由で
会議を欠席する人が多い

歯科医だけでなく、病院やクリニックがよく登場するが、
重病患者はいないのが不思議。

第6章
関係代名詞
問題

〈関係代名詞〉と聞くと
反射的に「難しい!」と感じる人が多いと思います。
でも、長い英文を理解するためには、
絶対に必要な文法知識です。
できるだけわかりやすく解説しているので、
がんばってついてきてください。

問題数
5問

知る 《関係代名詞問題》を知ろう

　英文法が苦手な方は、〈関係代名詞〉と聞くと、「難しい！」「無理！！」って反射的に思いますよね。関係代名詞が原因で英語が嫌いになってしまった人もいるかもしれません。

　実は、Part 5では、関係代名詞はあまり出題されません。**30問中1問、多くて2問、あるいは1問も出題されない**回もあります。ホッとしますよね。とはいえ、英語を理解するのに関係代名詞はとても大切ですから、ここで基本をマスターしましょう。出題されるのは、次のような問題です。

例 題

◉ 空所に入る語句を(A)〜(D)から1つ選びましょう。

Ms. Jenkins was one of the entrepreneurs ------- provided tips on running an online business.

(A) they
(B) it
(C) who
(D) what

（※詳しい解き方はp. 332で解説）

　選択肢の(C) who や(D) what から、《関係代名詞問題》だろうと推測できますね。

　でも怖がらないでください。詳しくは後ほど解説しますが、次の2つのステップに気をつければ、意外とスムーズに解けます。

> **Step 1**　先行詞が〈人〉か〈人以外〉かをチェック
> **Step 2**　後ろの文を見て、抜けている要素をチェック

　そのためには、「先行詞とは何か」「関係代名詞の種類」といったことから学んでいきましょう。

本章で学ぶこと

理解する

☐ 〈関係代名詞〉って何？

☐ 〈関係代名詞〉の使い分け

☐ 《関係代名詞問題》の解き方

さあ、最後の章です。
ちょっと難しいかもしれな
いけれど、がんばって!!

解いて覚える

☐ 標準問題トレーニング10問

まず、〈関係代名詞〉とは何か、からはじめましょう。

形容詞のカタマリを作る

関係代名詞は、名詞を後ろから詳しく説明する形容詞のカタマリを作ります。

「え、関係代名詞って名前なのに形容詞なの?」って思いますよね。

名前のことはいったん忘れて、「**関係代名詞は名詞を後ろから詳しく説明する形容詞のカタマリを作る**」と頭に入れてください。

たとえば、「彼はよい先生です」と言いたければ、He is a good teacher. です。good(よい)という形容詞が名詞のteacher(先生)を詳しく説明しています。では、次のように説明が長くなる場合は、どうすればよいでしょう。

彼は地元の高校で教えている先生です。

日本語の場合は、「地元の高校で教えている➡先生」のように、形容詞のカタマリは長くても名詞の前に来ます。

一方、英語では、**長い説明は名詞の後ろに置くというルール**があります。したがって、「先生⬅地元の高校で教えている」のように、日本語とは逆の順番にする必要があります。もちろん、次のように2文にわけて表現するのは簡単です。

He is a teacher. He teaches at a local high school.
(彼は先生です。彼は地元の高校で教えています)

でも、わざわざ2文に分けるより、1文にまとめた方がすっきりしますよね。そこで登場するのが〈関係代名詞〉です。関係代名詞を使うと、この2つの文を、「彼は地元の高校で教えている先生です」と1文にまとめることができるのです。

具体的にどうやるかを見ていきましょう。

■ 2つの文を1つにまとめる

　teacher（先生）という名詞に、「地元の高校で教えている」という説明を後ろから加えるわけですが、代名詞のheにはつなぎの機能がないので、後ろの文をそのままteacherにくっつけることはできません。

＊そのままだとつながらない！

❌ He is a teacher he teaches at a local high school.

　そこで、後ろの文のheを関係代名詞に変身させます。この時、ポイントとなるのが次の2点です。

☑ 先行詞が〈人〉か〈人以外〉かをチェック

　〈先行詞〉とは、前にある、詳しく説明したい名詞のことです。上の例文では、teacherが先行詞で、〈人〉です。

☑ 変身させる語句の、文中での働きをチェック

　上の例文ではhe（＝teacher）ですが、後ろの文中（波下線部）で主語として機能しています。

　次のページの関係代名詞の一覧表を見てください。先行詞が〈人〉で〈主語〉の役割をする（主格と言います）関係代名詞はwhoなので、heをwhoに変えます。

　あとは、who teaches at a local high school（地元の高校で教えている）というカタマリを先行詞の後ろにくっつければ完成です。

＊先行詞が〈人〉　　＊後ろの文で主語の役割

He is a teacher. He teaches at a local high school.

先行詞は〈人〉、Heは〈主語〉の役割 → whoに変身

who teaches at a local high school.

先行詞につなぐ

He is a teacher who teaches at a local high school.

（彼は地元の高校で教えている先生です）

いかがですか。heをwhoに変えて、説明したい名詞の後にくっつけるだけです。思っていたより難しくないですよね。

　このように、〈関係代名詞〉は、名詞の後ろに説明文をくっつける**接続詞の役割をしつつ、後ろの文の中で代名詞の役割**をしています。名詞と説明文を〈関係〉づけつつ、〈代名詞〉の役割もするので、〈関係代名詞〉と呼ばれるのです。

　関係代名詞は、**〈接続詞＋代名詞〉の一人二役を演じている**、とも言えます。

■ 関係代名詞の一覧

　先行詞が〈人〉か〈人以外〉か、関係代名詞が後ろの説明文の中でどういう役割をしているかで、どの関係代名詞を使うかは異なります。まず、以下の表をしっかり頭に入れましょう。

先行詞	主格	目的格	所有格
人	who	who / whom	whose
人以外	which	which	whose
何でも	that	that	whose

　また、補足ですが、関係代名詞が作る形容詞のカタマリを関係詞節と呼びます。問題演習の解説などで出てくるので頭に入れておいてください。

理解する 〈関係代名詞〉の使い分け

ここからは、〈主格〉〈目的格〉〈所有格〉それぞれの役割を見ていきましょう。まず〈主格〉からです。

主格

☑ 後ろの文で主語の役割をする ➡ 〈主格〉の関係代名詞

1 先行詞が〈人〉の場合

先行詞が〈人〉の場合、関係代名詞のうち **who** または **that** が使われます。

① He is a teacher who teaches at a local high school.

（彼は地元の高校で教えている先生です）

もう1つ、〈主格〉の関係代名詞を使った文の作り方を見てみましょう。

② I've never met the people that live next door.

（私は隣に住んでいる人たちに会ったことがない）

関係代名詞の文の作り方〈主格〉

I've never met the people. They live next door.

> ① 先行詞 people が〈人〉
> ② 後ろの文で They は〈主語〉
>
> They → 関係代名詞 that/who に変身

that live next door

> 先行詞につなぐ

I've never met the people that live next door.

これで完成です。《関係代名詞問題》を解く上で重要なので、以下の2つのポイントも頭に入れましょう。

☑ **主格の関係代名詞の後には、動詞が来る**
☑ **その動詞は先行詞と S V の関係がある**

前ページの例文①では、先行詞teacherが単数形なので、動詞teachesに**三単現のsが付いています**。一方、例文②では、先行詞peopleは複数扱いなので、動詞liveに**三単現のsは付いていません**。

2 先行詞が〈人以外〉の場合

先行詞が〈人以外〉の場合、主格の関係代名詞は**which**か**that**が使われます。使い方は、先行詞が〈人〉の場合と同様です。

先行詞は〈人以外〉

Nike is a brand that is known to many customers.

後ろの文で主語の役割

(Nikeは多くの客に知られているブランドだ)

先行詞は〈人以外〉

This is his latest book, which was published last week.

後ろの文で主語の役割

(これは先週出版された彼の最新刊です)

目的格

✅ 後ろの文で目的語の役割をする ➡ 〈目的格〉の関係代名詞

1 先行詞が〈人〉の場合

先行詞が〈人〉の場合、**who** か **whom** または **that** が使われます。

That is the girl who I saw at the party.

（あれが、私がパーティで見た女の子です）

2つの文から、関係代名詞を使って1つにまとめる流れを見てみましょう。

関係代名詞の文の作り方〈目的格〉

That is the girl. I saw her at the party.

① 先行詞 girl が〈人〉
② 後ろの文で her は〈目的語〉

her → 関係代名詞 who/whom/that に変身

I saw who at the party

先行詞につなげるために who を先頭に移動

who I saw at the party

先行詞につなぐ

That is the girl who I saw at the party.

上の例を見てわかるように、目的格の関係代名詞の後ろには〈主語＋動詞〉が来ます。《関係代名詞問題》を解く上でポイントとなるので、覚えておきましょう。

✅ 目的格の関係代名詞の後には、
　〈主語＋動詞〉が来る

注意 〈目的格〉の関係代名詞は省略できる

注意したいのが、こうした目的格の関係代名詞は省略できる点です。前ページの例文も、以下のようにできます。

〈目的格〉の関係代名詞を省略できる

That is the <u>girl</u> I saw at the party.

英文の中で**〈名詞＋ S ＋ V 〉**のカタチを見かけたら、**「このカタチは関係代名詞の省略だ。この S V は前の名詞の説明だ」**と意識しましょう。

たとえば、the book I read とあったら、「本←私が読んだ」なので、「私が読んだ本」です。the movie I love なら、「映画←私が大好きな」なので、「私が大好きな映画」です。

なお、主格の関係代名詞は原則として省略できません。

◉He is a teacher who teaches at a local high school.

主格の関係代名詞は省略できない

✖He is a teacher teaches at a local high school.

「関係代名詞を省略できるのは目的格だけ」「主格の関係代名詞は省略できない」と頭に入れましょう。

2 先行詞が〈人以外〉の場合

先行詞が〈人以外〉の場合、目的格の関係代名詞は **which** か **that** が使われます。

This is the computer that I bought last week.
（これは私が先週買った PC です）

ここでは、関係代名詞の that は、computer という先行詞に、I bought last week（私が先週買った）という説明を付け加えています。それと同時に、後ろの文の中で、bought（買った）という動詞の目的語の役割もしています。

3 〈前置詞＋関係代名詞〉となるパターン

関係代名詞が前置詞の目的語となる場合には、〈前置詞＋関係代名詞〉の形になります。この形が苦手な人も多いでしょう。

This is the house in which Mr. Kato lives.

（これは Kato さんが住んでいる家です）

これも文を2つに分けた状態から考えていきましょう。

関係代名詞の文の作り方〈前置詞＋関係代名詞〉

This is the house. Mr. Kato lives in it.

① 先行詞 house は〈人以外〉
② it は前置詞 in の〈目的語〉

it → 関係代名詞 which に変身

Mr. Kato lives in which

in と which をまとめて（前置詞は名詞とセットなので）先頭に移動

in which Mr. Kato lives

先行詞につなぐ

This is the house in which Mr. Kato lives.

第6章《関係代名詞問題》

どうですか。意外と難しくないですよね。注意点として、**前置詞の直後に関係代名詞 that を使うことはできません**。

〈前置詞＋関係代名詞〉では that は ×

✖ This is the house in that Mr. Kato lives.

また、**前置詞の直後の関係代名詞は省略できません**。なお、in はそのまま後ろに残し、which だけを先頭に移動した、This is the house which Mr. Kato lives in. も正しい英文です（この場合 which は省略できます）。

所有格

☑ 関係代名詞が、後ろの文中で〈所有格〉の役割をする

このタイプは、先行詞が〈人〉でも〈人以外〉でも **whose** が使われます。

She has a boyfriend whose father is a doctor.
（彼女には、父親が医者の彼氏がいる）

先行詞がboyfriendという〈人〉で、whoseが後ろの文の中で、his（彼の）という所有格の役割をしています。この例文の作り方を見ていきましょう。

関係代名詞の文の作り方〈所有格〉

She has a boyfriend. His father is a doctor.

his（＝boyfriend's）は〈所有格〉

his → 関係代名詞 whose に変身

whose father is a doctor

先行詞につなぐ

She has a boyfriend whose father is a doctor.

次の例文では、先行詞がproduct（製品）という〈人以外〉で、関係代名詞のwhoseが後ろの文の中で、its（その）という所有格の役割をしています。**先行詞が〈人以外〉でも所有格の関係代名詞はwhose**です。しっかり頭に入れましょう。

This is a product whose TV commercial is popular.
（これは TV CM が人気の製品です）

なお、所有格の関係代名詞も省略できません。

代名詞の所有格と同じように、所有格の関係代名詞の後ろには名詞が来ます。
《関係代名詞問題》を解く上でのポイントとなるので、頭に入れておいてください。

☑ 所有格の関係代名詞の後には、名詞が来る

これで関係代名詞の基本の説明は終わりです。ここからは〈チェック問題〉です。
以下の2つのステップで考えましょう。

Step 1 先行詞が〈人〉か〈人以外〉かをチェック
Step 2 後ろの文を見て、抜けている要素をチェック

主語が抜けていたら主格、目的語が抜けていたら目的格、所有格が抜けていたら whose を選ぶ。

下の表があやふやな人は、見ながら答えても構いません。

先行詞	主格	目的格	所有格
人	who	who / whom	whose
人以外	which	which	whose
何でも	that	that	whose

《関係代名詞問題》第6章

327

◉次の英文の空所に入る関係代名詞を答えましょう（答えは1つとは限りません）。
省略できるかどうかも○か×で答えてください。

1. He is a man ------- never gives up.

答え：(　　　　　　　)

省略：(　　)

2. This is a book ------- is written about TOEIC.

答え：(　　　　　　　)

省略：(　　)

3. That is the woman ------- husband is a famous doctor.

答え：(　　　　　　　)

省略：(　　)

4. He is the professor ------- I met in Tokyo.

答え：(　　　　　　　)

省略：(　　)

5. The car ------- we bought yesterday was expensive.

答え：(　　　　　　　)

省略：(　　)

答え --

1. He is a man who[that] never gives up.

　× 省略不可

先行詞が man という〈人〉です。空所以降の文は、主語(he)が抜けているので、主格の who か that が空所に入ります。主格の関係代名詞は省略できません。

　訳 ▶ 彼は決してあきらめない男だ。

2. This is a book which[that] is written about TOEIC.

　× 省略不可

先行詞が book という〈人以外〉です。空所以降の文は、主語(it)が抜けているので、主格の which か that が空所に入ります。主格の関係代名詞は省略できません。

　訳 ▶ これは、TOEIC について書かれた本だ。

3. That is the woman whose husband is a famous doctor.

　× 省略不可

先行詞が woman という〈人〉です。空所以降の文は、誰の夫(husband)なのかを示す所有格(her)が抜けているので、whose が空所に入ります。所有格の関係代名詞は省略できません。

　訳 ▶ あれは、夫が有名な医師の女性だ。

4. He is the professor who[whom / that] I met in Tokyo.

　○ 省略可

先行詞が professor(教授)という〈人〉です。空所以降の文は、I met の後に目的語(him)が抜けているので、目的格の who / whom / that が空所に入ります。目的格の関係代名詞は省略できます。

　訳 ▶ 彼は、私が東京で会った教授だ。

5. The car which[that] we bought yesterday was expensive.

　○ 省略可

先行詞が car という〈人以外〉です。空所以降の文は、we bought の後に目的語(it)が抜けているので、目的格の which / that が空所に入ります。目的格の関係代名詞は省略可。なお、関係代名詞のカタマリは、関係代名詞の後の2つ目の動詞の前までです。ここでは、1つ目の動詞がbought、2つ目が was なので、was の前までの which[that] we bought yesterday(私たちが昨日買った)が主語を説明する形容詞のカタマリです。

　訳 ▶ 私たちが昨日買った車は値段が高かった。

第6章
関係代名詞問題

◉次の英文の空所に入る関係代名詞を答えましょう（答えは1つとは限りません）。
省略できるかどうかも〇か×で答えてください。

1. The boy ------- broke the window was Tex.

答え：(　　　　　　　　)

省略：(　　　)

2. The cake ------- she made was very delicious.

答え：(　　　　　　　　)

省略：(　　　)

3. I graduated from Tex University, ------- is located nearby.

答え：(　　　　　　　　)

省略：(　　　)

4. This is the area in ------- my apartment is located.

答え：(　　　　　　　　)

省略：(　　　)

5. There were about 80 students at the party, most of ------- were
from Tokyo.

答え：(　　　　　　　　)

省略：(　　　)

答え

1. The boy who[that] broke the window was Tex.

× 省略不可

先行詞が boy という〈人〉です。空所以降の文で主語(he)が抜けているので、主格の who か that が空所に入ります。主格の関係代名詞は省略できません。関係代名詞の後の2つ目の動詞 was の前までの who[that] broke the window（窓を割った）が主語を説明する形容詞のカタマリです。

訳 窓を割った少年は Tex だった。

2. The cake which[that] she made was very delicious.

○ 省略可

先行詞が cake という〈人以外〉です。空所以降の she made の後に目的語(it)が抜けているので、目的格の which / that が空所に入ります。目的格の関係代名詞は省略できます。関係代名詞の後の2つ目の動詞 was の前までの which[that] she made（彼女が作った）が主語を説明する形容詞のカタマリです。

訳 彼女が作ったケーキはとてもおいしかった。

3. I graduated from Tex University, which is located nearby.

× 省略不可

先行詞が University（大学）という〈人以外〉です。空所以降の文で主語(it)が抜けているので、主格の which が空所に入ります。なお、カンマの後に関係代名詞 that を使うことはできません。「カンマ which は OK、カンマ that は NG」と覚えましょう。主格の関係代名詞は省略できません。

訳 私は近くにある Tex 大学を卒業した。

4. This is the area in which my apartment is located.

× 省略不可

先行詞が area（地域）という〈人以外〉です。空所が前置詞 in の目的語の役割をしているので、目的格の which が空所に入ります。前置詞の直後に関係代名詞の that を使うことはできません。また、前置詞の直後の関係代名詞は省略できません。

訳 これは、私のアパートがある地域だ。

5. There were about 80 students at the party, most of whom were from Tokyo.

× 省略不可

まず、先行詞は party ではなく、students です。空所後の述語動詞が were なので、複数形の名詞が先行詞だとわかります。先行詞が直前の名詞ではない場合もあるので注意しましょう。先行詞が students という〈人〉で、空所には前置詞 of の目的語が抜けているので、目的格の whom が入ります。前置詞の直後に who や that は使えません。また、前置詞の直後の関係代名詞は省略できません。

訳 80人くらいの学生がパーティにいて、そのほとんどは東京から来ていた。

第6章 《関係代名詞問題》

理解する 《関係代名詞問題》の解き方

《関係代名詞問題》の解き方も、基本的には〈チェック問題〉と同様です。以下の2つの点に注意します。例題を解きながら、手順を見ていきましょう

Step 1　先行詞が〈人〉か〈人以外〉かをチェック
Step 2　後ろの文を見て、抜けている要素をチェック

主語が抜けていたら主格、目的語が抜けていたら目的格、所有格が抜けていたらwhoseを選びます。

例 題

◉ 空所に入る語句を(A)～(D)から1つ選びましょう。

Ms. Jenkins was one of the entrepreneurs ------- provided tips on running an online business.

(A) they
(B) it
(C) who
(D) what

解き方の基本

1 選択肢をチェック

選択肢にwhoとwhatがあることから、《関係代名詞問題》だろうと当たりをつけて、先行詞を探しながら、問題文に目を通します。

2 先行詞をチェック

先行詞は、空所の前のentrepreneurs(起業家たち)なので、〈人〉であることを把握。

3 空所後の文の形をチェック

次に、後ろの文で抜けている要素を探します。provided tips ...のように述語動詞と目的語はありますが、主語が抜けています。よって、空所には主格の関係代名詞が入るとわかります。〈人〉の先行詞に用いることができる主格の関係代名詞は、whoとthatです。(C) whoが正解です。(D) whatは先行詞がない形で用いる関係代名詞で、「～すること(もの)」という意味を表します。

　　なお、代名詞の(A)(B)にはつなぎの機能がありません。前後をつなげるには接続詞が必要です。

正解 **(C)**

訳 Jenkinsさんは、オンラインビジネスの運営のコツを提供した起業家の1人だった。

注 □ **entrepreneur**：❷起業家　□ **provide**：動～を提供する　□ **run**：動～を運営する

✔ チェックポイント

- □関係代名詞は、後ろから名詞を修飾する　形容詞　のカタマリを作る
- □関係代名詞のカタマリの修飾を受ける名詞を　先行詞　と呼ぶ
- □主語の役割をする関係代名詞 ➡　主格
- □目的語の役割をする関係代名詞 ➡　目的格
- □所有の意味を表す関係代名詞 ➡　所有格
- □関係代名詞の一覧表は覚えましたか？　p. 320の表を赤シートを使ってチェックしましょう。

次のページからはいよいよ本番形式の問題です。ここで学んだ解き方を実践してみましょう ▶

● 仕上げにPart 5形式（本番レベル）の問題を5問解いてみましょう。「先行詞が人か人以外か」「空所後に主語・目的語・所有格の何が抜けているか」がポイントです。

☐☐ **1.** The software, ------- will be launched in August, will allow users to analyze video footage quickly and easily.

(A) which
(B) what
(C) whose
(D) who

☐☐ **2.** At the town art festival, artists will welcome your questions about their works and the materials ------- they use.

(A) who
(B) whose
(C) that
(D) what

☐☐ **3.** According to the chief mechanic, the car parts ------- were ordered last week have already arrived.

(A) who
(B) that
(C) what
(D) whose

Hint!

✔ 単語チェック

1. ☐**launch**：動 ～を発売する
   ☐**analyze**：動 ～を分析する
2. ☐**art festival**：芸術祭
   ☐**material**：名 素材、材料
3. ☐**according to X**：Xによると
   ☐**arrive**：動 届く

☐**allow X to do**：Xが～するのを可能にする
☐**video footage**：動画素材

☐**work**：名 作品

☐**chief mechanic**：主任技師

311 1. 　　　　　　　　　　　　　　　　　　　　　　　　　　　　　正解 (A)

先行詞は〈人以外〉　┌------ ❷ S が抜けている ➡ 主格が入る！

The software, ------- will be launched in August, will allow users
　　　(S)　　　　　　　　　　　　　　　　　　　　　　　　　　(V)　　　(O)
　　　└──────────────┘修飾

to analyze video footage quickly and easily.

先行詞 software は〈**人以外**〉で、空所後の述語動詞 will be launched の**主語**が抜けています。**主格の関係代名詞**である (A) which が正解。(B) what は、関係代名詞の場合、I know what you want.（あなたの欲しいものはわかっている）のように、先行詞がない形で、主格か目的格で用いられます。(C) whose は所有格。(D) who は先行詞が〈人〉の場合の主格。

 関係代名詞whatには「モノ、コト」といった先行詞がすでに含まれていて、**the thing(s) which**に置き換えられます。「関係代名詞のwhatには先行詞がない」と覚えましょう。

訳　そのソフトは8月に発売される予定で、ユーザーが動画素材をすばやく簡単に分析するのを可能にします。

312 2. 　　　　　　　　　　　　　　　　　　　　　　　　　　　　　正解 (C)

(At the town art festival), artists will welcome your questions about
　　　　　　　　　　　　　　　(S)　　　(V)　　　　　(O)
先行詞は〈人以外〉 ·------┐　　　　　　　┌------ ❷ O が抜けている ➡ 目的格が入る！

their works and the materials ------- they use.
　　　　　　　　　　　　　　　　└──┘修飾

先行詞が materials（素材）という〈**人以外**〉で、空所後の述語動詞 use の**目的語**が抜けています。よって、**目的格の関係代名詞**である (C) that が正解です。(A) who は〈人〉が先行詞の場合の主格。(B) whose は所有格、(D) what は先行詞がない形で使われます。

訳　町の芸術祭では、アーティストたちは、自身の作品や、使用している素材に関するみなさんの質問を歓迎するだろう。

313 3. 　　　　　　　　　　　　　　　　　　　　　　　　　　　　　正解 (B)

(According to the chief mechanic),
先行詞は〈人以外〉　　　┌------ S が抜けている ➡ 主格が入る！

the car parts ------- were ordered last week have already arrived.
　　　　　　　　　　　　　　　　　　　　　　　　　　　　　　　(V)
　　└──────────────┘修飾

先行詞 parts は〈**人以外**〉で、空所後の述語動詞 were ordered の**主語**が抜けています。空所に入るのは、**主格の関係代名詞 which か that** なので、(B) that が正解。(A) who は先行詞が〈人〉の主格。(C) what は先行詞がない形で使われます。(D) whose は所有格。

訳　主任技師によると、先週注文された車の部品はすでに届きました。

4. A plaque will be awarded to the group ------- business plan receives the most votes from the judging panel.

(A) who
(B) that
(C) which
(D) whose

5. The customer service representative ------- called an hour ago said she would call again this evening.

(A) whose
(B) whoever
(C) who
(D) which

✔ 単語チェック

4. ☐ **plaque**：❷盾　　　　　　　　☐ **award**：❶〜を授与する
   ☐ **vote**：❷票、投票　　　　　　☐ **judging panel**：審査員
5. ☐ **customer service representative**：顧客サービス担当者

314 4.　　　　　　　　　　　　　　　　　　　　　　　　　　　　　　正解 (D)

⚡ⓈとⓄがある ➡ 所有格が入る！

A plaque_Ⓢ will be awarded_Ⓥ to the group ------- business plan receives the
most votes from the judging panel.　　　　　　　　　　修飾

先行詞 group は〈人〉〈人以外〉のどちらとも考えられるので、空所後の形に注目します。
すると、business plan_Ⓢ receives_Ⓥ the most votes_Ⓞと、主語も目的語も抜けていません。
抜けているのは、「〈誰の〉ビジネスプラン」なのかを示す**所有格 its**（その）です。よって、
所有格の (D) whose が正解です。(A) who は主格、(B) that と (C) which は主格または目
的格です。

訳 ビジネスプランが審査員から最多の票を獲得したグループに、盾が授与される。

315 5.　　　　　　　　　　　　　　　　　　　　　　　　　　　　　　正解 (C)

先行詞は〈人〉　　　　　　　　　　　⚡ called のⓈがない ➡ 主格が入る！

The customer service representative ------- called an hour ago said_Ⓥ
　　　　　　　　　　　　　　　　　　　　修飾

(that) she would call again this evening_Ⓞ.

先行詞が The customer service representative（顧客サービス担当者）という**〈人〉**です。
そして、空所後の波下線部分の節では called の**主語**が抜けています。したがって、先行詞
が**〈人〉**の**主格の関係代名詞**である (C) who が正解。(A) は所有格。(B) は anyone who
（～する人は誰でも）に置き換え可能で、先行詞が不要です。(D) は先行詞が〈人以外〉の
場合の主格・目的格。

訳 1時間前に電話をしてきた顧客サービス担当者は、今日の夕方また電話すると述べた。

《関係代名詞問題》 第6章

①先行詞が〈人〉か〈人以外〉か
②空所後の文で、主語／目的語／所有格のどれが抜けているか

この2つのポイントを考えれば、《関係代名詞問題》を解くのは難しくありません。
本番で出題されても、「うわ、だめだ」とあきらめないで、落ち着いて解きましょう。

● TOEICワールドは夢の国 ●

TOEICの世界では
「ハイクラス転職が当たり前」

求人ではハイスペック人材が求められ、
それに応える人が当然のように現れる

以前「音楽家からチーズ職人へ」という華麗な転職を
遂げた人が登場し、受験者を驚かせたことがある。

実戦模試
セット
1

テスト本番を意識して、時間を測りながら、
全体を通して解いてください。
解けない問題があってもくじけないでくださいね。
解けなかった問題は、解説を読んで復習。
そして、時間をあけて再チャレンジ。
そのくり返しです。
そうすれば、本番では解けるようになりますよ。

目標時間
15分

問題数
30問

1. The company's president called the client ------- to explain why her order had been delayed.

(A) himself
(B) his
(C) him
(D) he

2. The ------- of the Chatham Subway Line has been approved by the city council.

(A) extend
(B) extension
(C) extensive
(D) extensively

3. The Pikolo Café plans to offer a new selection of baked goods ------- the autumn.

(A) in
(B) at
(C) on
(D) of

4. Participants under the age of 16 must obtain parental consent ------- entering the skateboard competition.

(A) prior to
(B) therefore
(C) so that
(D) whereas

5. One goal of the Modern Art Museum is ------- its collections in order to attract more visitors to its exhibition spaces.

(A) developed
(B) to develop
(C) being developed
(D) develops

6. Even new directors have ------- to make important decisions on behalf of the company.

(A) authorize
(B) authority
(C) authorized
(D) authorizing

7. For information about the Halston Mall sale, including a map of ------- stores, please visit our Web site.

(A) participate
(B) participation
(C) participating
(D) participants

8. During his presentation, Dr. Roberts placed significant ------- on the need for sustainable development.

(A) emphasize
(B) emphasized
(C) emphasizes
(D) emphasis

実戦模試 セット **1**

□ **9.** To purchase Jennifer Jackson's handmade dresses, visit -------
□ her online store or her boutique in San Pedro.

(A) either
(B) but
(C) both
(D) neither

□ **10.** The governor is ------- concerned about the impact of extremely
□ hot weather on crops across the region.

(A) justify
(B) justifiably
(C) justifiable
(D) justification

□ **11.** Mr. Newton built a fence ------- the garden to keep people from
□ stepping on his flowers.

(A) to
(B) up
(C) over
(D) around

□ **12.** ------- for the celebration of Karotox Corporation's 100th
□ anniversary will get underway in the new year.

(A) Prepare
(B) Prepares
(C) Preparations
(D) Preparer

13. This tour is well suited for those who prefer to explore the historical port area on ------- own.

(A) they
(B) themselves
(C) them
(D) their

14. RillaComm's latest software update for its smartwatch will ------- the issue with the device's audio output.

(A) resolving
(B) resolved
(C) resolve
(D) resolves

15. Jonny Li is a good fit for the fertilizer sales position ------- his background in the agricultural industry.

(A) given
(B) since
(C) so
(D) provided

16. Kentaro Nagayama's ------- guide to the birds of Japan is hailed by ornithologists.

(A) illustrate
(B) illustrating
(C) illustrated
(D) illustrates

実戦模試 セット **1**

17. With an aluminum body, the latest smartphone from Apple Tech is ------- lighter than previous models.

(A) highly
(B) very
(C) more
(D) much

18. Assembling a Furniform Furniture product is easy if you follow the instructions ------- in the box.

(A) included
(B) include
(C) includes
(D) including

19. ------- your order is not delivered within 14 days of shipping, we will provide a refund.

(A) For
(B) Despite
(C) If
(D) Only

20. As part of his job, Mr. Bardem ------- inspects the plant to ensure compliance with safety standards.

(A) regular
(B) regularly
(C) regularity
(D) regularize

21. One of our customer service representatives will respond to your inquiry ------- 24 hours.

(A) since
(B) about
(C) until
(D) within

22. Spring is typically the ------- time of year at Andesite National Park.

(A) busies
(B) busily
(C) busiest
(D) most busily

23. Professor Hassan's latest research findings are ------- to his original hypothesis.

(A) contradict
(B) contradiction
(C) contradictory
(D) contradicts

24. Seating for the symposium will be limited, ------- make sure to reserve your spot as soon as possible.

(A) but
(B) so
(C) while
(D) for

実戦模試 セット**1**

☐ **25.** The railway, which is nearly 200 years old, ------- a big part in
☐ uniting the country.

(A) having played
(B) has played
(C) to play
(D) will have played

☐ **26.** In his speech, Mr. Owens said that an ------- company provides
☐ many opportunities for employees to grow.

(A) idea
(B) ideas
(C) ideally
(D) ideal

☐ **27.** When an employee ------- a resignation, the employer should find
☐ out why the individual wants to leave the organization.

(A) submit
(B) submits
(C) have submitted
(D) to submit

☐ **28.** Overall, the performance of the Ice-Cat 9X electric snowmobile is
☐ ------- to that of more expensive models.

(A) comparable
(B) comparison
(C) compare
(D) comparing

29. Over the past three weeks, interns at Travers Fabrics ------- in the world of fashion marketing.

(A) immersing
(B) immersed
(C) will be immersing
(D) have been immersed

30. Clark Bank has revolutionized its business by ------- digitizing the loan application process.

(A) complete
(B) completion
(C) completely
(D) completed

次のページから解説が始まります。正答一覧はp. 356に掲載してあります。

1. 　代名詞問題　　　　　　　　　　　　　　　　　　　正解 (A)

The company's president_S called_V the client_O ------- のように、文に必要な要素（S V O）がそろっています。こうした完成文に加えて、「（助けを借りず）彼自身で」と、**主語を強調する**のが、**再帰代名詞**の (A) himself です。ここでは「社長は**〈自ら〉**顧客に電話した」となります。(B) his は所有格・所有代名詞。(C) him は目的格。(D) he は主格。

　訳　 その会社の社長は、なぜ彼女の注文が遅れたのかを説明するため、自ら顧客に電話した

　注　 □**president**：名 社長　□**client**：名 顧客　□**delay**：動 ～を遅らせる

2. 　品詞問題　　　　　　　　　　　　　　　　　　　　正解 (B)

空所前後が The ------- of ... となっています。この**《冠詞 ------- 前置詞》**の空所に入るのは**名詞**です。語尾が -sion の (B) extension（延長）が正解。文の主語になります。extension は「内線（電話）」の意味でも頻出する重要語なので、覚えてください。(A) extend は動詞「～を延長する」。(C) extensive は形容詞「広範囲の」。(D) extensively は副詞「広範囲に」。

　訳　 地下鉄 Chatham 線の路線延長が、市議会によって承認された。

　注　 □**approve**：動 ～を承認する　□**city council**：市議会

3. 　前置詞問題　　　　　　　　　　　　　　　　　　　正解 (A)

the autumn（秋）のような**幅のある期間**の**「中」**を表す前置詞は、(A) in です。in November（11 月に）や in 1960（1960 年に）のように月や年も in で表します。(B) は at 9:00 P.M.（午後 9 時に）のような時刻、(C) は on Friday（金曜日に）のような日を表します。(D) は autumn of next year（来年の秋）といった形で使われます。

　訳　 Pikolo Café は、焼き菓子の新商品群を、秋に提供する予定だ。

　注　 □**offer**：動 ～を提供する　□**baked goods**：焼き菓子　□**autumn**：名 秋

4. 　前or接問題　　　　　　　　　　　　　　　　　　　正解 (A)

選択肢から**《前置詞 or 接続詞問題》**であることを把握。前置詞は**名詞**、接続詞は**節（S V）**が後ろに続くのでしたね。空所の後ろが、entering the skateboard competition という**動名詞のカタマリ**なので、**前置詞**が空所に入ります。前置詞は (A) prior to（～の前に）のみなので、これが正解。「競技会にエントリーする（ことの）前に」となります。(B) therefore は副詞「したがって」。(C) so that（～するように）と (D) whereas（～であるのに対し）は節同士をつなぐ接続詞です。ちなみに prior to の to は前置詞です。不定詞の to と勘違いしないよう注意しましょう。

　訳　 スケートボードの競技会にエントリーする前に、16 歳未満の参加者は、親の同意を得なければならない。

　注　 □**participant**：名 参加者　□**obtain**：動 ～を得る　□**parental**：形 親の
　　　 □**consent**：名 同意　□**enter**：動 ～にエントリーする　□**competition**：名 競技会

320 **5.**　　**動詞問題**　　　　　　　　　　　　　　　　　　正解 **(B)**

選択肢に動詞 develop（〜を発展させる）の変化形が並んでいます。問題文は、One goal が主語で、空所の前に be 動詞 is がありますね。**be 動詞と一緒に使える**のは、(A) developed、(B) to develop、(C) being developed です。直後に目的語になる名詞 its collections があるので、受動態を作る (A)(C) は不可。不定詞の (B) を入れると、「コレクションを発展させること」という名詞のカタマリを作り、is の**補語**になります。(B) が正解。(D) の現在形は is と一緒に使えません。

訳　近代芸術ミュージアムの目標の1つは、展示スペースにより多くの来場者を呼び込むため、コレクションを発展させることだ。

注　□**in order to** *do*：〜するために　□**attract**：動〜を呼び込む　□**exhibition**：名展示

---

321 **6.**　　**品詞問題**　　　　　　　　　　　　　　　　　　正解 **(B)**

new directors(S) have(V) ------- ... となっています。他動詞 have の**目的語が抜けている**と考え、空所に**名詞**を入れてみます。名詞は、語尾が -ty の (B) authority（権限）のみ。「新部長は〈**権限**〉を持っている」となり、意味が通ります。これが正解。(A) の動詞 authorize（〜を許可する）は authorize〈人〉to *do* の形もとりますが、ここでは後ろに〈人〉を表す単語がないので、(C) authorized を入れて、現在完了形の文にすることはできません。(D) は現在分詞・動名詞。

訳　新しい部長でさえも、会社を代表して重要な決定を下す権限を持っている。

注　□**director**：名部長　□**decision**：名決定　□**on behalf of** *X*：Xを代表して

---

322 **7.**　　**品詞問題**　　　　　　　　　　　　　　　　　　正解 **(C)**

a map of ------- stores となっています。前置詞 of の後ろに目的語 stores があります。ということは、空所に入るのは**名詞 stores を修飾する形容詞**です。選択肢に形容詞がないので、形容詞として機能する**現在分詞**の (C) participating（参加している）を入れると、「〈**参加している**〉店の地図」となり意味が通ります。(C) が正解。(A) participate は動詞「参加する」。(B) participation は名詞「参加」。(D) participants は名詞「参加者」の複数形。

訳　参加店の地図を含むHalstonモールのセールについての情報は、当ウェブサイトをご覧ください。

注　□**including**：前〜を含む

---

323 **8.**　　**品詞問題**　　　　　　　　　　　　　　　　　　正解 **(D)**

Dr. Roberts(S) placed(V) significant -------(O) ... という形です。空所には、述語動詞 placed（〜を置いた）の**目的語**が必要です。**目的語になるのは名詞**なので、語尾 -sis から名詞とわかる (D) emphasis（強調）が正解。place (an) emphasis on *X* で「Xを強調する」という意味。語尾が -ize の (A) emphasize は動詞「〜を強調する」で、(B) は過去形・過去分詞、(C) は三人称単数現在形。

訳　プレゼンの間、Roberts博士は、持続可能な開発の必要性を大いに強調した。

注　□**significant**：形大きな、かなりの　□**sustainable development**：持続可能な開発

324 9. 　　その他　　　　　　　　　　　　　　　　　　　　　　　正解 (A)

問題文中の語句とペアで用いる単語を選ぶ《ペア表現問題》です。空所の後ろに**接続詞 or**
があるので、(A) either を入れると、either *X* or *Y*（X または Y）というペア表現になりま
す。TOEIC によく出るペア表現として、(C) を使った、both *X* and *Y*（X も Y も）、(D) を
使った neither *X* nor *Y*（X も Y も〜ない）も押さえておきましょう。

 本書では取り上げませんでしたが（最近出題が減少傾向にあるため）、《ペア表現問題》は出題され
たら、ぜひ正解したい問題です。上で紹介した3つの表現を必ず覚えておいてください。

訳　Jennifer Jackson の手作りドレスを購入するには、彼女のオンラインストアまたは San Pedro
にある彼女の洋品店を訪れてください。
注　□**purchase**：動〜を購入する　□**handmade**：形手作りの　□**boutique**：名洋品店

325 10. 　　品詞問題　　　　　　　　　　　　　　　　　　　　　　正解 (B)

空所前後が is concerned という受動態の述語動詞です。**受動態の間**の空所には、**動詞を
修飾する副詞**が入ります。よって、語尾が -ly の (B) justifiably（当然）が正解です。この**⟨be
動詞＋ ed 形⟩の間**は、副詞が入る《品詞問題》の定番。(A) justify は動詞「〜を正当化する」。
(C) justifiable は形容詞「正当な」。(D) justification は名詞「正当化」。

訳　その知事は、地域全体の作物への猛暑の影響を当然懸念している。
注　□**governor**：名知事　□**concerned**：形〜を心配して（過去分詞が形容詞化した形）
　　□**extremely**：副極端に　□**crop**：名作物　□**across the region**：地域全体での

326 11. 　　前置詞問題　　　　　　　　　　　　　　　　　　　　　正解 (D)

空所に (D) around（〜の周りに）を入れると、around the garden（庭の周りに）となり、
fence（フェンス）の設置場所を示すことができます。around の基本イメージは**「グルっ
と回る」**。around the corner（角を曲がった所に）、around the world（世界中で）といっ
た形で頻出です。

訳　Newton さんは、自分の花を人が踏み荒らさないよう、庭の周りにフェンスを建てた。
注　□**keep *X* from *doing***：X に〜させないようにする　□**step on *X***：X に足を踏み入れる

327 12. 　　品詞問題　　　　　　　　　　　　　　　　　　　　　　正解 (C)

⟨前置詞＋名詞⟩の修飾語をカッコで囲んでいくと、will get underway（始まる）が
述語動詞で、**主語がない**ことがわかります。**主語になるのは名詞**です。候補は (C)
Preparations（準備）と (D) Preparer（作成者）。「**⟨準備⟩が始まる**」となる (C) が正解です。(D)
は「⟨作成者⟩が始まる」となり意味が通じない上に、可算名詞なので冠詞などが必要です。
(A) Prepare は動詞「準備する」で、(B) はその三人称単数現在形。

訳　Karotox 社の100周年記念イベントの準備は、新年に始まる。
注　□**celebration**：名お祝い　□**anniversary**：名記念日　□**get underway**：始まる

328 13. 　**代名詞問題**　　　　　　　　　　　　　　　　　　　　正解 (D)

空所に所有格の (D) their を入れると、on their own（彼らだけで）という定型表現が完成します。**on *one's* own** で「**1人だけで、独力で**」という意味。形容詞の own（〜自身の）は、their own company（彼ら自身の会社）のように、所有格と共に名詞を修飾する形でも頻出。

訳 このツアーは、歴史のある港のエリアを1人で探索することを好む方にぴったりだ。

注 □**well suited**：ぴったりの　□**those who**：〜する人　□**prefer**：動〜を好む
□**explore**：動〜を探索する　□**historical**：形 歴史の

329 14. 　**動詞問題**　　　　　　　　　　　　　　　　　　　　正解 (C)

RillaComm's latest software update(S) will -------(V) the issue(O) ... という形で、空所には述語動詞が必要です。空所直前に**助動詞 will** がありますね。**助動詞の後には動詞の原形**が続きます。(C) resolve（〜を解決する）が正解。《動詞問題》では、助動詞と動詞の原形の間に副詞が入るパターンも頻出です。(A) は resolve の現在分詞・動名詞、(B) は過去形・過去分詞、(D) は三人称単数現在形。resolve は「何とか最善の落とし所を見つける」イメージの動詞です。resolve complaints（クレームを解決する）といった形でも出ます。

訳 RillaComm社のスマートウォッチの最新のソフト更新は、機器のオーディオ出力の問題を解決するだろう。

注 □**latest**：形 最新の　□**update**：名 更新　□**issue**：名 問題　□**device**：名 機器

330 15. 　**前or接問題**　　　　　　　　　　　　　　　　　　　　正解 (A)

選択肢から《前置詞 or 接続詞問題》でることを把握したら、空所後のカタチをチェックします。his background（彼の経歴）という**名詞のカタマリ**が続いています。名詞を空所前の節（S V）につなぐのは**前置詞**です。選択肢のうち (A) given（〜を考慮すると）と、(B) since（〜以来）が前置詞。意味が通るのは「彼の経歴**〈を考慮すると〉**Jonny Li は適任だ」となる given です。(A) が正解。given は、Part 5 頻出の前置詞なので、覚えておきましょう。(B)「〜以来」は意味が通りません。(C) は接続詞か副詞。(D) は接続詞「〜という条件で」。

訳 彼の農業界での経歴を考えると、Jonny Liは肥料の営業職に適任だ。

注 □**good fit**：適任者　□**fertilizer**：名 肥料　□**background**：名 経歴
□**agricultural**：形 農業の

331 16. 　**動詞問題**　　　　　　　　　　　　　　　　　　　　正解 (C)

空所には、後ろの**名詞** guide（案内書）を修飾する**形容詞**が必要です。選択肢に並ぶ動詞 illustrate（〜に図解を入れる）の変化形のうち、形容詞として働くのは分詞の (B) illustrating と (C) illustrated です。「案内書は図解を入れられる」側なので、**受動の意味を表す過去分詞**の (C) が正解です。能動を表す現在分詞だと、「案内書が図解を入れる」ことになり、意味が通りません。(A) は原形・現在形、(D) は三人称単数現在形。

訳 Kentaro Nagayamaの日本の鳥に関するイラスト入りの案内書は、鳥類学者に絶賛されている。

注 □**hail**：動〜を絶賛する　□**ornithologist**：名 鳥類学者

17. その他 正解 (D)

空所がなくても the latest smartphone$_S$ is$_V$ lighter$_C$ ... のように、文ができているので、空所に入るのは修飾語です。空所後の形容詞 lighter は、light の**比較級**である点に注目。形容詞の比較級を強調できる副詞は (D) **much**（はるかに）です。(B) は very light のように形容詞の原級を修飾します。(C) は more popular than（〜より人気だ）のように、形容詞の原級の前に置いて比較級を作ります。(A) highly（非常に）も形容詞の原級を修飾します。

訳 Apple Tech 社の最新スマホは、本体がアルミ製で、以前の機種よりはるかに軽い。
注 □**latest**：形最新の □**previous**：形以前の

---

333 **18.** 動詞問題 正解 (A)

if 節（S V）の中を見ると、you$_S$ follow$_V$ the instructions$_O$ のように、文の要素がそろっています。よって、空所に入るのは修飾語です。選択肢に並ぶ動詞 include（〜を含む）の変化形のうち、名詞 instructions（指示書）を後ろから修飾できるのは、分詞の (A) included と (D) including の 2 つ。「指示書は含まれる」側なので、**受動の関係を表す過去分詞**の (A) が正解。現在分詞の (D) だと、意味が通らない上に、目的語が必要です。(B) は原形・現在形、(C) は三人称単数現在形。

訳 箱に同梱されている指示書に従えば、Furniform 家具の製品を組み立てるのは簡単だ。
注 □**assemble**：動〜を組み立てる □**follow**：動〜に従う □**instruction**：名指示書

---

334 **19.** 前or接問題 正解 (C)

選択肢から《前置詞 or 接続詞問題》だとわかったら、空所後のカタチを確認します。空所後からカンマまでが**節（S V）**で、カンマ後も節です。**節同士をつなぐのは接続詞**でしたね。選択肢中、文頭で接続詞として機能するのは (C) If（もし〜なら）だけなので、これが正解。(A) For は通常、前置詞「〜のために」ですが、「〜なので」という接続詞の用法もあります。ただし、文頭ではなく 2 つの節の間に置かれるので、ここでは不正解。(B) Despite は前置詞「〜にもかかわらず」。(D) Only は副詞「たった、ほんの」。

訳 もし、ご注文品が出荷後14日以内に届かなければ、返金いたします。
注 □**deliver**：動〜を配達する □**shipping**：名出荷 □**refund**：名返金

---

335 **20.** 品詞問題 正解 (B)

Mr. Bardem$_S$ ------- inspects$_V$ the plant$_O$ となっていて、空所がなくても文に必要な要素がそろっています。よって、空所に入るのは修飾語です。S V の間に入り、**動詞を修飾するのは副詞**です。語尾が -ly の (B) regularly（定期的に）が正解。S V の間の空所に副詞を選ぶ《品詞問題》は頻出です。「S V の間は -ly（副詞）」と覚えましょう。(A) regular は形容詞「定期的な」、(C) regularity は名詞「規則性」、(D) regularize は動詞「〜を規則化する」です。

訳 Bardem さんは仕事の一環として、安全基準の遵守を確認するために定期的に工場を視察する。
注 □**inspect**：動〜を視察する □**plant**：名工場 □**ensure**：動〜を確実にする
□**compliance**：名遵守 □**safety standards**：安全基準

336 21.　　前置詞問題　　　　　　　　　　　　　　　正解 (D)

空所に (D) within を入れると、within 24 hours（24 時間以内に）となり、**inquiry（問い合わせ）に対する返答期限**を示すことができます。within の基本イメージは**「範囲内」**。within budget（予算内）や within walking distance（徒歩圏内）など、さまざまな「範囲内」を表します。(A) since は「〜以来」、(B) about は「〜について」、(C) until は「〜まで（ずっと）」。

訳▶ 当社の顧客サービス担当者が、みなさまの問い合わせに24時間以内に返答します。
注▶ □**representative**：名担当者　□**respond**：動返答する　□**inquiry**：名問い合わせ

337 22.　　品詞問題　　　　　　　　　　　　　　　正解 (C)

〈冠詞 ------- 名詞〉の形です。この空所に入るのは、**名詞を修飾する形容詞**です。形容詞は busy の最上級である (C) busiest（最も忙しい）のみなので、これが正解。the busiest time of X で「Xで最も忙しい時期」という意味。(A) は動詞 busy（忙しく動き回る）の三人称単数現在形。(B) busily は副詞「忙しく」で、(D) most busily はその最上級。

訳▶ 通常、春は Andesite 国立公園が1年のうちで最も忙しい時期だ。
注▶ □**typically**：副通常

338 23.　　品詞問題　　　　　　　　　　　　　　　正解 (C)

Professor Hassan's latest research findings(S) are(V) ------- となっています。be 動詞 are の**補語**が抜けています。補語になるのは形容詞か名詞ですが、**形容詞の方が圧倒的に多い**のでしたね。形容詞の (C) contradictory（矛盾した）を入れると、「research findings（研究結果）＝矛盾した」のように、**主語とイコールの関係が成立**するので、これが正解。語尾が -ory の単語には、factory（工場）などの名詞もありますが、satisfactory（満足できる）や preparatory（準備の）といった形容詞も多くあります。名詞の (B) contradiction（矛盾）は主語とイコールにならないので不適切。(A) contradict は動詞「〜と矛盾する」で、(D) はその三人称単数現在形。

訳▶ Hassan 教授の最新の研究結果は、彼の元々の仮説と矛盾している。
注▶ □**latest**：形最新の　□**research**：名研究　□**findings**：名結果　□**original**：形最初の　□**hypothesis**：名仮説

339 24.　　前or接問題　　　　　　　　　　　　　　　正解 (B)

選択肢から《前置詞 or 接続詞問題》だとわかりますが、すべて接続詞として機能するので、意味を考えます。空所の前は「席が限られている」、後ろは「必ず場所を予約するように」という節です。この 2 つを自然につなぐのは「席が限られている、**〈だから〉**予約しなさい」のように、**「理由→取るべき行動」**の流れになる (B) so（だから）です。(A) but は「しかし」、(C) while は「一方で、〜する間」。(D) for は接続詞の場合、「〜なので」の意味で、理由が後に来ます。

訳▶ 討論会の席は限られているので、できるだけ早くご自身の席を予約してください。
注▶ □**symposium**：名討論会　□**make sure to do**：必ず〜する　□**reserve**：動〜を予約する　□**spot**：名場所

The railway_S ------- _V a big part_O ... となっており、空所には**述語動詞**が必要です。選択
肢のうち、Ⅴになるのは (B) has played と (D) will have played。2 つの違いは時制です。
カンマで囲まれた部分は、「ほぼ 200 歳の」という意味で、主語の The railway（その鉄
道）を説明しています。The railway は 200 年前から現在まで運営されているということ
なので、**「過去→現在」**を表す、**現在完了形**の (B) が正解。未来完了形の (D) は、「→未来」
という未来の時点までの完了・継続を表し、時制が合いません。(A) 現在分詞・動名詞と (C)
不定詞は準動詞なので、Ⅴになれません。

訳 200年近い歴史のあるその鉄道は、国をまとめるのに大きな役割を果たしてきた。

注 □**railway**：名鉄道 □**nearly**：副ほぼ □**unite**：動〜を統合する

---

an ------- company となっています。この**〈冠詞 ------- 名詞〉**の空所に入るのは、名詞を
修飾する**形容詞**です。どれが形容詞かわからなければ、「副詞から -ly を取ったら形容詞」
という法則を活用します。語尾 -ly から (C) ideally（理想的に）が副詞だとわかり、そこ
から -ly を取った (D) ideal（理想の）が形容詞です。(D) が正解。(A) idea は名詞「考え、
アイデア」で、(B) ideas はその複数形。

訳 演説の中で、Owens さんは、理想の会社は従業員が成長する機会を多く提供すると述べた。

注 □**provide**：動〜を提供する □**opportunity**：名機会

When 節（SV）の an employee が主語、a resignation が目的語で、**述語動詞が抜け
ています。**よって、空所には**動詞**が入ります。主語の an employee が三人称単数なので、
三単現の s が付いた (B) submits（〜を提出する）だと**主述が一致**します。原形・現在形
の (A) submit と、現在完了形の (C) have submitted は、三単現の s が付いていないので、
不適切。(D) to submit は不定詞なので、そもそも述語動詞になれません。

訳 従業員が辞表を提出する際、雇用主は、なぜその人が会社を去りたいのかを理解すべきだ。

注 □**resignation**：名辞表 □**employer**：名雇用主 □**individual**：名個人
□**organization**：名組織

---

the performance が主語で、空所の前に be 動詞 is があります。空所に**補語が必要**だと考
えて、**語尾が -ble の形容詞** (A) comparable（匹敵する）を入れると、「その性能は**〈匹
敵する〉**」となり、文意が通ります。(A) が正解。名詞の (B) comparison（比較）も補語
になりますが、主語の「性能」とイコールにならないので、不正解。現在進行形になると
考えて、compare（〜を比べる）の現在分詞である (D) comparing を入れると、「性能が
比べている」となり不自然。(C) は原形なので be 動詞と一緒に用いることはできません。

訳 全体として、電動スノーモービル Ice-Cat 9X の性能は、より高額な機種に匹敵する。

注 □**overall**：副全体として □**performance**：名性能 □**electric**：形電動の
□*be* **comparable to** *X*：Xに匹敵する □**expensive**：形値段が高い

344 **29.** 【動詞問題】 正解 **(D)**

カンマ以降を見ると、interns（インターン）が主語で、他はすべて〈前置詞＋名詞〉の修飾語です。**述語動詞**が抜けているので、空所には動詞が入りますが、文頭の Over the past three weeks（この3週間に渡って）がヒントです。この **over the past X**（過去 X に渡って）は、<u>過去から現在までの継続を表す**現在完了時制のキーワード**</u>。したがって、現在完了形（受動態）の (D) have been immersed（没頭した）が正解です。(A) immersing は準動詞なので V になれません。過去形の (B) immersed と未来進行形の (C) will be immersing は時制が合わないうえに、能動態なので、後ろに目的語が必要です。

🔲訳　この3週間、Travers Fabrics社のインターンは、ファッションマーケティングの世界に没頭した。

🔲注　□**immerse**：動 ～を没頭させる、熱中させる

345 **30.** 【品詞問題】 正解 **(C)**

空所前に前置詞 by があります。その目的語が必要ですが、すでに digitizing the loan application process（融資の申請プロセスをデジタル化すること）という動名詞のカタマリがあります。**動名詞は前置詞の目的語になれる**のでしたね。よって空所には、**動名詞を修飾する副詞**が入ります。語尾が -ly の (C) completely（完全に）が正解。(A) complete は形容詞「完全な」か、動詞「～を完了する」。(B) completion は名詞「完了」。(D) completed は動詞の過去形・過去分詞。<u>動名詞を修飾するのは副詞（形容詞ではない）</u>ということを覚えておきましょう。

🔲訳　Clark銀行は、融資の申請プロセスを完全にデジタル化することで、自社の事業を大改革した。

🔲注　□**revolutionize**：動 ～を大改革する　□**digitize**：動 ～デジタル化する　□**loan**：名 融資
　　　□**application**：名 申請

実戦模試セット1　正答一覧

◉ 学習記録 ◉

回数	学習日	所要時間	正答数
1回目	月　　　日	分　　　秒	／30
2回目	月　　　日	分　　　秒	／30

◉ 正答一覧 ◉

No.	ANSWER A B C D	No.	ANSWER A B C D	No.	ANSWER A B C D
001	A	011	D	021	D
002	B	012	C	022	C
003	A	013	D	023	C
004	A	014	C	024	B
005	B	015	A	025	B
006	B	016	C	026	D
007	C	017	D	027	D
008	D	018	A	028	A
009	A	019	C	029	D
010	B	020	B	030	C

実戦模試
セット
2

目標時間
15分

問題数
30問

☐
☐
1. By using resources more -------, the Notterton Company was able to reduce waste at its production sites.

(A) effectively
(B) effect
(C) effective
(D) effects

☐
☐
2. The ------- results of the provincial elections were released early in the morning.

(A) verified
(B) verifies
(C) verify
(D) verifying

☐
☐
3. A number of organizations will take part in the community cleanup ------- the Flint River.

(A) along
(B) onto
(C) besides
(D) under

☐
☐
4. The article provides five tips on how to make your Web site more -------.

(A) access
(B) accessibly
(C) accessible
(D) accessibility

5. ------- for the photography contest must feature one or more pets owned by the entrant.

(A) Entered
(B) Entries
(C) Entering
(D) Entrance

6. Medical leave will not be granted without ------- by a licensed health care provider.

(A) certify
(B) certified
(C) certification
(D) certifies

7. Students at Provost University harvest fruits and vegetables on campus and sell ------- in the cafeteria.

(A) they
(B) their
(C) them
(D) themselves

8. A personalized session with one of our ------- career counselors will help you identify your professional goals.

(A) experienced
(B) experience
(C) experiences
(D) to experience

9. In recent days, ride-sharing ------- have gained significant attention among business owners.

(A) initiate
(B) initiatives
(C) initially
(D) initiation

10. Nishida Motor's sales in the domestic market for the third quarter were the ------- ever for the company.

(A) high
(B) highly
(C) highest
(D) higher

11. Dr. Hancock's article on the ------- of marine pollution was recently published in *Innovation Magazine*.

(A) prevent
(B) prevention
(C) preventive
(D) prevents

12. Mr. Frey invested a lot of money in a biotechnology company, ------- sales have been growing worldwide.

(A) which
(B) whose
(C) who
(D) what

13. Real estate agents are expected to close deals quickly in a highly ------- housing market.

(A) compete
(B) competition
(C) competitively
(D) competitive

14. The director can wait to receive the report if ------- need to make any last-minute changes.

(A) our
(B) we
(C) us
(D) ourselves

15. Mr. Nakamura and Ms. Garza ------- the Water Resources Symposium in Frankfurt last week.

(A) attend
(B) are attending
(C) have attended
(D) attended

16. Visiting the presentation room in advance and ------- the equipment can make presenters feel less anxious before their talk.

(A) check
(B) checking
(C) checked
(D) checks

実戦模試 セット 2

361

17. There is no doubt that the use of mobile devices has increased ------- at the company.

(A) produce
(B) productivity
(C) productive
(D) productively

18. Ms. Sutton called a real estate agency ------- after learning she would be transferred to the Wellington office.

(A) immediate
(B) immediacies
(C) immediacy
(D) immediately

19. Ms. Anderson will update the training manual ------- our next staff meeting.

(A) before
(B) already
(C) while
(D) prior

20. The researchers stated that further analysis would be conducted ------- validate their findings.

(A) prior to
(B) due to
(C) in order to
(D) in addition to

□ **21.** The Guzman Museum was ------- built as a private residence for
□ the inventor Alfred P. Guzman.

(A) origin
(B) originate
(C) original
(D) originally

□ **22.** Every year, the World Kids Foundation ------- 50 grants of $20,000
□ each to nonprofits working to improve children's nutrition.

(A) award
(B) awards
(C) is awarded
(D) have awarded

□ **23.** The Pebble Sea Resort has two restaurants, a fitness center, and
□ 96 rooms ------- the beach.

(A) face
(B) faced
(C) facing
(D) faces

□ **24.** ------- the order has been processed, you will receive an e-mail
□ notification with a tracking number.

(A) In spite of
(B) Rather than
(C) Due to
(D) As soon as

☐ **25.** There are few outlets for recharging electronic devices ------- the
☐ airport, so bring a portable charger.

(A) without
(B) except
(C) apart
(D) inside

☐ **26.** In his article, Dave Feldman suggests that half of the global
☐ workforce ------- by robots in 30 years.

(A) will have been replaced
(B) replaced
(C) will replace
(D) has been replacing

☐ **27.** Mr. Santori normally ------- the procurement of office supplies from
☐ overseas vendors.

(A) handle
(B) is handled
(C) handles
(D) to handle

☐ **28.** George Hailey, who was hired just last year, is ------- the three
☐ finalists for the Employee Excellence Award.

(A) among
(B) throughout
(C) for
(D) during

29. There are several important points for managers to consider ------- revising a budget.

(A) recent
(B) during
(C) already
(D) when

30. The country's soybean imports dropped by approximately 5.5 percent in August after four consecutive monthly -------.

(A) increasing
(B) increasingly
(C) increased
(D) increases

次のページから解説が始まります。正答一覧はp. 374に掲載してあります。

1.　　**品詞問題**　　　　　　　　　　　　　　　　　　　　正解 **(A)**

空所部分は By using resources more ------- となっています。前置詞 By の目的語として、動名詞 using（〜を使うこと）とその目的語 resources（資源）がすでにあるので、空所に入るのは修飾語です（more は空所を修飾する副詞）。**動名詞 using を後ろから修飾する**のは**副詞**。よって、語尾が -ly の (A) effectively（効果的に）が正解です。(B) effect は名詞「効果」か、動詞「〜をもたらす」で、(D) effects はその複数形か三人称単数現在形。(C) effective は形容詞「効果的な」。

訳▶ 資源をより効果的に使うことで、Notterton 社は生産拠点での廃棄物を減らすことができた。

注▶ □**resources**：名資源　□**reduce**：動〜を減らす　□**waste**：名廃棄物
　　□**production site**：生産拠点

2.　　**動詞問題**　　　　　　　　　　　　　　　　　　　　正解 **(A)**

The ------- results のように、**〈冠詞 ------- 名詞〉**の間に入るのは、**名詞を修飾する形容詞**です。選択肢には動詞 verify（〜が正しいと確認する）の変化形が並んでいます。形容詞の働きをするのは分詞の (A) verified と (D) verifying の 2 つ。修飾される results（結果）は「する」のか「される」のかを考えると、「正しいと確認される」側なので、**受動関係を表す過去分詞**の (A) が正解です。現在分詞の (D) だと意味が通りません。(B) は三人称単数現在形、(C) は原形・現在形。

訳▶ 州選挙の確定結果は、早朝に発表された。

注▶ □**provincial**：形州の　□**election**：名選挙　□**release**：動〜を発表する

3.　　**前置詞問題**　　　　　　　　　　　　　　　　　　　正解 **(A)**

空所に (A) along（〜に沿って）を入れると、along the Flint River（Flint 川沿いの）という、**the community cleanup（地域の清掃）の場所を示す**ことができます。along の基本イメージは**「細長いものに沿って」**。along a street（通り沿いに）や along a walkway（歩道沿いに）といった形で用いられます。

訳▶ いくつかの団体が、Flint 川沿いの地域の清掃に参加する予定だ。

注▶ □**a number of X**：いくつかの X　□**organization**：名団体　□**take part in X**：X に参加する
　　□**cleanup**：名清掃　□**besides**：動〜に加えて

4.　　**品詞問題**　　　　　　　　　　　　　　　　　　　　正解 **(C)**

動詞 make は、make O C（O を C にする）の形を取ることができます。... make your Web site_O more -------_C と考えると、空所には**補語**が必要です。副詞 more の修飾を受けつつ、補語になる**形容詞**の (C) accessible を入れると、「ウェブサイトをより**〈アクセスできる〉ようにする**」となり、意味が通ります。O（ウェブサイト）＝ C（アクセスできる）という**イコール関係**も成立しています。空所前で文が完成していると考え、副詞の (B) accessibly（手に入れやすく）を入れると意味が通りません。(A) access は名詞「アクセス」か、動詞「〜にアクセスする」。(D) accessibility は名詞「アクセスしやすさ」。

訳▶ その記事は、あなたのウェブサイトをよりアクセスしやすくする 5 つのコツを提供している。

注▶ □**provide**：動〜を提供する　□**tip**：名コツ、アドバイス

350 5. 　品詞問題　　　　　　　　　　　　　　　　正解 (B)

述語動詞 must feature と、目的語 one or more pets はありますが、**主語**が抜けています。**主語になるのは名詞**なので、(B) Entries（出品作品）、(C) Entering（入ること）、(D) Entrance（入口）が候補。このうち文意が通るのは「〈出品作品〉はペットを収めていなければならない」となる **Entries**（entry の複数形）です。(B) が正解。動詞 enter（入る）の動名詞である (C) を入れても意味が通りません。(D) も意味が通らないうえに、可算名詞なので冠詞などが必要です。

訳 写真撮影コンテストへの出品作品は、出場者が飼っているペットを1匹以上取り上げてください。

注 □photography：**名**写真撮影　□feature：**動**〜を目玉にする　□entrant：**名**出場者

351 6. 　品詞問題　　　　　　　　　　　　　　　　正解 (C)

without ------- by ... となっており、前置詞 without の**目的語**が抜けています。空所には目的語になる**名詞**が入ります。語尾が -tion の (C) certification（証明書）が正解。**前置詞と前置詞の間の空所には名詞が入る**ことを覚えておきましょう。(A) certify（〜を証明する）のように、語尾が -fy の単語は動詞。(B) certified は形容詞「有資格の」。(D) は (A) の三人称単数現在形。

訳 病気休暇は、資格を持った医療提供者の証明書なしには与えられません。

注 □medical leave：病気休暇　□grant：**動**〜を与える　□licensed：**形**有資格の
□health care provider：医療提供者

352 7. 　代名詞問題　　　　　　　　　　　　　　　正解 (C)

Students が主語で、接続詞 and を挟んで、2つの述語動詞 harvest（〜を収穫する）と sell（〜を売る）が並んでいます。空所には、動詞 sell の**目的語**が必要なので、**目的格**の (C) them が正解。この them は、harvest の目的語である fruits and vegetables を指しています。再帰代名詞の (D) themselves も目的語になれますが、ここでは主語の Students と同一ではないので、不適切。(A) they は主格。(B) their は名詞の前に置く所有格。

訳 Provost大学の学生はフルーツと野菜をキャンパスで収穫し、それらを学食で販売している。

注 □harvest：**動**〜を収穫する　□cafeteria：**名**学食、カフェテリア

353 8. 　品詞問題　　　　　　　　　　　　　　　　正解 (A)

空所の前に所有格 our（われわれの）があり、後ろにその修飾を受ける名詞 career counselors があります。空所には our とともに、**career counselors を修飾する語句**が入ります。名詞を修飾するのは**形容詞**なので、(A) experienced（経験豊富な）が正解。(B) experience は名詞「経験」か、動詞「〜を経験する」で、(C) はその複数形か三人称単数現在形。(D) は不定詞です。

訳 当社の経験豊富なキャリアカウンセラーとの個人面談は、みなさまがご自身の仕事の目標を見定めるのに役立ちます。

注 □personalized：**形**個人に合わせた　□session：**名**集まり　□identify：**動**〜を特定する
□professional：**形**職業の　□goal：**名**目標

実戦模試 セット2

9. 　品詞問題　　　　　　　　　　　　　　　　　　　　　　　正解 **(B)**

述語動詞 have gained と、目的語 significant attention はありますが、**主語が抜けています**。have gained に三単現の s が付いていないので、主語は**複数名詞**だとわかります。よって、語尾に -s が付いている (B) initiatives（取り組み）が正解。ride-sharing initiatives（カーシェアリングの取り組み）となり、**主述が一致**した、適切な主語になります。(D) initiation（儀式）も名詞ですが、単数形なので主述が一致しません。(A) initiate は動詞「〜を始める」。(C) initially は副詞「当初は」。

訳　最近、カーシェアリングの取り組みが、経営者の間で大きな注目を集めている。

注　□**ride-sharing**：形相乗りの　□**gain**：動〜を得る　□**significant**：形かなりの
　　□**attention**：名注目

10. 　品詞問題　　　　　　　　　　　　　　　　　　　　　　　正解 **(C)**

Nishida Motor's sales[S] were[V] the ------- ever ... となっており、空所には、be 動詞 were の補語が必要です。(A) high、(C) highest、(D) higher が**形容詞**なので、補語になりますが、ポイントは空所前の **the** です。**the が前に付くのは最上級**なので、(C) が正解。the highest ever で「今までで最も高い」となります。比較級の (D) は、[S] were higher than ever.（[S]は今までより高かった）といった形で、同様の意味を表します。(B) highly は副詞「非常に、大いに」。

訳　Nishida 自動車の第3四半期の国内市場の売上は、会社史上最高だった。

注　□**domestic**：形国内の　□**quarter**：名四半期

11. 　品詞問題　　　　　　　　　　　　　　　　　　　　　　　正解 **(B)**

空所前後が on the ------- of となっています。**〈冠詞 ------- 前置詞〉の空所に入るのは名詞**です。名詞の語尾 -tion の (B) prevention（防止、阻止）が正解。「海洋汚染の**〈防止〉**」という名詞のカタマリになり、前置詞 on の目的語になります。(A) prevent は動詞「〜を防ぐ」。(C) preventive は形容詞「予防の」。(D) は (A) の三人称単数現在形。定冠詞 the と前置詞 of の間の空所は、名詞が正解になる《品詞問題》の定番です。

訳　Hancock 博士の海洋汚染防止に関する記事は、最近『Innovation Magazine』に掲載された。

注　□**marine pollution**：海洋汚染　□**recently**：副最近　□**publish**：動〜を掲載する

12. 　関係代名詞問題　　　　　　　　　　　　　　　　　　　　正解 **(B)**

《関係代名詞問題》は、〈先行詞〉と〈空所後のカタチ〉の 2 点を確認します。先行詞は company で**〈人以外〉**。空所後は sales[S] have been growing[V] で、主語があり、grow（増大する）は自動詞なので、目的語を必要としません。**主語も目的語も抜けていない**ので、空所後の文で its sales（その売り上げ）という**所有格**の役割をする (B) whose が正解。(A) which は先行詞が〈人以外〉で、主語や目的語が欠けた形が後ろに続きます。(C) who は先行詞が〈人〉の主格。(D) what は先行詞が不要。

訳　Frey さんは、世界中で売上を伸ばしているバイオテクノロジー企業に、多くの金額を投資した。

注　□**invest**：動〜を投資する　□**grow**：動増大する

358 13. 　**品詞問題**　　　　　　　　　　　　　　　　正解 (D)

空所前後が〈a 副詞 ------- 名詞〉の形です。空所には副詞 highly の修飾を受けつつ、名詞 housing market（住宅市場）を修飾する**形容詞**が入ります。語尾が -ive の (D) competitive（競争が激しい）が正解。「非常に**〈競争が激しい〉**住宅市場」となり、意味も通ります。(A) compete は動詞「競う」。(B) competition は名詞「競争」。(C) competitively は副詞「他に負けないように」。空所後の housing（住宅）は動名詞や現在分詞ではなく、名詞なので、副詞の (C) は直前に置けません。

訳　不動産業者は、非常に競争が激しい住宅市場で、契約をすばやく締結することを期待されている。

注　□**real estate agent**：不動産業者　□**be expected to** *do*：～することを期待されている
　　□**close deals**：契約を締結する　□**highly**：副非常に　□**housing**：名住宅

359 14. 　**代名詞問題**　　　　　　　　　　　　　　　　正解 (B)

選択肢から《代名詞問題》だとわかるので、空所前後を中心に文のカタチを確認します。接続詞 if に続く節（S V）の中を見ると、if ------- need to make any last-minute changes となっています。述語動詞 need はありますが、その前に**主語**が抜けています。よって、**主格**の (B) we が正解です。(A) our は所有格、(C) us は目的格、(D) ourselves は再帰代名詞。

訳　間際の変更が必要な場合、部長は報告書を受け取るのを待つこともできる。

注　□**director**：名部長　□**last-minute**：形間際の

360 15. 　**動詞問題**　　　　　　　　　　　　　　　　　正解 (D)

Mr. Nakamura and Ms. Garza ₛ ------- the Water Resources Symposium ₒ ... となっており、空所には**述語動詞**が必要です。文末に**過去の時点を表す last week**（先週）があるので、過去形の (D) attended（出席した）が正解。(A) は原形・現在形、(B) は現在進行形、(C) は現在完了形です。なお、現在完了形は、過去と現在のつながりを表すので、過去の時点を示す語句と一緒に使うことはできません。

訳　Nakamura さんと Garza さんは、先週、Frankfurt での水資源討論会に出席した。

注　□**resources**：名資源　□**symposium**：名討論会

361 16. 　**動詞問題**　　　　　　　　　　　　　　　　　正解 (B)

Visiting the presentation room in advance and ------- the equipment までが主語のカタマリです。空所前の接続詞 and は**文法的に同じ形をつなぎます**。and の前が「プレゼンの部屋を訪れること」という**動名詞**のカタマリなので、後ろも**動名詞**にします。(B) checking を入れると、Visiting X and checking Y（X を訪れて Y をチェックすること）という主語が完成します。(B) が正解。(A) は check（～を確認する）の原形・現在形で、(C) は過去形・過去分詞、(D) は三人称単数現在形。

訳　プレゼンの部屋を事前に訪れて機器をチェックすることは、発表前に、発表者の心配を和らげる。

注　□**in advance**：事前に　□**less**：副より～でない　□**anxious**：形心配して

実戦模試 **2**

that 節 の 中 は、the use of mobile devices（携 帯 機 器 の 使 用）が 主 語 です。has increased を「〜を高めた」という他動詞だと考えると、空所には**目的語**が必要です。目的語になるのは**名詞**なので、(B) productivity（生産性）を入れると、「**〈生産性〉**を高めた」となり、文意が通ります。これが正解。(A) produce には名詞「農産物」の用法もありますが、意味が通じません。また、has increased を自動詞と考えると、副詞の (D) productively（生産的に）にも可能性がありますが、「携帯機器の使用が〈生産的に〉増えた」では意味が通りません。(C) productive は形容詞「生産的な」。

　訳　携帯機器の使用が会社での生産性を高めたことに疑いはない。

　注　□**doubt**：名疑問　□**mobile device**：携帯機器　□**increase**：動〜を増やす

Ms. Sutton(S) called(V) a real estate agency(O) ------- となっており、空所がなくても文ができています。よって、空所に入るのは修飾語です。空所後の after 以下の副詞のカタマリを修飾するのは**副詞**なので、(D) immediately（即座に）が正解。immediately after *doing* は「〜したすぐ後で」という意味です。(A) immediate は形容詞「すぐの」。(C) immediacy は名詞「即時性」で、(B) はその複数形です。

　訳　Sutton さんは、Wellington オフィスに転勤になると知ったすぐ後に、不動産業者に電話した。

　注　□**real estate agency**：不動産業者　□**transfer**：動〜を転勤させる

《前置詞 or 接続詞問題》は、空所の後ろのカタチを確認します。our next staff meeting（次のスタッフ会議）という**名詞のカタマリ**です。名詞を節（(S)(V)）につなぐのは、**前置詞**です。前置詞は (A) before（〜の前に）だけなので、これが正解。「次のスタッフ会議**〈の前に〉**」となります。before は before (S) (V)（(S)が(V)する前に）のように接続詞としても頻出です。(B) already（すでに）は副詞。(C) while（一方で）は節を伴う接続詞。(D) prior（事前の）は形容詞です。**prior to**（〜の前に）であれば、前置詞として正解になり得ます。

　訳　Anderson さんは、次のスタッフ会議の前に、研修マニュアルを更新する予定だ。

　注　□**update**：動〜を更新する

空所直後の**validate** に注目です。語尾 -ate から**動詞の原形**だとわかります（「〜を立証する」という意味）。選択肢はいずれも to で終わっていますが、動詞の原形を伴うことができるのは**不定詞**です。不定詞は (C) の **in order to**（〜するために）だけなので、これが正解。「**〈立証するために〉**分析を行う」となり文意も通ります。(A) prior to は「〜の前に」、(B) due to は「〜が理由で」、(D) in addition to は「〜に加えて」という意味の前置詞で、動詞の原形ではなく、名詞や動名詞を伴います。

　訳　その研究者たちは、調査結果を立証するため、さらなる分析を行うと述べた。

　注　□**researcher**：名研究者　□**state**：動〜と述べる　□**further**：形さらなる
　　　□**analysis**：名分析　□**conduct**：動〜を行う　□**findings**：名調査結果

366 **21.** 　**品詞問題**　　　　　　　　　　　　　　　　正解 (D)

The Guzman Museum_S was ------- built_V ... となっています。この built は動詞 build（～を建てる）の過去分詞です。つまり、**受動態の Ⅴ の間が空所**になっています。**動詞を修飾するのは副詞**なので、語尾が -ly の (D) originally（元々）が正解。(A) origin は名詞「起源」。(B) originate は動詞「～を起点とする」。(C) original は形容詞「元々の」か名詞「オリジナル作品」。

訳　Guzman 美術館は、元々、発明家 Alfred P. Guzman の個人宅として建てられた。

注　□**private residence**：個人宅　□**inventor**：名発明家

367 **22.** 　**動詞問題**　　　　　　　　　　　　　　　　正解 (B)

the World Kids Foundation（世界こども基金）が主語で、空所直後に目的語となる名詞 50 grants（50の助成金）があります。空所には**述語動詞**が必要です。選択肢に並ぶ award（～を授与する）の変化形のうち、**三人称単数の主語と主述が合う**のは、(B) awards と (C) is awarded の２つ。主語の「基金」は「grants（助成金）を授与する」側なので、**能動態の** (B) が正解。受動態の (C) だと意味が通じません。(A) award と (D) have awarded には三単現の s が必要です。

訳　毎年、世界こども基金は、子供の栄養を改善するために活動している50の非営利団体に、それぞれ2万ドルの助成金を授与している。

注　□**foundation**：名基金　□**grant**：名助成金　□**nonprofit**：名非営利団体　□**improve**：動～を改善する　□**nutrition**：名栄養

368 **23.** 　**動詞問題**　　　　　　　　　　　　　　　　正解 (C)

S has_V X, Y, and Z_Oとなっており、空所の前で文が完成しています。空所に入るのは修飾語です。**現在分詞**の (C) facing（面した）を入れると、名詞 rooms を後ろから修飾する**形容詞**のカタマリ facing the beach（ビーチに面した）ができ、意味が通ります。過去分詞の (B) faced も名詞を修飾できますが、受動関係を表すので、後ろに目的語を伴いません。(A) は face（～に面する）の原形・現在形で、(D) はその三人称単数現在形です。

訳　Pebble Sea リゾートは、2つのレストラン、フィットネスセンター、ビーチに面した96室を備えている。

注　□**face**：動～の方を向く、～に面する

369 **24.** 　**前or接問題**　　　　　　　　　　　　　　　　正解 (D)

《前置詞 or 接続詞問題》は、空所後のカタチを確認します。the order_S has been processed_Vと、**節（ＳＶ）**になっているので、**接続詞**が空所に入ります。接続詞の (D) As soon as（～したらすぐに）を入れると、「注文が処理され**〈たらすぐに〉**、メール通知を受け取る」となり、文意も通ります。(D) が正解です。(A) In spite of（～にもかかわらず）と (C) Due to（～が理由で）は前置詞。(B) Rather than は、接続詞の場合、X rather than Y（YではなくX）の形で、節ではなく２つの同じ品詞をつなぎます。

訳　注文が処理されたらすぐに、あなたは追跡番号が記されたメールの通知を受け取ります。

注　□**process**：動～を処理する　□**notification**：名通知　□**tracking number**：追跡番号

実戦模試
セット
2

空所に (D) inside（内側で）を入れると、inside the airport（空港内で）となり、**outlets for recharging electronic devices（電子機器の充電用コンセント）の場所を示す**ことができます。(D) が正解。inside の基本イメージは**「境界線の内側」**。inside a cabinet（戸棚の内側に）や inside a building（建物内で）といった形で用いられます。(A) without（〜なしに）と (B) except（〜を除いて）は前置詞。(C) apart は副詞で「離れて」という意味。

訳 空港内には電子機器を充電できるコンセントがほとんどないので、携帯用充電器をお持ちください。

注 □**few**：形ほとんどない　□**outlet**：名コンセント　□**recharge**：動〜を再充電する
　　□**charger**：名充電器　□**except**：前〜を除いて　□**apart**：副離れて

Dave Feldman suggests that Ⓢ Ⓥ . が全体の形。that 節の中は、half of the global workforce（世界中の労働力の半分）が主語で、**述語動詞**が抜けています。空所直後に目的語（名詞）ではなく、**受動態の行為者を表す by robots**（ロボットによって）があるので、**受動態のⓋ**が必要だとわかります。選択肢のうち、受動態になっているのは (A) will have been replaced（取って代わられるだろう）だけなので、これが正解。30 年後という未来の時点までの完了を表す未来完了形です。ほかはいずれも能動態で、(B) 過去形、(C) 未来を表す形、(D) 現在完了進行形です。

訳 記事の中で、Dave Feldman は、世界中の労働力の半分が、30年後にロボットに取って代わられると示唆している。

注 □**article**：名記事　□**suggest**：動〜を示唆する　□**global workforce**：世界中の労働力

Mr. Santori normally ------- the procurement ... となっています。Mr. Santori が主語で、それ以降に動詞がないので、空所には**述語動詞**が必要です。選択肢の handle（〜をこなす）の変化形のうち、三人称単数の主語と主述が合うのは、(B) is handled と (C) handles の 2 つ。空所後の procurement（調達）は、語尾 -ment から名詞で、目的語だと判断できます。後ろに**目的語を取る**のは**能動態**なので (C) が正解。(B) は受動態なので、後ろに目的語は不要です。(A) の原形・現在形は三単現の s が必要。(D) の不定詞はⓋになりません。

訳 Santori さんは通常、海外業者からの事務用品の調達を担当している。

注 □**normally**：副通常は　□**procurement**：名調達　□**office supplies**：事務用品

空所に (A) among（〜の間で）を入れると、主語の George Hailey が、**the three finalists（3 人の最終候補者）の中の 1 人**であることを示せます。among は、マラソンの先頭集団のような**「ごちゃごちゃした集団の間」**が基本イメージ。ここでの「〜の中の 1 人、1 つ」の意味でも頻出します。(B) throughout は「〜の間中、〜のいたる所に」、(C) for は「〜のために」、(D) during は「〜の間」。

訳 George Hailey は、昨年雇われたばかりだが、優秀社員賞の3人の最終候補者の1人だ。

注 □**hire**：動〜を雇う　□**excellence**：名優秀さ　□**award**：名賞

374 **29.** 　前or接問題　　　　　　　　　　　　　　　　　　　　　　　正解 (D)

選択肢から《前置詞 or 接続詞問題》だろうと推測し、空所の後ろを確認すると、**ing 形**です。これを動名詞と考えると、名詞をつなぐ前置詞の (B) during が正解のように思えます。しかし、during は前置詞ですが、**動名詞とは一緒に使えません**。一方、節同士をつなぐ接続詞の (D) **when** は、2 つの節の主語が同じ場合、直後の《主語＋ be 動詞》を省略し、**when *doing* の形をとる**ことができます。ここも、when (they are) revising a budget の they are が省略された形だと考えます。(D) が正解です。(A) recent は形容詞「最近の」、(C) already は副詞「すでに」。

訳▶ 予算を修正する際、管理職が考慮すべきいくつかの重要な点がある。

注▶ □**consider**：動〜を考える　□**revise**：動〜を修正する　□**budget**：名予算

375 **30.** 　品詞問題　　　　　　　　　　　　　　　　　　　　　　　　正解 (D)

空所部分は after four consecutive monthly ------- の形です。前置詞 after の後ろには、**目的語**が必要。しかし、four（4 つの）、consecutive（連続した）、monthly（毎月の）と形容詞しかないので、空所には**名詞**が入ります。名詞は複数形の (D) increases（増加）のみ。four consecutive monthly increases で「4 カ月連続の《増加》」という名詞のカタマリになります。(A) は動詞 increase（増える）の現在分詞・動名詞で、(C) は過去形・過去分詞。(B) increasingly は副詞「ますます」。

訳▶ その国の大豆の輸入は、4 カ月連続の増加の後、8月は約5.5%下落した。

注▶ □**soybean**：名大豆　□**import**：名輸入　□**approximately**：副およそ
　　□**consecutive**：形連続した　□**monthly**：形毎月の

実戦模試セット 2　正答一覧

◉学習記録◉

回数	学習日	所要時間	正答数
1回目	月　日	分　　秒	／30
2回目	月　日	分　　秒	／30

◉正答一覧◉

No.	ANSWER	No.	ANSWER	No.	ANSWER
001	A	011	B	021	D
002	A	012	A	022	D
003	A	013	D	023	C
004	C	014	C	024	D
005	B	015	D	025	D
006	C	016	B	026	A
007	C	017	C	027	C
008	A	018	D	028	A
009	B	019	A	029	D
010	C	020	C	030	D

実戦模試
セット
3

目標時間
15分

問題数
30問

1. The bid submitted ------- Varitech Corporation was rejected because it was not filed within the time limit.

(A) despite
(B) as
(C) of
(D) by

2. The workshop fee does not cover travel expenses, so participants must make ------- arrangements.

(A) they
(B) them
(C) their own
(D) themselves

3. Your name will be entered into a drawing to win a variety of prizes, ------- a lawnmower and a wheelbarrow.

(A) include
(B) included
(C) includes
(D) including

4. The Greenwood Nature Preserve is located in the western ------- of Starks County.

(A) parted
(B) partly
(C) part
(D) parting

□
□
5. Medical records must be filed alphabetically in a ------- room when they are not being used.

(A) secure
(B) secures
(C) securest
(D) securely

□
□
6. New air conditioners ------- on each floor next week to improve energy efficiency in the building.

(A) are installing
(B) will be installed
(C) will install
(D) have been installed

□
□
7. The transit agency announced today that it will add more trains on the Yellow Line to address -------.

(A) overcrowd
(B) overcrowded
(C) overcrowding
(D) overcrowds

□
□
8. The *Social Media Guide* ------- how schools can use social media to better connect with parents.

(A) outlines
(B) outline
(C) outlining
(D) to outline

9. Dr. Crawford began developing the new algorithm ------- she was a graduate student in London.

(A) during
(B) then
(C) besides
(D) while

10. The Sanderson Company reported strong financial ------- for the first quarter.

(A) gained
(B) gains
(C) to gain
(D) gainer

11. The personnel director interviewed more than twelve ------- for the senior accountant position.

(A) applications
(B) applies
(C) applicants
(D) applied

12. Village Bistro's popularity is evident by the long lines ------- form outside its entrance at lunchtime.

(A) what
(B) that
(C) whose
(D) who

13. The recent boom in new car sales is in large part due to the ------- economy.

(A) strengthen
(B) strength
(C) strengths
(D) strengthening

14. The backpack that Mr. Harper ordered from the online camping goods store is stylish yet -------.

(A) function
(B) functional
(C) functionally
(D) functions

15. Formerly a bank manager, James Waterman reinvented ------- as a photographer.

(A) himself
(B) his
(C) him
(D) he

16. Before finalizing the report, Ms. Harper will ------- review all of the data.

(A) thoroughly
(B) thorough
(C) thoroughness
(D) more thorough

17. The steering committee agreed to wait ------- the next meeting to elect a new chairperson.

(A) until
(B) here
(C) because
(D) soon

18. According to a recent survey, two-thirds of construction firms have had difficulty ------- skilled workers.

(A) find
(B) found
(C) finds
(D) finding

19. The company is grateful ------- Donna Goodrich's contributions and leadership over the years.

(A) above
(B) for
(C) with
(D) throughout

20. The ------- for revamping the Falco brand includes an advertising campaign slated for early next year.

(A) strategy
(B) strategies
(C) strategic
(D) strategically

□
□ **21.** Mayor Brooks said that more planning was needed before a vote
------- construction of the stadium.

(A) from
(B) on
(C) up
(D) away

□
□ **22.** Masami Sato recently published a ------- version of *Plain English*,
the bestselling guide to English usage.

(A) revised
(B) revises
(C) revise
(D) revising

□
□ **23.** Construction of the library will be delayed ------- the current
shortage of skilled labor.

(A) now that
(B) since
(C) as a result of
(D) although

□
□ **24.** During a fire drill, employees are supposed to proceed ------- to
designated areas outside the building.

(A) quiet
(B) quietness
(C) quietest
(D) quietly

25. The new hard resin lenses made by Safire Eyewear are lightweight and relatively ------- to scratches.

(A) resist
(B) resistant
(C) resistance
(D) resisted

26. Grouse Mountain is popular with hikers, especially when the sky is ------- and the temperature is pleasant.

(A) clearance
(B) clearly
(C) clear
(D) clears

27. Many experts pointed out that the results of Dr. Silva's study would ------- by other researchers.

(A) be confirming
(B) have to be confirmed
(C) have confirmed
(D) confirm

28. Wexler Solar is capable of ------- roughly five thousand solar panels per day.

(A) manufacturing
(B) manufactures
(C) manufactured
(D) manufacture

☐ **29.** After Maynard Foods acquired Safton Poultry, it began offering a
☐ ------- range of products to consumers.

(A) widen
(B) width
(C) widest
(D) wider

☐ **30.** The ------- of Lance Sheffield as the next chairperson was
☐ announced after Thursday's council meeting.

(A) confirming
(B) confirmed
(C) confirmation
(D) confirm

376 1. 　前置詞問題　　　　　　　　　　　　　　　　　　　　正解 (D)

空所後の Varitech Corporation は、主語 The bid（入札）の提出者です。**「行為者」**を表す前置詞の (D) by を入れると、「Varitech 社によって提出された入札」となり意味が通ります。The bid submitted by X（入札←X によって提出された）と、過去分詞 submitted 以降の形容詞のカタマリが主語を後ろから修飾しています。(A) despite は「〜にもかかわらず」、(B) as は「〜として」、(C) of は「〜の」という意味で、いずれも前置詞。

訳　Varitech社によって出された入札は、期限内に提出されなかったので、却下された。

注　□**bid**：名入札　□**submit**：動〜を提出する　□**reject**：動〜を却下する　□**file**：動〜を提出する

377 2. 　代名詞問題　　　　　　　　　　　　　　　　　　　　正解 (C)

空所後に**名詞** arrangements（手配）があるので、**所有格**の (C) their own（彼ら自身の）が正解です。**形容詞の own**（〜自身の）が所有格の their と共に名詞を修飾する形です。代名詞の格を問う問題で、選択肢に普通の所有格がない場合は、この形が正解になります。頭に入れましょう。再帰代名詞が名詞を修飾できないことにも注意してください。

訳　ワークショップの参加費に旅費は含まれておりませんので、参加者ご自身でご手配ください。

注　□**fee**：名料金　□**cover**：動（費用）を負担する　□**travel expense**：旅費
　　□**participant**：名参加者　□**arrangement**：名手配

378 3. 　動詞問題　　　　　　　　　　　　　　　　　　　　　正解 (D)

Your name(s) will be entered(v) into a drawing to win a variety of prizes となっており、空所の前で受動態の文が完成しています。空所に入るのは準動詞です。分詞の (B) included と (D) including のうち、**目的語を取りつつ、前の名詞を修飾する形容詞のカタマリを作るのは現在分詞**です。(D) including（〜を含む）が正解。過去分詞は受動の意味を表し、目的語を伴わないので、(B) included は不可。ここでの including は前置詞と解釈することもできます。原形・現在形の (A)、三人称単数現在形の (C) は(V)になる形です。

訳　あなたのお名前は、芝刈り機や手押し車を含むさまざまな賞品が当たる抽選にエントリーされます。

注　□**enter**：動〜にエントリーする　□**drawing**：名抽選　□**a variety of X**：さまざまなX
　　□**lawnmower**：名芝刈り機　□**wheelbarrow**：名手押し車

379 4. 　品詞問題　　　　　　　　　　　　　　　　　　　　　正解 (C)

空所部分が in the western ------- の形です。前置詞 in の**目的語**が必要ですが、western（西の）は形容詞なので、空所に**目的語となる名詞**が入ります。(C) part（部分）が名詞なので、これが正解。(A) は動詞 part（〜を分ける）の過去形・過去分詞。(B) partly は副詞「部分的に」。(D) は動詞 part の現在分詞・動名詞。

訳　Greenwood自然保護区は、Starks郡の西部に位置している。

注　□**nature preserve**：自然保護区　□**located**：形〜に位置して　□**county**：名郡

380 5. 〔 **品詞問題** 〕 〔正解〕 **(A)**

空所前後が a ------- room の形です。この**〈冠詞 ------- 名詞〉**の間には、名詞 room を修飾する**形容詞**が入ります。「副詞から -ly を取ったら形容詞」という法則に従い、(D) securely（安全に）から -ly を取った、(A) secure（安全な）を形容詞と判断します。(A) が正解。(C) securest も形容詞ですが、<u>最上級</u>なので冠詞は a ではなく the が必要です。(B) は動詞 secure（～を固定する）の三人称単数現在形。

〔訳〕 医療記録は、未使用時は、安全な部屋にアルファベット順にファイルされなければならない。

〔注〕 □**medical**：❸医療の　□**record**：❷記録（書類）　□**file**：❶～をファイルする
　　　□**alphabetically**：❶アルファベット順に

381 6. 〔 **動詞問題** 〕 〔正解〕 **(B)**

<u>New air conditioners</u>[S] ------- on each floor next week ... となっています。述語動詞が抜けているので、空所には動詞が入ります。主語の「新しいエアコン」と選択肢の install（～を設置する）との間の「する・される」の関係を考えると、「エアコンは設置される」側です。よって、**受動態の** (B) <u>will be installed</u> と (D) <u>have been installed</u> が正解候補。さらに、空所の後ろに **next week**（来週）とあるので、**未来を表す形の** (B) が正解です。現在完了形の (D) は時制が合いません。(A) are installing と (C) will install は能動態。

〔訳〕 ビルのエネルギー効率を向上させるため、来週各階に新しいエアコンが設置される。

〔注〕 □**improve**：❶～を改善する　□**efficiency**：❷効率

382 7. 〔 **品詞問題** 〕 〔正解〕 **(C)**

空所部分が ... to address -------. の形で、他動詞 address（～に対処する）の**目的語**が抜けています。**目的語になるのは名詞**です。どれが名詞かわからなければ、消去法を活用しましょう。動詞の ed 形（過去形・過去分詞）の (B) overcrowded から -ed を取った (A) overcrowd は動詞の原形。それに -s を付けた (D) overcrowds は三人称単数現在形です。残った (C) overcrowding（過密）が名詞だと判断できます。

 overcrowding が名詞であるように、必ず「語尾が-ed=動詞の過去形・過去分詞」、「語尾が-ing=動詞の現在分詞・動名詞」になるとは限りません。ほかの品詞の可能性もあることを頭に入れておきましょう。

〔訳〕 交通局は本日、混雑に対処するため、Yellow 線に電車を増便する予定だと発表した。

〔注〕 □**transit agency**：交通局　□**address**：❶～に対処する

383 8. 〔 **動詞問題** 〕 〔正解〕 **(A)**

The *Social Media Guide* が主語で、空所には**述語動詞**が入ります（how から先は目的語になる名詞のカタマリ）。Ⅴになる形は、(A) <u>outlines</u> と (B) <u>outline</u> の 2 つ。主語が**三人称単数**なので、主述が合うのは**三単現の s が付いている outlines**（～を説明する）です。(A) が正解。(C) の現在分詞・動名詞、(D) の不定詞は、Ⅴにならない準動詞です。

〔訳〕 『SNS ガイド』は、学校が親とよりうまく連携するために、SNS をどのように活用できるかを説明している。

〔注〕 □**social media**：SNS　□**connect**：❶～とつながる

9. 　前or接問題　　　　　　　　　　　　　　　　　　　　　　　　　正解 (D)

《前置詞 or 接続詞問題》は、空所の後ろを確認します。主語 she と述語動詞 was がある**節**（**S V**）なので、**節同士をつなぐ接続詞**が空所に入ります。接続詞は (D) while（〜する間）だけなので、これが正解。「大学院生の**〈間に〉**開発を始めた」と、2 つの節の出来事が同時に起きたことを表します。(A) during（〜の間）は、前置詞なので名詞をつなぎます。(C) besides（〜に加えて）は前置詞または副詞。(B) then（その時）は副詞。

　訳　Crawford 博士は、ロンドンでの大学院生時代、新しいアルゴリズムを開発し始めた。
　注　□**develop**：**動**〜を開発する　□**graduate student**：大学院生

10. 　品詞問題　　　　　　　　　　　　　　　　　　　　　　　　　　正解 (B)

The Sanderson Company_S reported_V strong financial ------- ... となっています。reported（〜を報告した）の**目的語**がないので（strong と financial は形容詞）、空所には**名詞**が入ります。名詞は (B) gains（利益）と (D) gainer（値上がり株）の 2 つ。gains を入れると「**strong financial gains（好調な財務利益）**を報告した」となり、文意が通るので (B) が正解。gainer だと意味が通らない上に、可算名詞なので、単数形なら冠詞などが必要です。(A) は動詞 gain（〜を得る）の過去形・過去分詞で、(C) は不定詞。

　訳　Sanderson 社は、第 1 四半期で、好調な財務利益を報告した。
　注　□**strong**：**形**好調な　□**financial**：**形**財務の　□**gain**：**動**〜を得る／**名**利益

11. 　品詞問題　　　　　　　　　　　　　　　　　　　　　　　　　　正解 (C)

The personnel director_S interviewed_V more than twelve ------- ... となっています。interviewed（〜を面接した）の**目的語**が抜けています（more than「〜より多い」は修飾語）。**目的語になるのは名詞**なので、(A) applications（応募）と (C) applicants（応募者）が候補。面接をする相手は**〈人〉**なので、(C) が正解です。(A) だと「〈応募〉を面接した」となり、意味が通りません。(B)(D) は、動詞 apply（応募する）の三人称単数現在形と過去形・過去分詞。名詞を選ぶ《品詞問題》で、選択肢に〈人〉と〈人以外〉が並んでいたら、必ず意味を考えましょう。

　訳　その人事部長は、上級会計職に対する 12 人以上の候補者に面接を行った。
　注　□**personnel director**：人事部長　□**senior accountant**：上級会計士

12. 　関係代名詞問題　　　　　　　　　　　　　　　　　　　　　　　正解 (B)

《関係代名詞問題》は、〈先行詞〉と〈空所後のカタチ〉の 2 点を確認します。先行詞のthe long lines（長い列）は**〈人以外〉**。そして、空所の後の文には、述語動詞 form（〔列が〕できる）だけで、**主語がありません**。ということは**主格の関係代名詞**が必要なので、**〈人〉と〈人以外〉両方に使える** (B) that が正解です。the long lines **that** form ...（…にできる長蛇の列）という名詞のカタマリが成立します。form を名詞（形状）と考え、所有格の(C) whose を入れると、後ろに動詞がないので、関係代名詞節が成立しません。(A) whatは先行詞が不要。(D) who は主格ですが、先行詞が〈人〉の場合に用います。

　訳　Village Bistro の人気は、ランチタイム時に入口の外にできる長蛇の列から明らかだ。
　注　□**popularity**：**名**人気　□**evident**：**形**明白な

388 **13.** 　　品詞問題　　　　　　　　　　　　　　　　　　　　　　正解 (D)

空所前後が the ------- economy の形です。この**〈冠詞 ------- 名詞〉**の空所には、名詞 economy（経済）を修飾する**形容詞**が入ります。選択肢に形容詞の語尾を持つ単語がないので、形容詞として働く分詞を探すと、**現在分詞**の (D) strengthening（強くなっている、好調な）があります。**〈好調な〉**経済」となり、意味が通るので、これが正解。語尾が -en の (A) strengthen は動詞「～を強化する」。(B) strength は名詞「強さ」で、(C) はその複数形。

> 訳 ▶ 新車販売の最近の急な伸びは、主に、好調な経済に起因している。
> 注 ▶ □**recent**：形最近の　□**boom**：名急成長　□**in large part**：主に　□**due to X**：Xが理由で

389 **14.** 　　品詞問題　　　　　　　　　　　　　　　　　　　　　　正解 (B)

The backpack_S is_V stylish_C yet -------. という形になっています。空所前の **yet** は、ここでは「～だけど、～なのに」の意味の等位接続詞で、**2 つの同じ文の要素をつなぎます**。つまり、空所には stylish（おしゃれな）と並んで **is の補語になる形容詞**が入ります。(B) functional（機能的な）が正解。*X* yet *Y*（X だけど Y）は Part 5 の重要表現です。(A) function は名詞「機能」か、動詞「機能する」で、(D) はその複数形／三人称単数現在形。(C) functionally は副詞「機能的に」。

> 訳 ▶ Harper さんがオンラインのキャンプ用品店で注文したリュックサックは、おしゃれで機能的だ。
> 注 ▶ □**backpack**：名リュックサック　□**stylish**：形おしゃれな

390 **15.** 　　代名詞問題　　　　　　　　　　　　　　　　　　　　　　正解 (A)

空所前の reinvented はハイレベルな単語ですが、語尾の -ed から、動詞の過去形だと判断できます。そして、直後の空所に**目的語**が必要だということも推測できます。目的格の him を選びたいところですが、この「彼」が誰を指しているのかを考えます。問題文の内容から、主語の James Waterman を指していると考えられます。つまり、**目的語に入る人物が主語と同一**です。その場合には、**再帰代名詞**を目的語にするのでした。(A) himself（彼自身）が正解。reinvent *oneself* は「自分を変える、生まれ変わる」という意味。

> 訳 ▶ 以前は銀行のマネージャーだった James Waterman は、写真家に転身した。
> 注 ▶ □**formerly**：副以前　□**reinvent**：動～を生まれ変わらせる　□**photographer**：名写真家

391 **16.** 　　品詞問題　　　　　　　　　　　　　　　　　　　　　　正解 (A)

Ms. Harper_S will review_V all of the data_O のように、空所がなくても文ができています。よって、空所に入るのは修飾語です。助動詞 will と動詞 review の間に入るのは、**動詞を修飾する副詞**です。語尾が -ly の (A) thoroughly（徹底的に）が正解。「助動詞と動詞の原形の間は -ly（副詞）」と頭に入れましょう。(B) thorough は形容詞「徹底的な」。(C) thoroughness は名詞「徹底ぶり」。(D) は (B) の比較級です。

> 訳 ▶ 報告書を完成させる前に、Harper さんはすべてのデータを徹底的に見直すつもりだ。
> 注 ▶ □**finalize**：動～を完成させる　□**review**：動～を見直す

17. 　前or接問題　　　　　　　　　　　　　　　　　　　　　　　正解 (A)

選択肢から《前置詞 or 接続詞問題》だとわかったら、空所の後ろのカタチをチェックします。the next meeting（次の会議）という**名詞**のカタマリです。名詞を節（⑤Ⅴ）につなぐのは、**前置詞**です。選択肢中、前置詞は (A) until（〜までずっと）だけなので、これが正解。「次の会議《まで》待つ」となり、意味も通ります。until は、前置詞だけでなく、接続詞の用法もあることを覚えておきましょう。(B) here（ここで）と (D) soon（もうすぐ）は副詞。(C) because（〜なので）は節（⑤Ⅴ）をつなぐ接続詞。

　訳　運営委員会は、新委員長を選ぶのを、次の会議まで待つことで合意した。
　注　□**steering committee**：運営委員会　□**agree**：動 合意する　□**elect**：動 〜を選出する
　　　□**chairperson**：名 委員長

18. 　動詞問題　　　　　　　　　　　　　　　　　　　　　　　　正解 (D)

two-thirds of construction firms⑤ have had Ⅴ difficulty ◯ ------- ... となっています。すでに述語動詞があるので、空所に入るのは**準動詞**です。**動名詞**の (D) finding を入れると、⑤ have had difficulty finding X（⑤は X を見つけるのに苦労している）という現在完了形の文が完成します。これは have difficulty (in) *doing*（〜するのに苦労する）という表現の前置詞 in が省略された形です。このフレーズで覚えましょう。過去分詞の (B) found（見つけられた）は、skilled workers を目的語に取ることができないので不適切。

　訳　最近の調査によると、建設会社の3分の2が、熟練工を見つけるのに苦労している。
　注　□**according to X**：X によると　□**survey**：名 （アンケート）調査
　　　□**construction firm**：建設会社　□**difficulty**：名 難しさ　□**skilled worker**：熟練工

19. 　前置詞問題　　　　　　　　　　　　　　　　　　　　　　　正解 (B)

空所に (B) for を入れると、*be* grateful for X（X に感謝している）という表現が完成します。for の基本イメージは**「方向」**で、Goodrich さんの貢献やリーダーシップに対して感謝の気持ちが向けられているイメージ。Thank you for X と同じ用法です。(A) above は「〜の上に」、(C) with は「〜と一緒に」、(D) throughout は「〜の間ずっと、〜のいたる所で」。

　訳　その会社は、Donna Goodrich の長年にわたる貢献とリーダーシップに感謝している。
　注　□**grateful**：形 感謝している　□**contribution**：名 貢献　□**over the years**：長年にわたる

20. 　品詞問題　　　　　　　　　　　　　　　　　　　　　　　　正解 (A)

問題文には、述語動詞 includes と、目的語 an advertising campaign はありますが、**主語**が抜けています。空所には**主語になる名詞**が入ります。空所前後の〈冠詞 ------- 前置詞〉のカタチからも、名詞が入るとわかります。選択肢のうち名詞は、(A) strategy（戦略）と、その複数形の (B) strategies です。**述語動詞 includes に三単現の s が付いている**ことから、**単数形**の (A) が正解。(B) だと主述が一致しません。(C) strategic は形容詞「戦略的な」。(D) strategically は副詞「戦略的に」。

　訳　Falco ブランドを復活させる戦略には、来年早々に予定されている広告キャンペーンが含まれる。
　注　□**revamp**：動 〜を復活させる　□**include**：動 〜を含む　□**slated**：形 計画されている

396 21. 〔前置詞問題〕 　　　　　　　　　　　　　　　　　　　　　正解 (B)

空所に (B) on を入れると、a vote on construction of X（X の建設に関する投票）となり文意が通ります。on の基本イメージは**「接触」**で、book on X（X に関する本）や seminar on X（X に関するセミナー）のように、**何かが触れる特定の「テーマ」**を表すことができます。(A) from は「〜から」、(C) up は「〜の上方へ」。(D) away は副詞で「離れて」。

訳▶ Brooks市長は、スタジアム建設に関する投票の前に、もっと計画を練る必要があると述べた。

注▶ □**mayor**：❷市長、町長 □**planning**：❷立案 □**vote**：❷投票

397 22. 〔動詞問題〕 　　　　　　　　　　　　　　　　　　　　　正解 (A)

Masami Sato[S] published[V] a ------- version of *Plain English*[O]となっています。文に必要な要素がそろっているので、空所に入るのは修飾語です。空所前後を見ると**〈冠詞 ------- 名詞〉**となっています。この空所に入るのは、**名詞を修飾する形容詞**です。形容詞の働きをするのは**分詞**の (A) revised と (D) revising の２つ。修飾される version（版）と revise（〜を改訂する）との間の**「する・される」**を考えると、「改訂された版」という受動の関係があるので、過去分詞の (A) が正解。現在分詞の (D) だと、意味が通りません。

訳▶ Masami Sato は、英語の用法に関するベストセラーのガイドブック『Plain English』の改訂版を最近出版した。

注▶ □**recently**：❶最近 □**publish**：❶〜を出版する □**usage**：❷用法

398 23. 〔前or接問題〕 　　　　　　　　　　　　　　　　　　　　　正解 (C)

空所の後ろに名詞 the current shortage（現在の不足）が続いています。**名詞を節（[S][V]）につなぐ**のは**前置詞**なので、(B) since（〜以来）と (C) as a result of（〜が理由で）が候補。意味が通るのは「現在の不足**〈が理由で〉**遅れる」となる (C)。since には接続詞としての用法もあり、その場合には「〜して以来」のほか、「〜なので」と理由・原因の意味もあります。しかし、前置詞の場合にはその意味はない点に注意しましょう。(A) now that（今〜なので）と、(D) although（〜にもかかわらず）は節（[S][V]）を伴う接続詞。

訳▶ 図書館の建設は、熟練した労働者が現在不足しているため、遅れるだろう。

注▶ □**construction**：❷建設 □**delay**：❶〜を遅らせる □**current**：❸現在の □**skilled labor**：熟練労働者

399 24. 〔品詞問題〕 　　　　　　　　　　　　　　　　　　　　　正解 (D)

employees[S] are supposed to proceed[V] ------- to ... となっています。proceed（進む）は自動詞なので、後ろに目的語は必要ありません。また、どこに進むかも前置詞 to を使って示してあるので、空所がなくても文が成立しています。ということは、空所に入るのは修飾語です。**自動詞 proceed を後ろから修飾するのは副詞**。語尾 -ly の (D) quietly（静かに）が正解です。(A) quiet は形容詞「静かな」、(B) quietness は名詞「静かさ」、(C) は (A) の最上級です。proceed の直後には副詞が入ることを覚えておきましょう。

訳▶ 消防訓練の間、従業員は、建物の外の指定された場所に静かに進むことになっている。

注▶ □**fire drill**：消防訓練 □*be* **supposed to** *do*：〜することになっている □**proceed**：❶進む □**designated**：❸指定された

実戦模試 セット**3**

25. 　品詞問題　　　　　　　　　　　　　　　　　　　　　　正解 (B)

The new hard resin lenses_S are_V lightweight_C and relatively ------- となっています。
接続詞 and が、<u>S</u> are *X* and *Y* のように、2 つの補語（X と Y）をつなぐ形です。Y に
あたる空所には、副詞 relatively（比較的）の修飾を受けつつ、**補語になる形容詞**が入ります。
(B) resistant（耐久性がある）を入れると、「レンズは比較的 **《耐久性がある》**」となり、文
意が通るので、これが正解。(A) resist は動詞「抵抗する」。語尾 -ance の (C) resistance
は名詞「抵抗」。(D) resisted を過去分詞として空所に入れても意味が通りません。

　訳　Safire Eyewear 社が作った新しい硬質樹脂レンズは、軽量で、比較的傷に強い。
　注　□**hard resin**：硬質樹脂　□**lightweight**：⑱軽量の　□**relatively**：⑩比較的
　　　□**scratch**：⑧傷

26. 　品詞問題　　　　　　　　　　　　　　　　　　　　　　正解 (C)

接続詞 when に続く節の中は、when <u>the sky</u>_S <u>is</u>_V ------- の形です。be 動詞 is の**補語**が
抜けています。**形容詞**の (C) clear（晴れ渡った）を入れると、**「空＝晴れ渡った」**となり
意味が通るので、(C) が正解。名詞も補語になりますが、(A) の clearance（在庫一掃）は
主語とイコールにならず意味が通りません。「補語には形容詞を選ぶ」のが《品詞問題》の
鉄則です。(B) は副詞「はっきりと」。(D) は動詞 clear（〜を片付ける）の三人称単数現在形。

　訳　Grouse 山は、快晴で気温が心地よい時節は特にハイキング客に人気だ。
　注　□**especially**：⑩特に　□**temperature**：⑧気温　□**pleasant**：⑱心地よい

27. 　動詞問題　　　　　　　　　　　　　　　　　　　　　　正解 (B)

<u>S</u> pointed out that <u>S</u> <u>V</u>. が全体の形。that 節には、主語の the results（結果）はありますが、
述語動詞がありません。よって、空所には動詞が入ります。選択肢に並ぶ動詞は **confirm（〜**
を確認する）です。主語の「結果」との**「する・される」の関係**を考えると、「結果は確認
される」側です。受動の関係にあるので、唯一の**受動態**である (B) have to be confirmed
（確認されなければならない）が正解。ほかはすべて能動態。空所後に目的語がないことや、
行為者を示す by *X* があることも受動態のヒントです。

　訳　多くの専門家は、Silva 博士の研究結果は、他の研究者による確認が必要だと指摘した。
　注　□**expert**：⑧専門家　□**point out**：〜を指摘する　□**researcher**：⑧研究者

28. 　動詞問題　　　　　　　　　　　　　　　　　　　　　　正解 (A)

問題文は ... is capable of ------- roughly five thousand solar panels となっており、
前置詞 of の直後が空所です。選択肢に動詞 manufacture（〜を製造する）の変化
形が並んでいるので、**「動名詞は前置詞の目的語になる」**ことを思い出してください。
(A) manufacturing を入れると「約 5000 枚のソーラーパネルを製造すること」という名
詞のカタマリができ、of の**目的語**になります。(A) が正解です。*be* capable of *doing* は「〜
する能力がある」という意味。(B) は三人称単数現在形、(C) は過去形・過去分詞、(D) は原形・
現在形です。

　訳　Wexler Solar 社は、1 日あたり約 5000 枚のソーラーパネルを製造する能力がある。
　注　□**capable**：⑱能力がある　□**roughly**：⑩おおよそ　□**per day**：1 日あたり

404 **29.** 　品詞問題　　　　　　　　　　　　　　　　　　　正解 (D)

空所前後が a ------- range of products の形です。この〈**冠詞 ------- 名詞**〉の空所に入るのは、名詞 range（範囲）を修飾する**形容詞**です。選択肢のうち形容詞は、最上級の (C) widest と、比較級の (D) wider です。**冠詞が a なので、比較級**の (D) が正解。a wider range of X で「より幅広い X」となります。最上級に付く冠詞は a ではなく、the なので (C) は不適切。(A) widen は動詞「広げる」、(B) width は名詞「幅」。

訳 Maynard食品はSafton Poultryを買収後、より幅広い種類の商品を消費者に提供し始めた。

注 □acquire：**動**～を買収する　□a range of X：幅広いX　□consumer：**名**消費者

405 **30.** 　品詞問題　　　　　　　　　　　　　　　　　　　正解 (C)

問題文には述語動詞 was announced はありますが、**主語**が見当たりません。空所には**主語になる名詞**が入ります。空所前後が〈冠詞 ------- 前置詞〉となっていることからも空所には名詞が入るとわかります。語尾が -tion の (C) confirmation（確認）が正解。(D) confirm は動詞「～を確認する」の原形・現在形で、(A) はその現在分詞・動名詞。動名詞も主語になりますが、他動詞は動名詞になっても目的語が必要なので、ここでは空所に入れられません。(B) は過去形・過去分詞。

訳 Lance Sheffieldの次期議長としての承認が、木曜日の議会の後、発表された。

注 □chairperson：**名**議長　□announce：**動**～を発表する　□council：**名**議会

おつかれさまでした！
〈実戦模試〉には難易度の高い問題や、本書で取り上げていないタイプの問題も入っています（本番の予行演習のため）。
思ったほど正解できなくても、がっかりする必要はありません。ここまでやり抜いた努力は必ず成果につながります。ぜひくり返し本書に取り組んでください。
みなさんのスコアアップを応援しています！！

実戦模試セット３　正答一覧

◈学習記録◈

回数	学習日	所要時間	正答数
1回目	月　　日	分　　秒	／30
2回目	月　　日	分　　秒	／30

◈正答一覧◈

No.	ANSWER (A B C D)	No.	ANSWER (A B C D)	No.	ANSWER (A B C D)
001	D	011	C	021	B
002	C	012	B	022	A
003	D	013	D	023	C
004	C	014	B	024	D
005	A	015	A	025	A
006	B	016	A	026	C
007	C	017	A	027	B
008	A	018	D	028	A
009	D	019	B	029	D
010	B	020	A	030	C

● TOEICワールドは夢の国 ●

TOEICの世界では
「みんな円満に退職をする」

おつかれさま

誰かが退職するとなれば、必ず送別パーティーが開かれ、
記念プレゼントも用意される

パワハラ、左遷、権力争いなどは存在しない。
そして、退職後はみな、第二の人生をおう歌する。

ミニ単語帳

本書で紹介した語句の一覧表です。各語句についている参照先の番号は、〈ページ番号〉/〈問題通し番号〉の順になっています。

E

実戦模試セット ☐

(学習日：　　月　　日／所要時間：　　分　　秒)

No.	ANSWER A B C D	No.	ANSWER A B C D	No.	ANSWER A B C D
001	Ⓐ Ⓑ Ⓒ Ⓓ	011	Ⓐ Ⓑ Ⓒ Ⓓ	021	Ⓐ Ⓑ Ⓒ Ⓓ
002	Ⓐ Ⓑ Ⓒ Ⓓ	012	Ⓐ Ⓑ Ⓒ Ⓓ	022	Ⓐ Ⓑ Ⓒ Ⓓ
003	Ⓐ Ⓑ Ⓒ Ⓓ	013	Ⓐ Ⓑ Ⓒ Ⓓ	023	Ⓐ Ⓑ Ⓒ Ⓓ
004	Ⓐ Ⓑ Ⓒ Ⓓ	014	Ⓐ Ⓑ Ⓒ Ⓓ	024	Ⓐ Ⓑ Ⓒ Ⓓ
005	Ⓐ Ⓑ Ⓒ Ⓓ	015	Ⓐ Ⓑ Ⓒ Ⓓ	025	Ⓐ Ⓑ Ⓒ Ⓓ
006	Ⓐ Ⓑ Ⓒ Ⓓ	016	Ⓐ Ⓑ Ⓒ Ⓓ	026	Ⓐ Ⓑ Ⓒ Ⓓ
007	Ⓐ Ⓑ Ⓒ Ⓓ	017	Ⓐ Ⓑ Ⓒ Ⓓ	027	Ⓐ Ⓑ Ⓒ Ⓓ
008	Ⓐ Ⓑ Ⓒ Ⓓ	018	Ⓐ Ⓑ Ⓒ Ⓓ	028	Ⓐ Ⓑ Ⓒ Ⓓ
009	Ⓐ Ⓑ Ⓒ Ⓓ	019	Ⓐ Ⓑ Ⓒ Ⓓ	029	Ⓐ Ⓑ Ⓒ Ⓓ
010	Ⓐ Ⓑ Ⓒ Ⓓ	020	Ⓐ Ⓑ Ⓒ Ⓓ	030	Ⓐ Ⓑ Ⓒ Ⓓ

実戦模試セット ☐

(学習日：　　月　　日／所要時間：　　分　　秒)

No.	ANSWER A B C D	No.	ANSWER A B C D	No.	ANSWER A B C D
001	Ⓐ Ⓑ Ⓒ Ⓓ	011	Ⓐ Ⓑ Ⓒ Ⓓ	021	Ⓐ Ⓑ Ⓒ Ⓓ
002	Ⓐ Ⓑ Ⓒ Ⓓ	012	Ⓐ Ⓑ Ⓒ Ⓓ	022	Ⓐ Ⓑ Ⓒ Ⓓ
003	Ⓐ Ⓑ Ⓒ Ⓓ	013	Ⓐ Ⓑ Ⓒ Ⓓ	023	Ⓐ Ⓑ Ⓒ Ⓓ
004	Ⓐ Ⓑ Ⓒ Ⓓ	014	Ⓐ Ⓑ Ⓒ Ⓓ	024	Ⓐ Ⓑ Ⓒ Ⓓ
005	Ⓐ Ⓑ Ⓒ Ⓓ	015	Ⓐ Ⓑ Ⓒ Ⓓ	025	Ⓐ Ⓑ Ⓒ Ⓓ
006	Ⓐ Ⓑ Ⓒ Ⓓ	016	Ⓐ Ⓑ Ⓒ Ⓓ	026	Ⓐ Ⓑ Ⓒ Ⓓ
007	Ⓐ Ⓑ Ⓒ Ⓓ	017	Ⓐ Ⓑ Ⓒ Ⓓ	027	Ⓐ Ⓑ Ⓒ Ⓓ
008	Ⓐ Ⓑ Ⓒ Ⓓ	018	Ⓐ Ⓑ Ⓒ Ⓓ	028	Ⓐ Ⓑ Ⓒ Ⓓ
009	Ⓐ Ⓑ Ⓒ Ⓓ	019	Ⓐ Ⓑ Ⓒ Ⓓ	029	Ⓐ Ⓑ Ⓒ Ⓓ
010	Ⓐ Ⓑ Ⓒ Ⓓ	020	Ⓐ Ⓑ Ⓒ Ⓓ	030	Ⓐ Ⓑ Ⓒ Ⓓ

実戦模試セット ☐

（学習日：　　　月　　　日／所要時間：　　　分　　　秒）

No.	ANSWER A B C D	No.	ANSWER A B C D	No.	ANSWER A B C D
001	Ⓐ Ⓑ Ⓒ Ⓓ	011	Ⓐ Ⓑ Ⓒ Ⓓ	021	Ⓐ Ⓑ Ⓒ Ⓓ
002	Ⓐ Ⓑ Ⓒ Ⓓ	012	Ⓐ Ⓑ Ⓒ Ⓓ	022	Ⓐ Ⓑ Ⓒ Ⓓ
003	Ⓐ Ⓑ Ⓒ Ⓓ	013	Ⓐ Ⓑ Ⓒ Ⓓ	023	Ⓐ Ⓑ Ⓒ Ⓓ
004	Ⓐ Ⓑ Ⓒ Ⓓ	014	Ⓐ Ⓑ Ⓒ Ⓓ	024	Ⓐ Ⓑ Ⓒ Ⓓ
005	Ⓐ Ⓑ Ⓒ Ⓓ	015	Ⓐ Ⓑ Ⓒ Ⓓ	025	Ⓐ Ⓑ Ⓒ Ⓓ
006	Ⓐ Ⓑ Ⓒ Ⓓ	016	Ⓐ Ⓑ Ⓒ Ⓓ	026	Ⓐ Ⓑ Ⓒ Ⓓ
007	Ⓐ Ⓑ Ⓒ Ⓓ	017	Ⓐ Ⓑ Ⓒ Ⓓ	027	Ⓐ Ⓑ Ⓒ Ⓓ
008	Ⓐ Ⓑ Ⓒ Ⓓ	018	Ⓐ Ⓑ Ⓒ Ⓓ	028	Ⓐ Ⓑ Ⓒ Ⓓ
009	Ⓐ Ⓑ Ⓒ Ⓓ	019	Ⓐ Ⓑ Ⓒ Ⓓ	029	Ⓐ Ⓑ Ⓒ Ⓓ
010	Ⓐ Ⓑ Ⓒ Ⓓ	020	Ⓐ Ⓑ Ⓒ Ⓓ	030	Ⓐ Ⓑ Ⓒ Ⓓ

実戦模試セット ☐

（学習日：　　　月　　　日／所要時間：　　　分　　　秒）

No.	ANSWER A B C D	No.	ANSWER A B C D	No.	ANSWER A B C D
001	Ⓐ Ⓑ Ⓒ Ⓓ	011	Ⓐ Ⓑ Ⓒ Ⓓ	021	Ⓐ Ⓑ Ⓒ Ⓓ
002	Ⓐ Ⓑ Ⓒ Ⓓ	012	Ⓐ Ⓑ Ⓒ Ⓓ	022	Ⓐ Ⓑ Ⓒ Ⓓ
003	Ⓐ Ⓑ Ⓒ Ⓓ	013	Ⓐ Ⓑ Ⓒ Ⓓ	023	Ⓐ Ⓑ Ⓒ Ⓓ
004	Ⓐ Ⓑ Ⓒ Ⓓ	014	Ⓐ Ⓑ Ⓒ Ⓓ	024	Ⓐ Ⓑ Ⓒ Ⓓ
005	Ⓐ Ⓑ Ⓒ Ⓓ	015	Ⓐ Ⓑ Ⓒ Ⓓ	025	Ⓐ Ⓑ Ⓒ Ⓓ
006	Ⓐ Ⓑ Ⓒ Ⓓ	016	Ⓐ Ⓑ Ⓒ Ⓓ	026	Ⓐ Ⓑ Ⓒ Ⓓ
007	Ⓐ Ⓑ Ⓒ Ⓓ	017	Ⓐ Ⓑ Ⓒ Ⓓ	027	Ⓐ Ⓑ Ⓒ Ⓓ
008	Ⓐ Ⓑ Ⓒ Ⓓ	018	Ⓐ Ⓑ Ⓒ Ⓓ	028	Ⓐ Ⓑ Ⓒ Ⓓ
009	Ⓐ Ⓑ Ⓒ Ⓓ	019	Ⓐ Ⓑ Ⓒ Ⓓ	029	Ⓐ Ⓑ Ⓒ Ⓓ
010	Ⓐ Ⓑ Ⓒ Ⓓ	020	Ⓐ Ⓑ Ⓒ Ⓓ	030	Ⓐ Ⓑ Ⓒ Ⓓ

TEX 加藤 （テックスかとう）

1967年大阪府生まれ。神戸市外国語大学外国語学部英米学科卒。一般企業での約20年の勤務を経て、2010年、TOEIC TEST講師に転身。2008年以降、15年以上にわたりTOEIC TESTを継続受験し、最新の傾向を著書に反映している。現在、神田外語グループ アカデミック・アドバイザー。2019～22年に受験したTOEIC公開テストで29回連続「990点」を取得。TOEIC公開テストの通算満点取得回数は110回を超える。英検1級。著書に『TOEIC L&Rテスト 文法問題 でる1000問』（小社）、『TOEIC L&R TEST 出る単特急 金のフレーズ』、『TOEIC L&R TEST 出る単特急 金の1000問』（朝日新聞出版）など多数。著書の累計発行部数は300万部を超える。

●制作協力者

作問協力 —— Daniel Warriner
制作協力 —— 佐藤 賢見・中村 維新・永山 健太朗・西田 柊大

●アスクユーザーサポートのご案内

乱丁、落丁、音声の不具合がございましたら、ユーザーサポートまでご連絡ください。
Eメール： support@ask-digital.co.jp
Webサイト： https://www.ask-books.com/support/

TOEIC® L&Rテスト 文法問題 はじめの400問

2023 年 7 月 23 日　初版　第 1 刷
2024 年 11 月 8 日　　　　第 6 刷

著者	TEX 加藤
発行者	天谷 修身
発行	株式会社アスク 〒162-8558　東京都新宿区下宮比町 2-6 TEL：03-3267-6864 FAX：03-3267-6867 URL：https://www.ask-books.com/
装幀	岡崎 裕樹（アスク）
イラスト	cawa-j ☆かわじ／ meppelsttat
本文デザイン	松尾美恵子（primary inc.,）
DTP	有限会社マーリンクレイン
編集	竹田 直次郎
印刷・製本	日経印刷株式会社

ISBN 978-4-86639-601-9　　　　　　　　Printed in Japan